KB044400

팀이 일하게 하라

팀이 일하게 하라

최고의 팀 리더를 만드는 50가지 질문

———— 김성회 · 박종하 · 박찬구 · 정다정 지음 ————

넉스톤

리더들의 성장통을 위한 50가지 처방

'팀장이라서 죄송합니다.' 많은 중간관리자들을 만나며 느낀 점은 이 한 문장으로 요약된다. 직원일 때의 유능함을 넘어 리더로서 탁월함을 입증하느라 성장통을 앓는 이들. 세대로나, 직급으로나, 리더십 단계로나 모든 게 중간인 이들. 회사의 성과 압박을 온몸으로 받아내며 달라진 세대 정서에도 발맞춰야 하고, 고민을 나눌 사람은 많지 않은 게 팀 리더들인 것 같다.

팀 리더들의 성장통은 '혼자면 잘할 자신이 있는데 구성원들이 잘하게 하는 게 힘들다'와 '관계와 관리를 잘해야 한다는 짐보따리가 얹혀 두 어깨가 부족하다'로 모아진다. 잘해야 본전인 '팀장'이란 직책을 오늘도 묵묵히 수행하고 있는 이들, 이 책은 바로 이분들을 대상으로 썼다.

꺼내놓고 이야기하기엔 쪼잔해 보이는 고민부터 리더로서 놓지 말아야 할 원칙과 기준의 문제까지, 팀을 이끌면서 부딪히게 마련인 크고 작은 고민에 대한 솔루션을 드리고자 했다. 세계 굴지의 위대한 리더들이 가진 번쩍이는 사례보다 내가 지금 현실에서 겪는 문제들, 잘나지도 못나지도 않지만 잘하고 싶은 보통 리더들의 모습과 고민을 통해 정답이 아닌 해답을 스스로 찾는 길을 보여주고자 했다.

우리 필진은 기업 현장에서 일하고 코칭과 강의를 하며 이들의 속 끓는 애환을 직간접으로 접한다는 공통점이 있다. 그 경험을 바탕으로 팀 리더들에게 "지금 하는 고민이 당신만 하는 것이 아니라"고 말하고 싶었다. 겉으로 드러내놓고 말하기 쉽지 않지만 현실에선 절실한, 리더들의 고민을 다루자는 공감대로 필진은 의기투합했다.

저자 김성회는 인터뷰 기자와 인문학 전공의 5성(성취, 성찰, 성숙, 성과, 성장) 코치답게 다양한 사례를 풍부하게 제시해 현장에 몰입하게 하는 데 능통하다. 박종하는 현장의 복잡하게 얽힌 문제들을 직관적이면서도 통찰력이 담긴 수학 공식과 그림으로 쉽고 재미있게 전달한다. 박찬구는 CEO와 컨설턴트 경력을 살려 종합적 시각으로 접근해 투우사처럼 문제의 핵심으로 몰아가는 시원한 속도감을 선사한다. 독자들이 참신하고 흥미롭게 느끼는 내용은 아마도 정다정 저자의 원고일 것이다. 글로벌기업의 리더 경력을 살려 그는 저자 토론에서도 늘 참신하고 선진적 관점으로 자유로운 의견과 다양한 가치를 제시해 시각을 확장해주었다.

필진의 다양한 전문성을 살려 이 책은 기업 경영과 리더십, 창의성, 커뮤니케이션이라는 여러 가지 관점에서 리더들이 자주 묻는 50가지 질문에 답한다. 코칭 대상이 특정되지 않도록 본문의 예시는 적절히 가공했지만, 현장의 생생한 고민은 그대로 담고자 노력했다. 정답은 없지만 정석은 있고, 사범은 없지만 사례는 있기 마련이다. 리더 여러분이 다각도의, 때로는 상충되는 사례를 다양하게 접하며 관점을 확장하고 스스로를 성장시키는 마중물이 되기를 바라는 마음으로 이 책을 썼다. 위대한 CEO의 성공담보다 옆 팀 K부장의 지지고 볶는 고충을 나누고, 정답 없는 상황에서도 정석은 도출하자는 게 우리 필진의 공통 목표였다. 현장성과 다양성은 이 책을 집필하는 양대 기둥이었다. 번쩍이는 금박의 위인전보다 내 옆자리 팀장이 닳도록 매일 열어보는 감정일기, 간증처럼 공감하며 읽고 용기와 원칙을 다지길 기대한다.

1부 커뮤니케이션은 '좋은 줄은 알지만 막상 하려면 어려운' 소통 문제를 다룬다. 소통 강의와 책을 통해 내용은 알지만 현실에서는 좀처럼 먹히지 않는 디테일한 사항들을 살펴본다. 이론과는 다른 현실적인 문제들을 나와 비슷한 다른 팀장 리더들은 어떻게 처리하고 있는지 궁금할 때 열어보면 도움이 될 것이다.

2부에서는 구성원의 동기부여 및 역량강화에 대해 다룬다. 구성원들의 마음과 태도를 다잡는 게 초점이다. 내가 잘하고 잘 대해주는 것만으로는 부족한 게 팀원들에 대한 모티

베이션이다. 내 맘 같지 않은 구성원들을 보며 답답함 내지 초조함을 느낄 때 열어보면 비단 주머니가 될 것이다.

3부는 뼈(문화, 시스템)라 할 수 있다. 2부가 조직문화에서 살(관계)이라면, 3부는 어떻게 골조를 만들어가야 할지 고민할 때 펼쳐보면 실마리를 발견할 수 있다. 원칙 있는 리더십으로 탄탄한 조직을 만들고 싶어 하는 리더들은 어떤 고민과 시행착오를 겪었고, 어떻게 헤쳐갔을지 궁금할 때 길잡이가 될 것이다.

4부는 리더 자신에 관한 이야기다. 모든 리더의 고민은 결국 본인 자신의 문제로 원점회귀하기 마련이다. 원점도, 종점도 리더 자신일 수밖에 없다. 누군가에게 물어보긴 힘들지만 가장 원초적이고 본원적인 문제는 리더 스스로다. 예컨대 항공사고 시 남의 산소마스크를 씌워주려면 내가 먼저 써야 하는데, 그러려면 어떻게 해야 할까? 리더로서 두렵기도 하고 걱정되기도 하는 원초적 고민이 들 때 4부를 열어보길 권한다. 마치 거울 앞에 선 듯 자신을 찬찬히 비추어 보는 데 도움이 될 것이다.

부디 이 책의 쫀쫀한 사례를 통해 짱짱한 성찰을 이끌어내시길! 오늘도 성과와 팀을 책임지며 리더로 한 단계 성장하고 있는 모든 분들께 이 책을 바친다.

저자를 대표하여 김성회

CONTENTS

PART 4 팀과 함께 성숙하는 리더

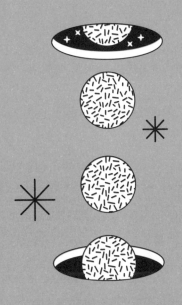

PART 1

팀빌딩의 시작, 리더의 말

코칭의 반대말은 지시일까요?

동기부여와 코칭이 리더의 주요한 덕목으로 부각되면서 코칭에 대한 질문을 많이 받습니다. 리더 자신은 코칭보다는 지시를 받아가며 일을 배웠는데, 리더가 되자 갑자기 코칭을 하라니 어떻게 해야 할지 고민스럽다는 것이죠. 많은 조직이 자율적인 문화를 지향하면서 '지시'나 '명령'이라는 단어에 스민 권위적이고 강압적인 어감에 거부감을 느끼고 있습니다. 그러다 보니 '지시하지 말고 코칭하라'라는 말도 자주 듣습니다. 그런데 문득 코칭과 지시가 상반되는 행동인가 하는 생각이 듭니다.

어느 정도는 맞습니다. 코칭은 지시하거나 권유하기보다 스스로 판단하고 결정할 수 있도록 돕는 것을 가리킵니다. 질문과 대화를 통해 사고를 확장하고 새로운 시각을 갖게 하는 것입니다.

그에 따라 대화법도 달라집니다. 무엇보다 코칭 대화는 경청하는 것입니다. 그냥 듣기만 하는 게 아니라 말하는 사람의 의도와 숨은 뜻, 심지어 말하지 않은 것까지 이해하려고 노력하면서 들어야 합니다. 동시에 상대방의 생각과 행동을 칭찬하고 인정해줍니다. 열린 질문을 통해 상대방이 생각의 폭을 넓히도록 합니다. 그러면서도 그의 생각과 말에 대해 판단하거나 조언하지 않아야 합니다.

이런 것이 리더가 갖추어야 할 코칭 대화법이라고 말씀드리면 답답하게 생각하는 분들이 있습니다. "바쁜데 어느 세월에 일일이 듣습니까?" 또는 "지시해야 할 때도 있지 않을까요?"라고 합니다. 맞습니다. 지시해야 할 때도 있습니다.

그러면 어떤 경우에 코칭을 하고, 어떤 경우에 지시해야 할까요?

리더가 코칭해야 할 때는 구성원이 다른 관점을 가질 필요가 있을 경우입니다. 다른 관점을 갖는다? 결국 설득하거나 생각을 바꾸도록 하는 것인데 왜 어렵게 말하느냐고 하실지도 모르겠습니다. 한번 생각해볼까요? 사람이 설득당해서 자신의 생각을 완전히 바꾸는 경우가 얼마나 될까요?

코칭은 다른 시선으로 상황을 보거나 사고를 확장하도록 영향을 주는 일입니다. 변화의 시작입니다. 이는 자신이 갖고 있던 생각에 대한 의문에서 출발합니다. 그래서 코칭에 능한 리더는 질문을 많이 합니다. 구성원이 자신의 생각을 이야기하면 이렇게 묻는 겁니다. "정말 그럴까요?"

또는 "그렇게 할 수 없다면 어떤 일이 일어날까요?" 하고 질문을 던져봅니다. 그런 다음 구성원이 다르게 생각해보도록 이렇게 질문합니다.

"그렇게 할 수 없다면 대신 어떻게 하면 될까요?"

리더가 코칭해야 할 또 하나의 상황은 구성원 스스로 행동하게끔 하고 싶을 때입니다. 리더는 단순히 지시해도 됩니다. 그렇지만 지시받아서 하는 일과 스스로 하는 일은 결과에서 큰 차이가 납니다. 당연히 스스로 하는 일이 결과도 더 좋을 때가 많죠. 스스로 하게 하려면 무엇을 할지 구성원이 먼저 생각해야 합니다. 이를 위해 리더가 질문합니다. "현재 상황이 어렵습니다. 그렇지만 지금 반드시 무슨 일이라도 해야 한다면 무엇을 해보겠습니까?"

그러고는 그 행동의 결과를 생각할 수 있는 질문을 던집니다. "그렇게 하면 무엇이 달라질 것 같습니까?"

그럼 코칭이 아니라 지시해야 할 때는 어떤 경우일까요?
먼저, 긴급할 때입니다. 긴급할 때는 일단 행동에 옮겨야 합니다. 공장에 불이 났는데 팀원들을 모아놓고 "지금 무엇을 해야 한다고 생각합니까?" 하고 질문할 수는 없습니다. 119에 연락하고, 사람들을 대피시켜야 합니다. 이럴 때는 설령 할 일의 목록이나 순서가 명확하지 않더라도 일단 행동에 옮기는 것이 중요합니다. 무엇을 할지 잘 모를 때일수록 경험 있는 리더의 지시를 일단 따라야 합니다.

또한 구성원의 지식과 경험이 현저히 부족할 때도 코칭보다 지시가 필요합니다. 팀장이 "이럴 때는 어떻게 해야 할까요?"라고 질문을 던졌는데 팀원이 전혀 모르는 상황입니다. 이때는 문제를 정의하고 답을 찾는 코칭 대화가 그다지 효과적이지 않습니다.

현실에서는 코칭상황과 지시상황이 자로 그은 듯이 명확하게 나타나지 않습니다. 한 번의 회의에서도 대화할 때가 있고 지시할 때가 있습니다. 상황에 따라 지시적 대화와 코칭 대화를 조화해 나가는 것이 리더의 역할입니다.

리│더│를│위│한│팁

**"코칭해야 할 때와 지시해야 할 때의
기준은 무엇인가요?"**

– 구성원이 스스로 행동하도록 해야 할 때는 코칭한다.
– 긴급할 때, 구성원의 지식과 경험이 부족할 때는 지시한다.

팀원도 많고 일도 바빠서

일대일 소통이 어렵습니다

 리더들이 바쁘다면서 구성원과의 소통을 미루는 경우는 크게 두 가지입니다. 하나는 소통의 필요성을 못 느껴서이고, 다른 하나는 팀이 너무 커져서입니다.

 흔히들 팀의 적정 규모는 8명 이내라고 합니다. "만약 피자 두 판으로 팀을 먹일 수 없다면, 팀의 규모가 너무 큰 것이다If you can't feed a team with two pizzas, it's TOO LARGE." 아마존의 제프 베이조스가 한 말에서 따와 '피자 두 판의 법칙'이라고도 하죠. 팀이 그 이상으로 커지면 리더가 수적으로 감당하기 힘들어집니다. 승진할수록 관여해야 하는 업무 범위가 넓어지고 인원도 많아지기 마련인데, 시간은 정해져 있으니 점점 소통이 어려워지는 겁니다. 그렇다고 중간관리자가 임의로 팀 규모를 통제할 수 있는 것도 아니니 문제는 문제입니다.

그럼에도 소통이 중요하다는 것은 오늘날의 리더라면 누구나 압니다. 소통의 질이 성과로 직결되니까요. 구성원들은 리더와의 일대일 대화를 통해 일의 의미와 가치, 강점, 도전해보고 싶은 일을 발견할 수 있습니다. 무엇보다 자신의 성장을 리더가 지지하고 응원한다고 느껴 상호 신뢰를 쌓을 수 있습니다. 매주 리더와 일대일 대화를 진행한 구성원은 업무몰입도가 77% 높아지고, 6개월 이내 자발적 이직률이 67% 낮아진다는 수백만 건의 데이터가 이를 입증합니다. 반대로 직접 소통이 줄어들면 자꾸 오해가 발생해 일의 몰입에 방해가 됩니다. 일대일 면담의 중요성과 효과를 잘 아는 리더일수록 바빠서 소통을 못 한다는 답답함이 더 크겠지요.

답답한 마음을 십분 이해하면서도, 이런 질문을 드리고 싶습니다. 혹시 일대일 면담이라 하면 으레 이래야 한다고 생각하는 건 아닌가요?

- 길어야 한다.
- 자주 해야 한다.
- 직접 소통해야 한다.
- 즐거워야 한다.

이런 고정관념에서만 벗어나도 리더와 조직상황에 맞춰 다양한 소통방식을 개발할 수 있습니다. 여기서는 5가지 방법을 소개해보겠습니다.

첫째, 일대일 대화의 할당 시간을 줄이고 빈도를 높입니다. 정식 면담의 주제는 대략 정해져 있습니다. 개인의 강점과 조직의 전반적인 목표에 부합하는 기대치를 설정하고, 이를 성과지표 등으로 명료화하며, 그 역할에 성공했을 때의 모습은 어떤지 그려보고, 자신의 일이 동료의 기대와 어떻게 연결되는지 정의하는 것 등입니다. 이런 내용을 다루다 보면 면담이 길어질 수밖에 없습니다. 면담을 준비하고 진행하는 정신적 피로도 크다 보니 부담을 느끼는 것도 당연합니다. 일대일 면담은 매달 하는 게 바람직하다고 권고하지만, 그러기가 현실적으로 어렵다면 분기에 1회만 하는 대신 수시로 퀵커넥트quick connect를 나누는 방법이 있습니다.

퀵커넥트는 그때그때 팀원의 현재 업무를 점검하고, 잘되는 일과 성공에 방해가 되는 일을 집중적으로 알아보는 것이 주내용입니다. 5~10분도 좋고, 메일이나 메신저 등 원격 활용도 가능합니다. 단기적인 업무를 점검하고, 지원하고, 관계를 구축하는 것이 목적이니까요. 가끔 엘리베이터나 화장실을 오가는 중에 "일은 좀 어때요?" "요즘 힘든 것은 없나요?" 등만 나눠도 훨씬 좋아질 수 있습니다. 휴게실에 커피 타러 온 김에 잠깐 앉아서 대화할 수도 있고요. 요컨대 짧은 대화를 루틴화하는 것입니다. 이때 중요한 것은 감시가 아니라 지원이라고 느끼게 해야 합니다.

둘째, 서브리더 체제를 활용합니다.

소통에도 권한위임을 적용해볼 수 있습니다. 기본 프로세스를 공유한 후 서브리더제를 도입해, 그들이 일대일 대화를 주기적으로 진행하게 합니다. 가령 팀장을 대신해 A, B, C 과장이 사원들과의 일대일 대화를 진행하는 것이지요. 물론 이렇게 하더라도 분기에 최소 1회 정도는 리더가 일대일 면담을 해 전체 흐름을 파악해야 합니다.

셋째, 타운홀미팅과 지식 페스티벌을 활용합니다.

서브리더를 통한 일대일 면담만으로는 한계가 있습니다. 구성원들은 고과를 주는 사람의 생각을 궁금해하고, 직접 만나길 선호합니다. 직접 만나 고충을 털어놓고 목표를 이야기해야 지원도 받고 자신의 성과를 드러낼 수 있다고 생각하거나, 궁금한 사항은 직접 고과자에게 물어야 속이 시원하다고 여기기 때문이지요.

이런 갈등을 해소하기 위해 한 달에 한 번은 타운홀미팅을 열어 다양한 사안들을 허심탄회하게 토론하는 자리를 만드는 것도 좋습니다. 타운홀미팅이라 하면 CEO 등 고위경영진만 하는 것이라 생각하기 쉬운데, 회사든 팀이든 조직 책임자가 구성원들과 서로 궁금한 것을 묻고 토론하는 자리라고 보면 됩니다. 일단은 궁금한 것을 책임자로부터 듣고 싶다는 욕구를 풀어주는 게 중요합니다. 그러려면 어떤 질문이든 가능한 분위기를 만들고, 최대한 성의 있게 답해주어야겠죠. 물론 리더 입장에서 모든 걸 들어줄 수는 없지만 해줄 수 있는 일과 없는 일, 검토할 일 등을 구별해 반응해야 합니다.

그런가 하면 최고 리더에게 자신의 성과를 직접 보여주며 눈도장을 찍고 싶어 하는 구성원도 있습니다. 특히 연구, 개발, 교육 등 창의적인 분야에서 이런 니즈가 강합니다. 만약 팀에 이런 욕구가 있다면 '지식 페스티벌' 같은 경연 자리를 시도해보는 것도 좋습니다. 팀원에겐 자신의 성장과 성과를 밝히는 자리, 동료들끼리는 지식을 공유하고 자신의 현황을 살펴보는 성찰의 마당, 리더에겐 팀원들의 성장을 팔로업하는 일석삼조 효과가 있습니다.

넷째, 정기적 소통 시간을 별도로 할애합니다.

한 달에 한 번 정기적인 일정을 정해놓고 직원들과 소통하는 것입니다. 다른 일은 제쳐놓고서요. 이를 '오피스아워'라고도 합니다. 가령 네 번째 수요일 오전 10~12시는 소통타임으로 오픈한다고 밝히는 것이지요. 대학에 가면 교수님들이 연구실에 '재실'이라고 밝혀 학생들의 방문을 허용하듯 말입니다. 장소는 집무실이 있다면 집무실, 아니라면 회의실이나 카페 등 최대한 구성원들이 찾아오기 편한 곳으로 정합니다. 간혹 구성원들이 찾아오지 않는다고 푸념하는 분도 있는데, 일단 리더가 정기적으로 소통하려는 의지를 보인다는 점만으로도 구성원들의 소통 갈증을 어느 정도 해소하고 신뢰와 심리적 안전감을 줄 수 있습니다. 힘들면 언제고 찾아 도움과 상담을 청할 수 있기 때문이죠. "시간 있는 곳에 마음 있다"란 말이 있습니다. 리더가 일정 시간을 할애해 늘 구성원과 소통하려는 성의 자체가 의미 있습니다.

다섯째, 히스토리를 축적합니다.

즉 기록하라는 것입니다. 앞의 4가지 항목이 시간 운용 또는 일정 확보의 측면이라면, 이 항목은 질적 관리라 할 수 있습니다. 팀 규모가 크고 팀원이 많아서 면담을 자주 할 수 없다면 더욱더 기록이 중요합니다. 팀원이 많다면 이전에 나눈 대화를 일일이 기억하기 힘들고, 뒤죽박죽 섞일 수도 있습니다. 전에 물어본 것을 또 묻거나 내용을 잘못 말하는 경우도 생깁니다. 그런 모습이 반복되면 팀원은 "팀장님은 나를 중요하게 여기지 않는구나. 나를 위해 면담하는 게 아니라 요식행위였구나" 하고 불신할 수도 있습니다. 이런 문제를 방지하고자 기록이 필요합니다.

기록은 리더 혼자만 하는 게 아닙니다. 정해진 양식에 맞춰 기록하고, 구성원에게 보내 상호 확인 후 다음 면담 때 활용한다면 한결 효과를 높일 수 있습니다. 서브리더들의 면담 활동도 같은 방식으로 관리하고 활용할 수 있습니다.

"팀원도 많고 일도 바빠서 일대일 소통이 어렵습니다."
- 정식 일대일 면담 외에 퀵커넥트를 활용해
  대화 시간을 줄이고 빈도를 높인다.
- 서브리더제를 도입해 소통 권한을 위임한다.
- 일대일 대화라는 고정관념에서 벗어나 타운홀미팅과
  지식 페스티벌을 활용한다.
- 업무 시간 중 정기적 소통 시간을 정해서 제도화한다.
- 기록을 활용한다.

일대일 면담을 하면
불편해하거나 불만만 늘어놓습니다

먼저 좀 여쭤보겠습니다. 어떤 목적으로 일대일 면담을 하자고 하셨나요? 지금 잠시만 책을 덮고 생각해보시기 바랍니다. 일대일 면담을 하려는 이유는 마음에 안 드는 부분을 조언해주고 싶어서, 리더로서 성장하고 직원들과 좋은 관계를 만들고 싶어서, 피드백을 통해 팀과 개인의 성장을 돕고 싶어서 등 다양할 겁니다. 나의 일대일 면담은 어느 쪽에 방점이 있나요? 훌륭한 리더가 되고 싶은 마음, 성과를 내는 팀을 만들고 싶은 마음 등, 무엇이든 분명 좋은 뜻을 가지고 시작했을 것입니다. 심지어 마음에 안 드는 부분을 말하려고 잡은 면담일지라도 팀의 성장, 개인의 성장을 돕고 싶은 마음이 분명히 있습니다.

그런데 왜 직원들은 이런 좋은 마음을 알아채지 못하고 불편해하고 불만을 늘어놓을까요?

회사에서 나에게 점심을 먹자고 요청하는 사람들이 있습니다. 어떤 사람은 반갑고 어떤 사람은 부담됩니다. 입사 동기나 같이 일하는 친한 동료의 점심 제안은 반갑습니다. 하지만 같은 회사라도 1년에 얼굴 한 번 볼까 말까 한 다른 부서의 부서장이나 사장님이 갑자기 점심을 먹자고 하면 정말 부담스러울 것 같습니다. 친숙한 사람이 아니라 어렵고 불편한 사람이기 때문입니다. 왜 어렵고 불편할까요? 그와 내가 만나는 지점이 적기 때문입니다. 접점이 없다는 말은 일대일 면담의 빈도와 연결해서 생각해볼 수도 있습니다. 다시 묻겠습니다. 일대일 미팅을 얼마나 자주 하시나요? 혹시 연례행사로 하시지는 않나요?

회사에서는 사람들, 특히 상사나 동료와의 접점이 많습니다. 주로 주간회의 등을 통해 부서가 한자리에서 만나곤 하죠. 이와 달리 일대일 면담은 전체 부서회의에서 꺼내지 못했던 내용, 상사와 논의하고 싶은 문제들을 말하는 자리입니다. 어떤 회사는 이런 일대일 면담이 익숙하지 않을 수도 있습니다. 일사불란하게 상부의 지시에 따라 움직이는 회사의 경우 일대일 면담이 필요 없다고 여길 수도 있습니다.

제 동료 한 명은 외국계 회사로 이직한 후에 처음으로 매니저와 일대일 면담을 했습니다. 그래서 일대일 면담은 외국계 회사의 전유물인 줄 알았다고 하더군요. 일대일 면담은 주로 인사상의 불이익이나 징계를 받을 때 한 터라 일대일 면담을 한다고 하면 뭔가 부정적인 이야기가 나올까 봐 부담된다는 사람도 있었습니다. 그러나 지금은 외국계 회사나 국내 회사나 상관없이 개인에 대한 존중이 기본이기 때문에, 일대일 면담을 통해 직원들의 이야기를 듣고 성장을 같이 논의하는 시간이 꼭 필요합니다.

사춘기 아이와의 대화를 생각해봅시다. 평소에 아이와 말을 잘 섞지 않았던 아빠가 앞으로는 소통을 많이 해야겠다고 결심합니다. 그래서 갑자기 아이를 불러다놓고 대화를 하자고 합니다. 그 둘이 무슨 말을 할까요? 난데없이 불려온 아이는 물론 아빠도 무슨 말을 해야 할지 몰라 막막할 겁니다. 아빠가 다짜고짜 뭐든 말해보라고 한다면 아이는 짜증이 나겠죠. 아빠의 좋은 의도가 온전히 전달되지 않을 가능성도 큽니다. 아이에게는 오히려 이 자리가 거북하게만 느껴질테고요.

불평을 늘어놓는 상황은 어떨까요? 평소에 아이는 아빠의 일방적인 지시에 거부감을 느껴왔습니다. 아빠가 일대일로 말하자고 하니 그간 억눌러왔던 불만을 먼저 늘어놓게 됩니다. 아빠는 좋은 의도로 아이와 소통하고자 했겠죠. 하지만 아이의 입장은 헤아리지 않은 채 뭐든 얘기해보라고 하면 당연히 아이는 그동안 서운했던 감정을 먼저 털어놓을 가능성이 큽니다.

어떻게 하면 일대일 면담을 불평불만이 아닌 진정한 소통의 시간으로 만들 수 있을까요?

먼저 불편하지 않은 환경을 조성해야 합니다. 우선 일대일 면담을 정기적으로 하시기 바랍니다. 1년에 한 번 한다면 그 면담은 부담되는 자리일 수밖에 없습니다. 그렇다고 갑자기 매주 일대일 면담을 하자는 것도 부담스럽기는 마찬가지입니다. 일단 빈도를 어떻게 할지 팀원들과 논의해보세요. 두 사람이 합의한 빈도로 일대일 면담을 꾸준히 하다 보면, 얼굴을 마주할수록 불편함도 줄어들 것입니다. 함께 시간을 보내는 만큼 조금씩 친해지게 되어 있습니다. 아이스 브레이킹ice breaking이라는 말처럼, 방어적으로 꽁꽁 언 마음이 풀리면서 자신의 속내를 꺼내게 됩니다.

제가 다니는 회사에서는 정기적으로 일대일 면담을 합니다. 영어로 원온원one on one 또는 간단하게 일대일이라고 합니다. 2주에 한 번씩 하는 때도 있고 매주 30분씩 하는 경우도 있습니다. 필요에 따라 시간과 빈도를 정합니다. 저는 매니저와 매주 30분씩 미팅을 합니다. 정기적인 업데이트가 필요한 경우라면 동료든, 다른 부서 사람이든 상관없이 일대일 면담을 잡습니다. 예를 들어 다른 부서이지만 서로의 업무 내용을 공유해야 한다면 2주에 한 번, 여러 부서가 같이 모이는 경우 한 달에 한 번 정도의 빈도로 만나는 거죠. 나에게 필요한 미팅과 횟수는 내가 만들어간다는 것을 기억하세요.

이 대화의 시간을 어떻게 활용하는가도 중요합니다. 직원들이 나와의 일대일 면담을 불편해한다면, 내가 일대일 면담을 어떤 자리로 만들고 있는지 고민해볼 필요가 있습니다. 상사가 일대일 면담 내내 일방적으로 지시만 했다면 누구에게나 그 자리는 불편하고 싫을 겁니다. 일대일로 보고받는 자리가 아니라, 사람과 사람이 일대일로 만나 대화를 나눈다는 마음을 가지면 좋겠습니다. 대화는 '마주 대하여 이야기를 주고받음'이라는 뜻이 있습니다. 대화는 한 사람이 말하는 것이 아니라 서로의 의견을 주고받는 것입니다. 일대일 면담 또한 내가 지시한 활동을 했는지 안 했는지 일방적으로 점검하는 자리보다는 서로 의견을 주고받고, 성장할 수 있도록 돕는 자리여야 합니다. 이를 위해서는 직원이 이야기할 때 말을 끊지 말고 끝까지 들어주어야 합니다. 충분히 말을 듣고 그 이후에 나의 의견을 더하는 것이 좋습니다.

얼마 전, 닌텐도를 모든 연령이 좋아하는 게임회사로 만든 전 CEO 이와타 사토루의 경영철학이 담긴 《이와타 씨에게 묻다》라는 책으로 독서모임을 했습니다. 이와타 씨는 사장에 부임하고 나서 1년에 두 번씩 전 직원과 일대일 면담을 했다고 합니다. 일대일 면담을 할 때 이와타 씨의 태도가 눈에 들어왔습니다. 그는 "상대방에 대한 이해와 공감이 없다면 면담할 이유가 없다"라고 말합니다. 그래서 상대방이 불만을 품고 있다면 그것을 그대로 듣는다고 합니다. "불만을 지닌 상대방은 불만이 쌓였을수록, 먼저 그 불만을 이쪽에서 듣지 않으면 이쪽에서 하는 말이 귀에 들어오지 않겠지요." 그는 면담에 들이는 시간 역시 "상대방이 후련해할 때까지" 듣고 끝냅니다. 그가 하는 면담 시간도 30분에서 3시간까지 상대방에 따라 고무줄처럼 늘어났다고 해요. 그만큼 상대방의 상황에 귀 기울여서 들어준 것이지요.

불평불만을 말하는 직원의 속내를 생각해봅시다. 상사가 불평불만을 들어줬으면 하는 마음, 그리고 자신의 불평을 이해하고 해결해줬으면 하는 마음이 분명히 있을 것입니다. 직원이 불평을 늘어놓는다면 일단 내 판단의 잣대를 꺼내기 전에 끝까지 들어주시기 바랍니다. 이때 필요한 것은 몸과 마음으로 귀 기울여서 잘 듣는 경청 기술입니다. 아무리 끼어들고 싶어도 끝까지 한번 들어봐주세요. 머릿속으로 반대 의견이 자꾸 떠오르고 말도 안 된다는 생각이 들더라도 잠시만 판단을 유보해주시기 바랍니다.

그가 할 말을 다 털어놓으면 무언가 해결의 가닥이 잡힐 것입니다. 그것이 불평투성이일지언정 끝까지 들어주면 그

직원의 마음이 우연히 풀릴 수도 있습니다. 덤으로 불평을 듣다 보면 그 직원에 대해서도 더 잘 알게 됩니다. 속에 담긴 말은 반드시 해야 직성이 풀리는 사람이라든지, 문제가 있으면 꼭 해결해야 하는 사람이라든지 하는 점들 말입니다. 직원 또한 자신의 불평을 들어주는 상사에게 신뢰가 차근차근 쌓입니다. 그러다 보면 불평하는 자신을 돌아보고 무언가 건설적인 아이디어를 낼 수도 있습니다.

불평을 다 들은 다음에는 불평을 접수하는 데 그치지 말고, 불평하는 이유와 이 상황이 어떻게 바뀌면 좋겠는지를 물어보시기 바랍니다. 직원이 원하는 이상적인 상황을 그릴 수 있게 도와주세요. 그럼으로써 현재의 불만에 매몰돼 있는 직원이 미래의 원하는 상황으로 관점을 바꿀 수 있도록 이끌어주세요. 아울러 그 미래를 위해 상사로서 도울 일이 있는지 물어보세요. 정말 그가 원하는 도움을 줄 때 이 일대일 면담의 가치가 올라갑니다.

일대일 면담에 최고로 효율적이고 완벽한 정답 같은 방식이 있는 것은 아닙니다. 이 글을 읽고 떠오른 계획이 있다고 해도 그대로 밀어붙이기보다는 면담하는 직원에게 물어보시기 바랍니다. 나의 좋은 뜻을 알려주세요. 그리고 어떻게 하면 서로에게 좋은 면담을 만들 수 있을지도 물어보세요. 일방적인 미팅이 아니라 둘이 함께 만들어가는 미팅임을 알리면, 일대일 면담이 더는 피하고 싶은 자리가 아닐 겁니다.

내 노력을 알아봐주지 않는 직원들이 서운해서 내가 먼저 마음을 닫고 싶고, 실제로 완전히 닫아버릴 수도 있습니다. 하지만 여러분은 분명 포기하고 싶지 않아 질문을 던졌겠지요. 그리고 포기하지 않는다면 시간이 걸려도 여러분의 좋은 의도는 잘 전달될 것입니다. 낙숫물이 바위를 뚫듯, 마음의 문을 여는 것은 시간과 노력이 필요합니다. 웃으며 대화하는 모습을 그리며 한발 한발 나아가고 있는 나를 많이 칭찬해주세요. 아주 잘하고 있습니다.

리 | 더 | 를 | 위 | 한 | 팁

**"일대일 면담을 하면
불편해하거나 불만만 늘어놓습니다."**

- 정기적인 일대일 면담 시간을 만들자.
- 불편한 면담이 되지 않으려면 먼저 끝까지 들어주자.
- 불평을 끝까지 듣는 것으로 해결의 실마리가 나올 수도 있다.

A팀장은 최근 팀장 회식에서 옆 팀의 B팀장이 한 얘기에 기분이 좋지 않습니다. 우리 팀의 S주임이 종종 자기에게 와서 조언을 구한다고 하네요. "A팀장, S주임 가끔 나랑 면담하는 거 알고 있어? 내 리더십이 그 팀까지 소문났나 봐, 껄껄껄." 상대방은 농담처럼 말했지만 A팀장은 같은 레벨인 옆 팀장이 내 리더십을 은근히 낮게 보는 것 같아서 기분이 상했습니다. S주임은 말귀도 잘 알아듣고 맡은 업무 성과도 곧잘 해내는지라 잘 키워봐야겠다고 생각하던 A팀장은 배신감이 들었습니다. 처음에는 나의 리더십이 문제인가 생각했습니다. S주임을 불러다놓고 혹시 요새 힘들거나 도움이

필요한 게 있냐고 물어보니 아니라고 합니다. 업무도 만족스럽고 팀장님과 일하는 것도 너무 좋다고 하네요. 그런데 이 친구, 왜 A팀장에게 속이야기를 하지 않을까요?

S주임은 자신이 B팀장에게 상의한다는 사실을 A팀장이 모르리라고 생각했을 겁니다. 하지만 여러분도 잘 알다시피 회사는 좁은 곳이고 금세 소문이 납니다. A팀장과 B팀장이 알고 보니 속얘기를 다 하는 사이일 수도 있고요.

두 팀장이 이런저런 이야기를 스스럼없이 하듯이, 누구나 회사 생활의 어려움이나 고민을 다른 사람에게 털어놓을 수 있습니다. S주임도 그런 사람이 있고, 그게 직속 팀장이 아닌 것뿐입니다. 그러니 무조건 섭섭해하기 전에 상황을 파악해 봅시다. 먼저, 팀원이 나에게 하지 않는 이야기가 회사에 대한 일인가요, 아니면 개인적인 고민인가요? 개인적인 고민이라면 업무로 엮여 있는 직속 상사에게 털어놓기가 조심스러울 수도 있습니다. 적당한 거리감을 유지하는 게 업무에 더 좋다고 여길 수도 있고요.

최근에 글로벌 IT기업 직원을 코칭했습니다. 일머리도 있고 전문분야가 확실한 그분은 상사 때문에 고민이 많다고 했습니다. 처음에 회사에 왔을 때는 상사인 이사님이 이것 저것 가르쳐주어 많은 도움을 받았다고 합니다. 다만 이제는 충분히 자기 일을 잘하는데도 "내가 너를 얼마나 아끼는데"라며 업무를 계속 간섭한다고 합니다. 자꾸 간섭하니 업무 의욕도 떨어진다고 했습니다. 이직한 지 1년밖에 되지 않아서 당장 다른 곳으로 옮길 수도 없어 계속 스트레스만 받고 있었습니다. 그렇다고 상사에게 이런 말을 하기는 어려우니 답답해하다 저에게 고민을 털어놓은 것입니다. 혹시 이런 부담감이 S주임에게 있었던 것은 아닐까요?

우리 팀을 가족처럼 여기는 것이 좋은 리더십이라고 생각할 때 이런 간섭이 생깁니다. 오빠나 형 혹은 언니나 누나처럼 팀원들을 지켜주는 것을 이상적인 리더의 모습으로 생각할 때죠. 전통적인 리더십의 이상향이 이와 비슷합니다. 그런데 가족들도 여러분에게 편하게 얘기하고 모든 것을 나누나요? 집에서 이루지 못한 나의 이상향을 팀에서 이루려고 하고 있지는 않은지 돌아볼 일입니다.

우리는 누구나 편한 사람이 있습니다. 그러나 내가 편한 사람이라고 해서 그 사람이 나를 편하게 생각하느냐는 다른 문제입니다. 군대를 생각해봅시다. 내가 누구보다 잘 챙기고 잘해주는 후임이 있습니다. 그도 나한테 살갑게 굴고 잘 따르기에 친한 줄 알았는데, 제대하고는 연락이 닿지 않습니다. 군대라는 특수관계, 상하관계에서 챙기고 따랐을 뿐이지, 실제 마음을 열지는 않았던 겁니다. 이런 경우라면 리더로서 내가 이 사람의 모든 걸 챙기고 이끌어야겠다는 욕심을 내려놓는 게 맞지 않을까요? 욕심낸다고 해서 해결될 문제가 아닐 수도 있습니다. 답답하고 아쉽고 안타까울 수 있겠지만 인간사가 원래 그런 것인지도 모릅니다.

이 밖에도 다양한 맥락을 검토해볼 필요가 있습니다. S주임이 다른 부서 팀장과 면담하는 이유는 A팀장에게 물어봤을 때 나올 답이 뻔해서일 수도 있고, 이미 A팀장에게 질문하고 답도 얻었지만 다른 관점을 들어보고 싶어서일 수도 있습니다. 또는 혹시라도 불필요한 오해를 살까 봐 A팀장에게 솔직한 마음을 전달하기가 꺼려질 수 있습니다. B팀장은 내 고과를 직접 평가하는 사람이 아니니 오히려 편하게 상담할 수도 있죠.

혹은 B팀장이 누구보다 말을 잘 들어주는 사람일지도 모릅니다. 회사의 모든 사람이 가서 하소연하는 팀장일 수도 있죠. 이때는 S주임에게 서운해하기보다는 B팀장이 어떤 걸잘하기에 직원들이 그에게 가서 이야기하는지 관찰하는 게도움이 됩니다. 다른 리더십, 다른 커뮤니케이션 스타일을배울 기회가 될 수 있습니다.

혼자서 이유를 찾느니 정공법으로 직접 물어보는 것도 방법입니다. 혹여 팀원이 솔직하게 답하지 않을까 봐, 아니면여러분이 우려한 나쁜 피드백을 들을까 봐 걱정될지도 모르겠습니다. 그래도 일대일 면담 시간을 이용해 솔직하게 자신의 취약성을 드러내면서 이야기를 나누는 게 좋습니다. 이때 중요한 것은 리더로서 상황을 최대한 객관적으로 전달해야 합니다. 그리고 열린 마음으로 열린 질문을 해봅시다. S 주임이 외부에 조언을 구하는 행동은 배우고 성장하려는 순수한 열망에서 비롯됐을 수도 있습니다. 그러나 팀 리더는 자신의 리더십을 신뢰하지 않는다고 해석해 불쾌감을 느끼는 인식 격차가 발생할 수 있습니다. 이런 격차를 줄이려면 현재 상황을 정확히 파악해야 합니다.

생각 차이를 줄이는 출발점은 나의 성향이 어떠한지 돌아보는 것입니다. 내가 독단적인 성향은 아닌가, 팀원들이 언제나 상담이나 조언을 구할 수 있도록 나의 귀가 열려 있는가를 고민해야 합니다. 그 결과 내가 의사소통이 어려운 사람이라는 걸 인정할 수도 있지요.

우리 팀원도 다른 팀장에게 의견이나 조언을 구할 수 있고, 나도 마찬가지입니다. 그런데 내가 왜 그것 때문에 마음이 쓰일까를 살펴봐야 합니다. 모든 것을 알아야 하는 완벽주의 성향의 리더라면 이런 일이 더 힘들 수 있습니다. 리더의 치열한 자기인식이 필요합니다. 내 잣대로 바라볼 때 팀원이 이해되지 않는다면 지금 나의 상황과 감정을 분리해서 생각하는 것도 도움이 됩니다. 팀원이 옆 팀장에게 조언을 구한 상황, 그리고 리더로서 무시당한 것 같고 팀장인 나를 신뢰하지 않는 듯해 서운한 마음이 드는 나의 감정을 구분해봅시다. 이런 내 마음을 인정해줍시다.

리더는 열린 커뮤니케이션을 장려하고 포용하는 환경을

조성하는 데 집중해야 합니다. 팀원들과 일대일 면담을 할 때 여러분이 어떤 이야기를 하고 있는지 관찰하세요. 제가 아는 한 스타트업 개발담당 매니저는 극도의 효율성을 추구합니다. 일대일 면담 시간을 '아이스 브레이킹-성과 분석-리뷰-다르게 할 점 논의'로 구성해서 그 형식에 맞추어 진행한다고 합니다. 이런 정해진 면담도 좋지만 이때 일 얘기만 하는지, 아니면 여러분이 팀원의 발전을 위해 고민하는 모습을 보여주고 자신의 고민도 공유하는지를 살펴보세요. 팀원들의 경험, 우려사항, 열망 등도 함께 논의하세요. 아울러 팀의 역학관계에 대해 솔직한 대화를 장려합시다. 익명 피드백을 하는 시간을 만들거나 정기적으로 의사소통 창구를 마련해 팀원들이 두려움 없이 자기 생각을 표현할 수 있는 안전한 공간을 제공하는 것도 방법입니다.

인사부에 요청해 팀 전체가 소통에 대한 리더십 워크숍을 진행해볼 수도 있습니다. 효과적인 커뮤니케이션, 감성지능, 다양한 커뮤니케이션 스타일을 이해하는 시간을 갖는 겁니다. 신뢰와 협업을 촉진하는 팀빌딩 활동을 조직하고 커뮤니케이션 채널, 피드백, 전문성 개발에 대한 기대치를 명확하게 전달하세요. 개방적이고 건설적인 대화의 가치를 팀 전체가 깊이 이해할 수 있도록 말이죠.

팀은 고정된 것이 아닙니다. 사람으로 구성되어 끊임없이 진화하고 역동을 일으킵니다. 이런 역학관계에서 무언의 긴장감을 해결하려면 새로운 접근방식이 필요합니다. A팀장의 사례는 팀원들이 진심을 편안하게 공유할 수 있는 조직문화를 조성하려면, 리더가 인식과 현실 사이에서 신중한 균형을 잡아야 한다는 점을 보여줍니다. 리더는 열린 커뮤니케이션을 장려하는 한편 팀원들의 다양한 커뮤니케이션 스타일을 이해하고 맞춰야 합니다. 불편한 감정에서 시작했지만, 자신의 개인적인 감정과 상황을 분리하는 멘탈 훈련의 계기로 삼는다면 오히려 이런 팀원이 고마울지도 모릅니다.

나아가 이 사안은 자기성찰의 기회가 되어 리더로서 자신을 돌아보고 팀에 필요한 역량이나 교육을 탐구하는 계기로까지 확대될 수 있습니다. 넓은 시각으로 이 문제에 접근한다면, 이런 고민을 통해 한 계단 더 성장할 것이라 믿습니다.

리 | 더 | 를 | 위 | 한 | 팁

"우리 팀원이 다른 팀장에게 조언을 구합니다."

- 상황이 발생한 다양한 관계와 맥락을 고려하자.
  직접 물어보는 것도 좋다.
- 나의 리더십 성향을 먼저 돌아보자.
- 팀 교육이나 워크숍을 하는 등, 팀 내 원활한 소통의
  분위기를 조성하는 계기로 활용하자.

이 질문을 듣고 살짝 웃음이 나왔습니다. 남의 얘기가 아니라서요. 코칭을 전문적으로 배우기 전까지는 제가 매우 경청을 잘하는 사람인 줄 알았습니다. 업무 성격상 새로운 사람을 만날 일이 많은데, 낯선 사람과 제법 빨리 친해지는 편이거든요. 대화하면서 자연스럽게 공통점을 찾아내 친근함을 표시하는 게 그 비결입니다. 그러려면 당연히 잘 들어야겠죠. 그래서 저는 경청을 잘한다고 생각했습니다. 그런데 코칭을 배우고 경청을 알게 되면서 제가 그동안 자기중심적인 듣기 생활을 했다는 것을 깨달았습니다. 저는 제가 듣고 싶은 말, 필요한 말만 쏙쏙 골라 듣는 능력을 발달시켰을 뿐이었습니다. 경청을 배우고 나서야, 왜 남편과 싸울 때 남편이 자기를 무시한다고 억울해하는지도 이해하게 되었습니다. 그때도 저는 제가 듣고 싶은 말만 쏙 빼서 듣고 그 논리를 반박하기 바빴으니까요.

앞에서 일대일 면담 시 직원의 말을 끊지 말고 끝까지 잘 들어주라고 말씀드렸는데, 이것을 어려워하는 리더들이 생각보다 많습니다. 경청하라고 하니 무조건 듣고 맞장구치면 되냐고 묻는 분들도 있고요. 많은 관리자 교육에서 경청의 중요성을 설파합니다. 리더로서 조직을 이끌어가려면 구성원들의 욕구를 잘 파악해야 합니다. 그 출발점이 경청입니다. 경청하는 리더는 어떤 사람입니까? 잘 듣고 구성원을 한 존재로 인정해주는 사람이자, 그들이 자율적으로 행동할 수 있게 지원하는 존재입니다. 지시함으로써 무언가를 이룰 수도 있지만, 그 순간 자율성은 사라집니다.

리더가 잘 들어야 한다고 할 때의 경청은 '적극적 경청 active listening'을 말합니다. 적극적 경청은 듣기와 어떻게 다를까요? 적극적 경청은 그냥 듣고 이해하고 끝나는 것이 아니라, 잘 듣고 그 내용을 정확하게 이해하고 받아들이는 것을 말합니다. 적극적 경청은 미국의 심리학자이자 내담자중심의 인본주의 상담을 창시한 칼 로저스가 제시한 개념으로 공감적 경청이라고도 합니다. 공감적 경청은 상대가 어떻게 느끼는가를 상대의 처지에서 받아들이고 공감하는 이해입니다. 자신이 가진 고정관념이나 편견을 버리고 상대의 태도를 받아들이는 것입니다. 비판하거나 충고하는 대신, 전적으로 그 사람에게 공감합니다.

리더십 교육기관인 크리에이티브 리더십센터^{Center for Creative Leadership}에서는 적극적 경청을 다음의 6단계로 정의합니다. 먼저 말하는 사람에게 주의를 기울입니다^{paying attention}. 상대방이 어떤 말을 하든 판단을 유보합니다^{withholding judgment}. 그다음 상대방의 말에 리더가 해석한 바를 반영해^{reflecting} 들려주며, 모호하거나 이해하지 못한 점은 질문을 통해 명료화하고^{clarifying}, 핵심을 요약하여^{summarizing}, 상대방에게 공유합니다^{sharing}.

여기까지 들으셨다면 "요점 정리하면 되겠네?"라고 생각할지 모릅니다. 맞습니다. 요점을 정리하면 됩니다. 하지만 내가 원하는 대로 요점을 정리하면 안 됩니다. 어떤 식으로 요점 정리를 하는지가 가장 중요합니다.

얼마 전에 중학생 아들에게 심부름을 시켰습니다. 저는 아들에게 '레몬즙'과 '정제소금'을 사오라고 부탁했습니다. 한참 있다가 돌아온 아들은 심부름을 다 했다며 봉지에 든 레모네이드와 인공조미료를 건넸습니다. 레몬 뭐라고는 들었는데 정확하게 듣지 않아서 레모네이드를 집어들었고, 소금과 나란히 놓인 인공조미료를 자세히 보지도 않고 소금인 줄 알고 사온 것입니다. 만약 아들이 저에게 경청의 단계대로 "'레몬즙'이라고? 그게 뭐예요?" "어떤 걸 사야 해요?"라고 물었다면 결과는 분명 달라졌을 겁니다. 이렇게 경청이 중요합니다. 제대로 듣는지에 따라서 많은 것이 달라질 수 있으니까요. 그렇다면 어떻게 들어야 할까요?

적극적 경청의 노하우는 전적으로 듣는 것입니다.

리더든 팀원이든, 우리 모두가 원하는 경청은 골라 듣기가 아닙니다. 전적으로 귀 기울여 듣는 것입니다. 경청은 수동적으로 듣는 것이 아니라 상대방의 말에 담긴 의미, 행동, 느낌, 의도 등을 이해하려는 목적을 가지고 듣는 행위입니다. 제대로 된 경청은 상대방이 무엇을 말하고 무엇을 말하지 않는지에 초점을 맞추고, 그 말의 의미를 화자의 맥락에서 이해하고, 들은 내용을 바탕으로 상대방이 자기 표현을 제대로 할 수 있도록 지지하는 능력입니다. 좀 어렵게 느껴지기는 하지만, 핵심은 이해하셨으리라 믿습니다. 맞습니다. 경청의 초점은 내가 아니라 대화하는 상대방입니다.

물론 중간에 정리를 해주어도 됩니다. 면담 상황을 상상해봅시다. 팀원이 일대일 면담을 하려고 찾아왔습니다. 여러 가지 이야기를 늘어놓는데, 뭔가 두서가 없어 보입니다. 같은 이야기를 여러 번 되풀이하는 것 같기도 하고요. 처음엔 참을성 있게 듣기 시작했는데 곧 있을 미팅 준비도 해야 하고 머릿속이 복잡해지면서, 말을 끊고 요점을 정리해주고 싶어 입이 근질근질합니다.

중간 정리를 무조건 하지 말라는 게 아닙니다. 다만 마구 잡이로 말을 끊고 정리하는 것은 곤란합니다. 정리를 하는 기술이 있습니다. 패러프레이징paraphrasing이라고 하여, 상대 방이 사용한 언어를 이용해 내가 알아들은 대로 돌려주는 기술입니다. 화자가 정말 많은 말을 늘어놓아서 스스로도 갈피를 못 잡을 때, 정리하면서 도와주는 겁니다. 패러프레 이징이 어렵다면 상대방이 사용한 '단어'를 그대로 따라 하 는 것도 좋은 방법입니다.

나는 정리한다고 하는데 상대방이 말을 자른다고 불만스 러워한다면, 내가 상대방의 말을 전적으로 듣고 있는지 먼 저 점검해보세요. 패러프레이징에서는 요점을 내 맘대로 정 리하는 게 아니라, 상대방의 언어와 느낌을 그대로 전달하 는 일이 중요합니다. 그리고 요점을 정리해도 되는지 먼저 물어봅시다. "김 대리의 말을 내가 제대로 이해했는지 한번 들어볼래요?" 하는 식으로요. 그리고 좋다고 할 때만 요점을 정리합니다. 내가 정리하기 전에 요점이 무엇인지 상대방에 게 요청해도 좋습니다.

하버드 경영대학원의 스리칸트 다타르 학장은 '경청투 어'로 유명합니다. 그는 학장으로 지명되자 재학생, 직원, 교 수 등 1000여 명을 만나서 대학원이 나아가야 할 방향에 관해 의견을 들었습니다. 그는 조선일보와의 인터뷰에서 적극적 경청은 "그냥 듣는 것이 아니라, 다른 관점을 이해하려는 열망으로 대화하는 것"이라고 강조했습니다. 특히 오늘날처럼 다양하고 빠르게 바뀌는 시대에 경청은 배움의 도구가 된다고도 말했습니다. 그는 그냥 듣고 인사이트를 얻으며 끝나는 게 아니라 경청을 통해 다른 사람의 관점을 받아들이고 인정하는 연습을 해야 한다고 강조합니다.

여러분이 경청하려는 이유는 무엇인가요? 듣는 척을 하려는 건가요, 아니면 듣는 행위를 통해 직원들을 격려하고 성장을 지원하기 위해서인가요? 진정으로 듣고 한 팀이자 한 존재로서 상대방을 인정하고 배우고자 하나요? 가슴에 손을 얹고 생각해봅시다. 경청의 힘을 믿고 있나요? 아니면 리더들에게 부과되는 또 하나의 과제 정도로만 느끼나요?

또한 여러분이 원하는 경청이 혹시 듣고 싶은 것만 듣는 일은 아닌지도 생각해봅시다. 경청은 듣는 척하는 것이 아니라 내 편견과 사견을 내려놓고 그 사람을 인정하고 그의 의견을 진심으로 존중하는 행위입니다. 그렇기에 경청은 하면 할수록 자신을 돌아보게 되는 자아성찰로 이어집니다. 철학자이자 교수였던 윌 듀런트는 "교육은 자신의 무지를 점진적으로 발견해가는 과정이다"라고 했습니다. 저는 경청이야말로 상대방에 대한 자신의 무지를 점진적으로 발견해가는 과정이라고 생각합니다.

한번 잘 듣겠다는 의도를 가지고 끝까지 들어보시기 바랍니다. 요점을 정리해줘야겠다는 마음도 내려놓읍시다. 요점 정리가 필요할 때도 분명 있습니다. 그럴 때는 직접 하기 전에 팀원에게 요청해보세요. "지금 가장 원하는 것이 뭔가요?" "지금까지 말한 내용 중에 가장 중요한 것을 한두 가지만 꼽아본다면 무엇인가요?" 내가 주는 답은 쉽고 빠를 수는 있겠지만, 그 사람의 마음에는 닿지 못합니다. 와닿지 않는 요약은 나의 요약이지 그의 요약은 되기 힘듭니다. 경청하는 여러분의 눈빛과 태도만으로도 상대방은 상황을 정리하고 해결책을 찾는 데 도움을 받을 수 있습니다. 그게 바로 경청의 힘입니다.

리│더│를│위│한│팁

**"경청하라고 하는데,
중간에 요점 정리해주는 것도 안 되나요?"**

– 적극적 경청은 상대방의 처지에서 그를 공감하는 데서 시작한다.
– 정리하고 싶다면 패러프레이징으로 :
　상대방이 사용한 언어로 표현하라.
– 스스로 다 하려 하지 말고 상대방에게 요점 정리를 요청해보라.

칭찬을 구체적으로
어떻게 해야 할지 모르겠습니다

　리더의 중요한 역할은 구성원들과 꾸준하게 소통하는 것입니다. 구성원들과 소통하며 그들이 더 즐겁게 일하고 더 좋은 성과를 올릴 수 있도록 도와야 하죠. 이런 팀장의 소통은 단순화하면 긍정적 피드백과 부정적 피드백, 더 직접적으로 표현하면 '칭찬'과 '지적'으로 나뉩니다.

　여기서 많은 리더들이 하는 착각이 있습니다. '피드백'이라 하면 대부분 잘못과 오류를 짚는 부정적 피드백을 떠올리고 이것에만 집중한다는 점입니다. 학생이 문제를 풀었을 때 틀린 부분을 체크하고 수정해주는 것처럼, 팀원들이 업무를 수행할 때 발생한 문제만을 지적하고 보완할 점을 요청합니다. 반면 긍정적 피드백인 칭찬은 하면 좋지만 반드시 해야 하는 일은 아니라고 생각합니다. 그렇지 않습니다. 긍정적 피드백은 리더가 해야 할 필수 업무입니다. 이 사실을 항상 기억해야 합니다. 리더의 칭찬은 그 자체로 구성원 개인에게 큰 동기부여가 될뿐더러 팀 전체의 분위기도 좋아지게 합니다. 그럼으로써 즐겁게 일에 몰입하고 더 좋은 결과를 내도록 노력하게 만드는 힘이 있습니다. 조직에 대한 충성도를 높이는 효과도 크죠. 그래서 칭찬하고 격려하는 것은 선택이 아닌 팀장의 필수 업무입니다.

여기까지 말하면 "요즘에 칭찬 중요한 줄 누가 모르나? 방법을 몰라서 문제일 뿐"이라고 반문합니다. 맞는 말입니다. 특히 신임 리더가 되면 팀원들에게 칭찬을 많이 해주라는 말을 듣는데, 갑자기 하려니 어색하고 뭘 어떻게 칭찬해야 할지 모르겠다며 걱정합니다. 칭찬이 중요하다고 무턱대고 남발하면 분위기만 썰렁해지거나 심지어 부적절한 칭찬으로 상대방을 불쾌하게 할 수도 있으니까요.

칭찬에도 기본적인 전략이 필요합니다. 여기서는 칭찬의 내용과 방법으로 나누어 살펴보겠습니다.

먼저 내용을 생각해봅시다. 칭찬의 목적은 팀원들이 즐겁게 일에 몰입하고 더 좋은 성과를 올리게 하는 것입니다. 칭찬을 통해 구성원들의 성장을 이끌고 도전과 열정을 불어넣어야 하죠. 이처럼 칭찬할 때는 성장 마인드셋growth mindset을 생각해야 합니다. 무턱대고 좋은 이야기를 하는 것이 아니라, 전략적으로 구성원을 성장시킬 수 있는 칭찬이 필요합니다.

먼저 스탠퍼드 대학교 심리학과 캐럴 드웩 교수의 연구를 간단하게 소개하겠습니다. 연구팀은 초등학생을 대상으로 실험을 진행했습니다. 쉬운 시험을 봐서 대부분 좋은 성적을 받게 한 다음 한 그룹의 학생들에게는 "너는 참 똑똑하구나"라는 칭찬을, 다른 그룹의 학생들에게는 "너는 정말 열심히 했구나"라는 칭찬을 했습니다. 그리고 이후에 몇 차례 테스트를 하며 그들의 성장을 지켜봤습니다. 그런데 "너는 참 똑똑하구나"라고 칭찬받은 학생들은 어려운 문제에 섣불리 도전하지 않았습니다. 혹시라도 자신이 어려운 문제를 풀지 못하면 선생님이 '너는 똑똑한 줄 알았는데 아니었네'라고 생각할까 봐 두려웠던 거죠. 반면 "너는 정말 열심히 했구나"라는 칭찬을 들은 학생들은 어려운 문제에 더 많이 도전했습니다. 자신이 열심히 하는 모습을 선생님에게 계속 보여주고 싶었기 때문입니다. 몇 개월이 지나 두 그룹의 성적을 비교해보니 "너는 참 똑똑하구나"라는 칭찬을 받은 학생들보다 "너는 정말 열심히 했구나"라는 칭찬을 받은 학생들의 성적이 월등히 향상되었습니다. 똑똑하다는 칭찬은 학생들을 성장시키지 못한 반면, 열심히 한다는 칭찬은 학생들을 도전하고 노력하게 만든 것입니다.

이것은 성인들에게도 그대로 적용됩니다. 리더의 칭찬은 들었을 때 잠깐 기분 좋은 것을 넘어 구성원들이 열정을 갖고 도전하게 해 결국 성장시키는 것이어야 합니다. 리더는 이 대목을 고민해야 합니다. 일반적으로 결과보다는 과정을 칭찬하는 게 좋습니다. 앞의 실험에서 살펴본 것처럼 결과에 초점을 맞추기보다는 과정에 초점을 맞춘 칭찬이 상대를 성장하게 합니다. 그리고 자신이 어떻게 할 수 없는 것에 초점을 맞추지 마세요. 타고난 재능, 외모, 배경 등 내가 바꿀 수 없는 부분을 칭찬하기보다는 열정과 도전 그리고 끈기와 같이 내가 지금 할 수 있는 일에 초점을 맞춘 칭찬이 더 효과적입니다.

칭찬의 방법은 3가지를 기억하시면 좋습니다. '구체적으로specific' '진정으로authentic' 그리고 '즉시timely'입니다. 영어 약자 SAT로 기억해도 좋습니다.

첫 번째로 꼽는 칭찬의 기술은 구체적이어야 한다는 점입니다. "잘했어요" "좋네요"라고 두루뭉술하게 말한다면 요식행위처럼 들리기 쉽습니다. 별 관심 없는 일에 의례적으로 인사치레하는 것 같죠. 무엇이 좋았는지 구체적으로 언급합시다. 예를 들어 "지난번 보고서는 짧은 시간에 완수하기 쉽지 않았을 텐데, 어쩌면 그렇게 핵심을 정확하게 짚었죠? 아주 임팩트가 있던데, 정말 수고 많았어요"와 같이 어떤 점이 좋았는지 구체적으로 언급해줍니다. "저 음식점 좋아" "저 식당 맛있어"라는 말보다 "저 음식점에 있으면 마치 영화의 한 장면에 들어와 있는 것 같아. 직원들도 모두 친절하고 음식도 독특하면서 간이 강하지 않고 건강한 맛이야"와 같은 구체적인 말이 그 음식점을 더 어필할 수 있습니다. 칭찬은 구체적으로 말해야 더 강한 전달력을 갖습니다.

칭찬의 기술 두 번째는 나중으로 미루지 말고 즉시 해야 한다는 것입니다. 회의 시간에 인상적인 프레젠테이션을 한 직원이 있다고 해볼까요? 발표가 끝나자마자 "정말 좋은 발표였어요. 특히 7페이지에서 제시한 문제해결 방안은 아주 창의적이네요"라고 바로 말하는 것과, 타이밍을 놓치고 그 다음 날 "어제 발표 참 좋았어요"라고 말하는 것은 칭찬의 전달력에 큰 차이가 있습니다. 한번 타이밍을 놓치면 칭찬할 기회를 잃어버리고 넘어가는 경우도 많죠. 그래서 칭찬은 '즉시' '바로' 해야 합니다.

세 번째 칭찬의 기술이 가장 중요한데, 진실성을 갖고 칭찬해야 합니다. 어떻게 진실되게 하느냐고요? 왕도가 없습니다. 평소 구성원에게 관심과 애정을 가져야 하죠. 어떻게 일하는지, 일하는 과정에서 불편한 점은 없는지, 어떤 고민을 하고 있는지 등을 세밀하게 챙기는 리더가 진실된 진짜 칭찬을 할 수 있습니다. 형식적인 요식행위로 하는 칭찬은 오히려 역효과를 가져오기 쉽습니다. 마음에서 우러나지 않은 가짜 칭찬은 다름 아닌 상대방이 가장 먼저 눈치채기 때문입니다.

아리스토텔레스는 상대를 설득하는 3요소로 로고스Logos, 파토스Pathos 그리고 에토스Ethos를 꼽았습니다. 로고스와 파토스는 이성과 감성, 논리와 공감을 의미합니다. 에토스는 설득하는 사람의 성품이나 매력 그리고 진실성 등을 의미하고요. 이 중 아리스토텔레스는 에토스를 강조합니다. 논리적이고 공감 가는 말보다 더 상대에게 어필하는 것은 진실성이라고 말이죠. 이것은 칭찬에도 그대로 적용됩니다. 리더가 어떤 상황에서 어떤 기술로 칭찬하느냐보다 더 중요한 것은 평소 진실된 마음으로 팀원들을 대하고 그들로부터 신뢰를 얻는 일입니다.

인간은 본능적으로 긍정적인 것보다는 부정적인 것에 더 집중한다고 합니다. 문명을 이루며 자신을 보호하고 생존하기 위해 그렇게 살아왔다고 하죠. 그래서 어쩌면 칭찬하고 격려하는 긍정적 피드백보다 잘못을 지적하는 부정적인 피드백을 하는 일이 더 자연스러울지도 모릅니다. 그럴수록 우리는 더욱더 의식적으로 칭찬을 해야 합니다. 팀장 눈에는 엄청나게 잘하는 것도 아닌데 일부러 칭찬해야 하느냐고요? 이때도 '왜 칭찬해야 하는가'를 먼저 생각해야 합니다. 어쩌면 구성원이 잘해서 칭찬하기보다는 잘하라고 칭찬하는 것 아닐까요? 평가로서의 칭찬보다는 개인과 조직의 성장을 위한 동기부여로서의 칭찬을 전략적으로 많이 활용해야 합니다. 칭찬은 리더의 여러 역할 가운데 빠져서는 안 될 중요한 업무라는 사실을 꼭 기억하시기 바랍니다.

리 | 더 | 를 | 위 | 한 | 팁

"칭찬을 구체적으로 어떻게 해야 할지 모르겠습니다."

- 긍정적 피드백인 칭찬은 리더의 필수 업무다.
- 결과에 대한 칭찬보다는 과정에 대한 칭찬이
  구성원을 성장시킨다.
- 칭찬의 기술 : 구체적으로, 즉시, 진정으로

"우리는 배워보지 못한 리더십을 실행해야 합니다. 우리도 누가 이렇게 좀 대해줬으면 좋겠어요." 많은 리더들이 털어놓는 마음입니다. 특히 힘들어하는 게 피드백, 그중에서도 부정적 피드백이더군요. 피드백 울렁증을 겪는 분도 실제로 많습니다. 하루가 멀다 하고 야단맞고 지적받으며 '나는 저런 상사가 되지 말아야지' 결심했는데, 막상 리더가 되니 지적하지 않으면서 피드백을 어떻게 해야 할지 방법을 모르겠다는 것입니다. 그러다 보니 '피드백을 해야 하나 말아야 하나' 고민하게 됩니다.

먼저 바로잡아야 할 전제가 있습니다. 피드백은 선택의 문제가 아니라 꼭 해야 하는 일입니다. 즉 우리가 고민할 부분은 '할지 말지'가 아니라 '어떻게 말할지' 방향성에 대한 것입니다. 피드백의 유효성은 수용성입니다. 경영자 코치인 멜로디 와일딩은 〈하버드비즈니스리뷰HBR〉[1]에 기고한 글에서 정직한 피드백을 제공하는 상위 10%의 리더가 이끄는 팀의 업무몰입도는 상위 23%라는 통계수치를 밝혔습니다. 문제는 '관리자에게 유효한 피드백을 받는다고 생각하는 직원은 5%에 불과하다'라는 사실입니다.

리더들이 부정적 피드백을 망설이는 이유는 무엇일까요? 대략 다음의 5가지로 정리됩니다.

- 내 생각이 객관적으로 옳은지 확신이 없다. 그리고 나도 못 지킬 때가 있는데 피드백하려니 자신감이 없어진다. '너나 잘해'라고 반발하지 않을까 걱정된다.
- 어차피 말해도 고쳐지지 않는다. 그럴 바에야 관계라도 해치지 않는 게 낫다.
- 번번이 지적하기보다 기다려보는 게 더 효과적일 수도 있다. '긁어 부스럼'이란 속담처럼 괜히 자주 지적하면 상대의 자신감을 떨어뜨릴 수 있다.
- 설득할 근거가 애매하다. 특히 성과가 아닌 태도에 대한

---

1 멜로디 와일딩, "피드백 울렁증, 어떻게 극복할까?", 〈하버드비즈니스리뷰〉 2023년 9월.

피드백은 수치와 근거를 적시하기 어려운 막연한 것들도 있는데, 근거를 요구하면 피곤하고 난감하다.
- 상대 직원이 강골이거나 감정적이면 대응하기 힘들다. 그가 공개적으로 대들거나, 울거나 감정적으로 반응하면 어떻게 해야 할지 대책이 안 선다. 나아가 여기저기 안 좋은 말을 옮겨 평판이 나빠질까 걱정이 된다.

여러분은 어디에 해당하시나요? 특히 요즘에는 자기성찰력이 높아서 오히려 피드백을 어려워하는 경향이 있습니다. "누가 이 여인에게 돌을 던질 것인가"라는 말처럼, 자신이 조언할 자격을 갖추었는지 깊이 생각하다 보면 쓴소리가 나오지 않는다고 합니다. 물론 조언을 사려 깊게 해야 하는 것은 맞지만 '피드백의 자격'부터 따진다면 그 또한 지나치다고 생각합니다. 조언 면허증이 있는 것도 아니고, 그러면 조언을 할 수 있는 사람이 얼마나 되겠습니까.

부정적 피드백을 잘하는 법, 쓴소리를 쓰지 않게 하는 법에 대해 알아보겠습니다. 기본 전제는 칭찬과 마찬가지로 성장 마인드셋을 가지는 것입니다.

첫째, 피드백의 규칙(룰)을 공유합니다.

이때 흔히 화자의 태도만 떠올리는데, 청자의 태도도 공유할 필요가 있습니다. 넷플릭스의 4A 피드백 법칙이 유명하지요. '도움을 주겠다는 생각으로 하라aim to assist' '실질적인 조치를 포함하라actionable' '감사하라appreciate' '받아들이거나 거부하라accept or discard.' 이 중 뒤의 두 가지는 청자에 관한 규칙입니다. 즉 피드백은 말하는 사람 못지않게 듣는 사람의 태도도 중요합니다.

먼저 화자가 지킬 점을 살펴보겠습니다. 피드백이 어려운 이유 중 하나는 주관성과 객관성의 경계가 모호해서입니다. 이때 '당신은 이러저러해서 문제'라는 식you-message 대신 나를 주어로I-message 풀어보면 한결 쉬워집니다. '내가 생각하기에' '내가 보기에' '내가 듣기에'라는 전제를 넣으면 서로 부담이 적어집니다.

청자는 어떤 태도가 필요할까요? 말과 사람을 분리해야 합니다. 남의 잘못을 지적하려면 스스로 문제가 없어야 하는 게 교과서적으로 옳기는 합니다. 하지만 조언의 자격을 가진 사람에게만 피드백이 허용된다면 누구도 할 수 없을 겁니다. 그러므로 피드백을 받을 때는 '너나 잘해'라는 태도에서 벗어나 내용에 초점을 맞추도록 평소에 규칙(룰)을 정해 공유할 필요가 있습니다.

조직에 청자의 태도를 설득력 있게 공유하는 최고의 방법은 리더의 솔선수범입니다. 쓴소리 피드백을 역으로 하면 직언이지요. 서로 쌍방향 직언이 통할 수 있는 것이야말로 피드백의 수용성을 높이고, 쓴소리를 쓰지 않게 만드는 열쇠입니다.

둘째, 피드백의 FTA 요소를 갖추어야 합니다.

부정적 피드백 방법은 그동안 다양하게 제시되었습니다. 한동안 칭찬-문제점-칭찬의 샌드위치 피드백 방식도 유행했죠. 그러나 조직심리학자 로저 슈워츠는 "샌드위치 피드백은 초점이 흐려지고, 말이 길어져 피드백하는 입장도 불편"하다고 비판했습니다. 듣는 사람도 단도직입적인 것이 차라리 속 시원합니다.

피드백은 $F^{fact}-T^{thought}-A^{ask\ action}$의 3요소를 갖춰야 완전체라 할 수 있습니다. 즉 문제가 되는 사실, 그에 대한 생각, 실행방안 요청을 다루는 것입니다. 고객미팅에 늦은 직원에게 FTA식 피드백을 해보죠.

F : "○○님, 오늘 고객과의 미팅에 늦었네요."
T : "고객미팅에 늦으면 우리 회사의 이미지가 나빠지고, 당장 이번 상담에도 좋지 않은 영향을 미칠 수 있습니다."
A : "고객미팅에는 적어도 15분 전에는 도착하도록 합시다. 저도 그렇게 하겠습니다."

셋째, 기대로 마무리합니다.
FTA 쓴소리 피드백 공식에서 하이라이트는 F와 T가 아니라 A, 마무리입니다. 마무리에서 명심할 점은 두 가지입니다. 하나는 실행방안을 상대가 말하게 해야 합니다. 리더의 제안과 조언을 보태더라도 최종 방안은 자신이 선택하고 결정하게 하는 게 좋습니다. 그럴 때 실행효과가 높아지기 때문입니다.

한 가지 더, 쓴소리 피드백의 쓴맛을 없애주는 마법은 마지막에 기대를 표하는 것입니다. "당신에게 높은 기대를 하고 있다" "지난번에는 당신답지 않게 실수했지만 이번에는 잘해낼 것이라 믿는다" 등의 신뢰를 표할 때 긍정적 효과가 높아집니다. 예일대와 컬럼비아대 연구진이 중등교사를 대상으로 실험한 바에 따르면, 마무리의 격려 한마디로 피드백 효과가 40% 향상되었다고 합니다. 기대와 신뢰로 마무리하면 상대의 에너지도 올라가고, 리더의 마음도 한결 가벼워질 테니 꼭 활용해보시기 바랍니다.

리|더|를|위|한|팁
"부정적 피드백을 잘하는 방법이 있나요?"
- 피드백의 규칙에서 말하는 태도와 듣는 태도를 함께 정한다.
- 구체적인 문제사항(F),그에 대한 생각(T),
  실행방안(A) 등을 이야기하라.
- 기대와 신뢰 표현으로 마무리하라.

직설적으로 말하는 게 좋은데, 상대방은 상처받았다고 합니다

　이야기 나누기 꺼려지는 상사나 동료가 있습니다. 한마디로 말을 '세게' 하는 사람들입니다. 비속어를 섞거나 험하게 말하는 건 차라리 괜찮습니다. 가려서 듣거나, 불편하면 시정을 요구하면 되니까요. 그런데 비속어를 쓰는 것도 아니고 하지 못할 이야기도 아닌데 대화하기가 불편한 사람이 있습니다. 바로 직설적으로 말하는 사람입니다.

　직설적으로 말한다는 것은 돌리지 않고 직접적으로 표현한다는 뜻입니다. 완곡한 표현이나 은유를 사용하지 않는 것이지요. 예를 들어보겠습니다. 김 팀장의 말입니다.

　"이 대리, 보고서가 왜 이래요? 엉망이네요."

김 팀장의 말을 들은 이 대리는 생각합니다. '문제가 있으면 구체적으로 뭐가 문제인지 말해야지, 밑도 끝도 없이 엉망이 뭐야, 엉망이….' 이 대리는 기분이 나빠졌습니다. 옆에서 김 팀장에게 말이 심했다고 하니 오히려 당당하게 말합니다. "엉망이니까 엉망이라고 한 건데 무슨 문제가 있어요?" 이렇게 직설적으로 말하는 사람과 이를 듣는 사람의 생각은 평행을 달립니다.

'직설적으로 말하기'에는 두 가지 요소가 있습니다. 첫 번째 요소는 솔직함입니다. 솔직하게 말한다는 것은 자신의 감정과 생각을 숨기지 않고 드러내어 이야기한다는 뜻입니다. 솔직함은 조직 내 소통에서 대단히 중요합니다. 상황과 행동을 솔직하게 드러내야 문제가 쌓이지 않기 때문입니다.

두 번째 요소는 다듬어지지 않은 언어입니다. 이 대리가 쓴 보고서에 대해 김 팀장은 '엉망'이라고 말했습니다. 김 팀장이 엉망이라고 하지 않고 '잘못되었거나 고칠 곳이 많다'라고 했다면 이 대리 기분이 나빴을까요? 아닐 겁니다.

정리하면 '직설적으로 말하기'의 속성은 '다듬어지지 않은 솔직함'입니다. 직설적으로 말하는 사람들을 일컬어 흔히들 머리와 입 사이에 필터가 없다고 합니다. 정제되거나 다듬어지지 않은 언어로 솔직하게 이야기하는 것은 듣는 사람을 불편하게 합니다. 특히 우리나라 같은 동양문화권에서는 더 그렇지요. 그래서 머리와 입 사이에는 필터가 있어야 합니다. 단, 이 필터는 솔직함을 제거하는 필터가 아니라 다듬어지지 않은 언어를 제거하는 필터여야 합니다.

정제되지 않은 언어로 말하는 사람들에게도 나름의 이유가 있습니다. 직설적이고 강한 표현을 써야 제대로 알아듣기 때문이라고요. 여러 번 말하지 않아도 빨리 알아듣는다는 겁니다. 다듬어진 말보다는 확실히 상대방의 머리에 남겠지요. 그러나 그렇게 해서 절약한 시간보다 더 큰 것을 잃게 됩니다. 듣고 기분이 좋지 않으니 말하는 사람과 듣는 사람 간의 관계가 나빠집니다.

가족과 친구 간에도 말로 상처를 주고받을 때가 있습니다. 이 정도는 이해해줄 거라 여기며 다듬지 않은 직설적인 표현으로 말하고, 그 말에 상대방은 상처를 받습니다. 친하고 끊을 수 없는 가까운 관계여서 괜찮을 거라고 생각했는데도 그렇습니다. 그런 상처가 쌓이면 부모와 자녀, 오랜 친구 간에도 벽이 생깁니다. 가족과 친구 간에도 이런데 회사에서 상사와 부하, 동료로 만난 사이는 말할 것도 없습니다. 오히려 친한 동료 사이일수록 더 조심해야 합니다. 직장에서의 언어폭력은 자주 만나지 않는 다른 부서보다 같은 부서 안에서 더 자주 일어납니다.

직설적으로 말한 사람은 상처 입을 정도의 표현이 아니었고 상처 주려고 한 것도 아니라고 주장합니다. 그렇지만 상대방은 상처받았습니다. 상처의 사실^{fact} 여부를 따지기는 어렵습니다. 마음의 상처는 사실보다는 인식^{perception}의 문제이기 때문입니다. 그리고 관계에서는 사실보다 인식이 더 중요할 때가 많습니다. '그게 무슨 상처받을 말이냐'라고 아무리 말해도 소용없습니다. 상대방이 상처받았다고 하면 자신을 돌아보아야 합니다. 직설적인 표현, 즉 다듬어지지 않은 솔직한 말로 자신이 누군가에게 상처 줄 가능성이 크다는 것이야말로 사실이 아닐까요?

직설적인 말의 속성인 '다듬어지지 않은 솔직함'에서 솔직함만 남겨야 합니다. 이제 말을 다듬는 요령을 소개하겠습니다.

첫째, 상대방의 생각과 판단을 존중합니다.

판단이 점점 어려운 세상입니다. 5년 경력의 대리가 알고 있는 것을 20년 경력의 팀장이 모를 수도 있습니다. 그러니 절대적인 판단은 유보하고, 리더나 업무 지시자의 생각과 기준으로 판단해서 하는 말임을 밝히는 것이 좋습니다. 즉 "이 대리, 보고서의 결론이 틀렸어요"가 아니라 "이 대리의 결론이 내 생각과는 많이 다르네요" 하는 것이죠. 마찬가지로 "보고서 완성도가 아직 멀었네요"가 아니라 "이 보고서는 내 기준에서 아직 부족하네요"라고 해보세요.

이는 말을 다듬는 방법이기도 하지만 더 좋은 의사결정을 하는 방법이기도 합니다. 김 팀장이 이 대리가 쓴 보고서의 결론이 '틀렸다'고 말하면 상처받은 이 대리는 마음을 닫기 쉽습니다. 하지만 자신의 생각과 '다르다'고 하면 이 대리도 자기 의견을 이야기할 겁니다. 그렇게 토론이 가능해지고, 더 발전된 결론을 도출할 수도 있습니다.

둘째, 구체적으로 표현합니다.

김 팀장이 "이 대리, 보고서가 엉망이네요"라고 하지 않고 "보고서에서 손볼 곳이 꽤 많네요"라고 말했다면 이 대리는 어떻게 반응했을까요? 아마도 무엇을 손봐야 하는지 궁금해하겠지요. 그런 다음 "결론이 정리가 안 된 것 같아요. 서두의 데이터도 부족해 보이는데, 다른 산업 데이터를 보충해주면 어때요?" 등 김 팀장에게 구체적인 설명을 들으면 자신의 보고서가 엉망이었음을 스스로 깨달았을 겁니다. 손볼 곳이 많다는 것은 사실 '엉망'이라는 뜻이 맞지요.

이렇게 종합 평가를 언급하기보다 구체적인 요소를 이야기하는 게 좋습니다. 세부요소를 이야기하다 보면 결론을 다시 생각하게 되는 유익한 부작용이 생기기도 합니다.

셋째, 존중의 표현을 사용합니다.

솔직함을 모나지 않게 다듬는 일은 존중하는 표현을 사용하는 것으로 시작합니다. 요즘 많은 조직에서 직급에 관계없이 존댓말을 쓰거나 호칭을 '님'으로 통일하는 등 존중의 표현을 의식적으로 제도화합니다. 의미 있는 변화이고, 실제 효과가 있습니다. 최소한 회의 때는 서로 반말하지 않는 규칙은 어떨까요?

직설적으로 말해야 빨리 알아듣는다는 생각으로 효율을 얻을 수는 있지만, 사람 간의 관계를 잃어버릴 수 있습니다. 일도 중요합니다. 그렇지만 '사람이 먼저'라고 하지 않습니까? 습관처럼 하는 그 말의 뜻을 진지하게 생각해보세요.

리 | 더 | 를 | 위 | 한 | 팁

**"직설적으로 말하는 게 좋은데,
상대방은 상처받았다고 합니다."**

- 상대방의 생각과 판단을 존중한다.
- 구체적으로 말한다.
- 존중의 표현을 사용한다.

젊은 세대와 소통하기가

쉽지 않네요

리더 코칭을 하다 보면 '세대' 이야기가 빠지지 않습니다. 자신은 베이비부머 상사들을 '모시며' 눈치 보느라 바빴는데, 이제는 후배들 신경 쓰느라 머리가 아프다고요. 일이란 게 변동성이 있는데 매번 설명하고 설득하느라 진이 빠진다고도 합니다.

리더들이 "요즘 친구들은 왜 이런지 모르겠다"라며 고개를 저을 때면 세대론과 저성과자를 구분해보라고 요청합니다. 저성과자나 의욕부진자는 어느 조직이든 시대 불문하고 있었던 문제인데, 세대론과 뒤섞어서 오해하는 것은 아닌가 싶어서입니다.

이것을 판별하는 쉬운 방법이 있습니다. 팀원들 한 명 한 명의 특성을 써보는 겁니다. 얼마나 쓸 수 있나요? 빙산 위에 모여 있는 한 무리의 펭귄은 다 똑같아 보이지만, 어미에게 자기 새끼를 고르라고 하면 척척 찾아낼 겁니다. 우리도 선글라스를 쓴 단체사진에서 자기 얼굴은 구별해냅니다. 잘 알면 잘 알아냅니다. 이처럼 "요즘 친구들은…" "MZ들은…" 하고 도매금으로 묶어서 말하기 전에 한번 돌아볼 필요가 있습니다. 팀원들의 못마땅한 특성을 세대 문제로 치부하는 건 아닌지 하고요. 세대 특성인지, 저성과-저의욕자의 문제인지 구별해야 합니다. 선배 세대가 모두 꼰대가 아닌 것처럼, 후배 세대가 모두 응석받이는 아닙니다. 한 묶음으로 일반화해 비난하는 것은 리더가 그만큼 구성원 파악에 소홀했다는 의미와도 통합니다. 파악해야 장악할 수 있습니다.

개개인의 특성을 파악하고 개별적으로 접근하면 '요즘 애들' 탓하며 속 끓이는 것보다 훨씬 구체적인 방안이 떠오를 수 있습니다. 실제로 제가 코칭한 어느 차장은 팀원의 특성(강점, 보완할 점, 주변 동료들의 평판, 본인의 관찰사항)을 엑셀로 적어서 일대일 소통에 활용합니다. 해당 팀원의 좋은 점과 보완할 점, 동료 팀원의 칭찬을 들려주는 것은 사기진작과 동기부여에 도움이 됩니다. 실제로 그 후 "저 친구가 내가 예전에 알던 그 친구가 맞냐"라고 할 정도로 달라졌다며 그 효험에 신기해했습니다. '선비는 자신을 알아주는 이를 위해 목숨을 바친다'라는 말이 있습니다. 자신을 인정해주는 사람과 함께 일하고 싶은 것은 세대와 시대를 뛰어넘어 인간의 기본 욕구입니다.

물론 세대론 이해도 필요합니다. 단, 세대 갈등 운운하며 '통 모르겠다. 알수록 골치 아프다' '피하는 게 상책이다' '우쭈쭈해줘야 한다'라는 식은 피해야 할 편견과 선입관입니다. 그보다는 세대통역기를 돌려보시길 추천합니다. 시대를 보면 세대가 보인다는 말처럼, 각 세대가 겪어온 서사를 알면 그 세대를 이해하기 쉬워지고 사고가 유연해질 수 있습니다. 자세히 보고 오래 보아야 예뻐지는 것은 꽃뿐 아니라 세대론에도 적용됩니다.

일례로 많은 리더들이 MZ세대가 조직에 대한 충성심이 없고, 돈에 민감하고, 이직을 자주 한다고 비판합니다. 그러나 성장기에 부모가 IMF 외환위기로 구조조정을 당하고, 커서는 평생직장이 보장되지 않는 저성장시대를 사는 세대와 그 이전의 기성세대를 수평비교하는 건 무리 아닐까요? 자동차를 운전하다 웅덩이에 바퀴가 빠졌을 때 일반 평지에선 바퀴에 공기를 빵빵하게 넣어야 빠져나오지만, 사막에선 반대로 바람을 빼야 합니다. 판에 따라 패가 달라져야 한다는 뜻이죠. 이처럼 세대 담론은 서로의 상황과 상처를 이해하고 판에 따라 생존의 패도 달라진다는 사실을 수용하는 것이 소통의 출발점이라고 봅니다. 세대통역은 바로 상대 언행의 긍정적 의도를 읽고자 하는 노력입니다. 딴지나 토 달기보다 왕성한 호기심과 질문으로 해석해보는 것입니다.

일례로 요즘 세대를 상징하는 가장 대표적인 단어인 '워라밸'부터 세대통역기를 돌려볼까요. 워라밸을 노래하며 퇴근 시간 5분 전, 아니 10분 전부터 가방을 싸놓았다가 용수철처럼 튀어나가는 직원들이 섭섭하고 얄밉다는 리더들이 많습니다. 이때 통역기를 돌려보면, 밸런스보다는 워크의 문제임이 분명해집니다. 물론 '비슷한 능력대에선 투입이 많을수록 산출도 많은 게 조직 생리다' '대충 욕먹지 않을 만큼만 해놓으니 더 미꾸라지 같다'라는 등 리더들의 논리도 있습니다. 사정은 여러 가지가 있겠지만 어떤 상황에서든 '성과 중심의 지표'를 공유하고, 그에 기반해 피드백하는 것이 효과적입니다. '왜 일도 제대로 해놓지 않고 퇴근하는 거야' 하고 부글거리며 칼퇴를 탓하기보다 일의 표준, 성과의 기준(양-질-기대사항)을 놓고 판단해야 합니다. 이를 위해서는 기대치를 사전에 공유하는 게 필수겠지요. 워라밸은 우리 리더들도 원하지 않나요? 밸런스를 맞추는 일이 나쁜 게 아니라 워크의 기준을 못 맞추는 게 문제임을 분명히 해야 젊은 세대가 이해하고 서로 통역이 됩니다.

리더들을 당황하게 한다는 이른바 '이걸요? 제가요? 왜

요?'에 대해서도 세대통역기를 돌려보겠습니다. 어떤 리더들은 속으로 '그걸요, 네가요, 무조건요'라고 응수하고 싶은 마음이 울컥 올라온다고 푸념합니다. 일은 하다 보면 계속 변하고 추가업무도 생길 수밖에 없는데, 그때마다 따박따박 물으니 섭섭하고 힘들다는 이야기지요.

'이걸요?'를 묻는 의도에는 일하기 싫다는 거부감도 있지만 일의 목적과 맥락에 대한 궁금증이 자리합니다. '제가요?'는 자신이 이 일을 맡은 이유를 듣고 싶은 것이고요. '왜요?'는 기대효과에 대해서 알고 싶다는 말입니다. 정리하자면 구성원들의 '3요'에는 목적성, 공정성, 예측 가능성에 대한 궁금증이 깔려 있죠. 그에 반해 리더들의 '3요'(그걸요, 네가요, 무조건요)에는 책임감을 기대하는 마음이 있고요.

변동이 발생했을 때는 최대한 빨리 알리는 게 좋습니다. 같은 야근과 추가업무를 하더라도 임박해서 말할수록 공감은 떨어지고 반감만 커집니다. 예측 가능성을 중시하기 때문이지요. 또 추가업무나 영역이 애매한 업무를 지시해야 할 때는 개인 성장과의 연관성, 기대효과 등을 이야기해주는 게 좋습니다. 단순히 "당신을 믿어서, 일 잘하니까"라는 식으로는 설득하지 못합니다. 무엇보다 피해야 할 것은 언행불일치입니다. 리더 스스로도 중요하게 여기지 않는 일을 '만만해 보이는' 저연차 직원에게 덤터기 씌우면서 "사소한 일도 해야 나중에 큰일도 잘하게 된다" 등의 거룩한 명분을 내거는 것입니다. 잡무는 누구 하나에게 몰기보다 공동으로 나누는 게 더 합리적입니다.

'그 정도는 알아서 할 줄 알았다'라고 혼자 기대하지 말고 미리 공유하며 기대와 기준치를 상호 확인해야 합니다. 리더 세대가 아날로그형이었다면 이들은 프로그램형이라고나 할까요. 입력을 제대로 해야 출력도 제대로 됩니다. 어쩌면 융통성 없어 보이지만, 일단 룰이 납득되면 무엇보다 잘 지키고, 방향을 분명히 제시해주면 방법을 창의적으로 모색하는 것도 이들 세대입니다.

정리해보면 젊은 세대와의 소통은 3단계입니다.

첫째, 저성과 문제인지 세대론 이슈인지 구별합니다. 먼저 구성원 특성부터 파악해야 동기부여가 가능합니다.

둘째, 세대통역기를 돌려봅니다. 그들의 말과 행동의 의도를 읽으려는 호기심이 필요합니다.

셋째, 책임감을 요구하기 위한 기준과 기대치를 공유하고 맥락을 설명합니다.

그들은 요구만 하는데 리더는 이렇게 들어주기만 해야 하느냐며 "책임을 다하는 모습으로 변해야 우리도 변하지" 하는 리더도 있습니다. 그러나 누가 먼저 변해야 하느냐는 '닭이 먼저냐, 달걀이 먼저냐'와 같습니다. 둘 다 노력해야 변화가 일어나고 소통이 되는 것은 맞습니다. 하지만 리더들이 조금 더 노력하는 게 현실방안이 아닐까요? 리더들은 신입 시절을 겪어보았지만, 그들은 관리자 시절을 겪어보지 않았으니까요. 리더들이 강조하는 주도성은 변화에도 적용됩니다. 상대의 변화를 기대하기 전에 리더부터 해보는 것이 진정한 주인의식이고 주도성입니다.

어떤 리더들은 "어차피 안 될 사람은 아무리 맥락과 목적을 설명해도 안 된다"라고 말하기도 합니다. 물론 그럴 수도 있지요. 저는 리더십은 진인사대천명盡人事待天命이라고 봅니다. 해도 안 될 수는 있지만, 변화의 가능성을 믿고 최선을 다해야 합니다. 비록 해당 인물은 바뀌지 않을지라도, 이런 리더의 노력을 보고 다른 구성원들은 변화가 생길 수도 있으니까요.

리 | 더 | 를 | 위 | 한 | 팁
"젊은 세대와 소통하기가 쉽지 않네요."
- 저성과자와 세대소통 문제를 구별하자.
- 편견보다 호기심을 갖고 세대소통의 통역기를 돌리자.
- 기대치와 기준을 명확히 공유하자.

상사 설득,
어떻게 하면 좋을까요?

"상사 눈치 보랴, 팀원 눈치 보랴 너무 힘듭니다. 위에선 내리누르고, 아래에선 치받고…."

상하 조율은 모든 중간관리자가 겪는 공통의 고민입니다. 조직의 일이란 게 늘 합리적, 논리적, 효율적일 수는 없습니다. 특히 불합리해 보이는 지시가 떨어졌을 때 중간관리자들은 위아래를 어떻게 조율해야 할지 난감할 수밖에 없습니다. 하기 싫어서 못 하겠다는 것도 아니고, 시키고 싶어서 시키는 게 아닌데 말입니다.

무리한 업무라도 효과적으로 관리하고 해결하려면 '해낼 것은 해내고, 넘길 것은 넘기고, 버릴 것은 버리는' 요령이 필요합니다. 이것이야말로 중간관리자의 중요한 기량이 아닐까 합니다. 일의 중요성과 긴급성, 상사 지시의 합리성, 구성원 성향, 그리고 여기에서 파생하는 조합에 따라 다양한 변수가 있어 정답보다는 적답, 기술보다는 예술이 필요한 문제입니다. 인터넷에 취업준비생을 위한 모범답안이 떠도는데, '불합리하거나 비효율적인 지시를 할 때 어떻게 대처하겠는가?'라는 항목도 있었습니다. 정리해보면 "정답은 없다. 분위기에 맞춰라. 다만 상황에 제한조건을 설정해 영역별로 초점을 좁히는 깔때기 대답을 하라"더군요. 하긴 맞는 말입니다.

그렇다면 어떻게 분위기를 맞추고 깔때기 대답을 하라는 걸까요? 상사 설득의 포인트를 짚어보겠습니다.

첫째, 내 관점을 전환합니다.

가장 먼저 내 관점을 전환해야 합니다. 내 판단도 틀릴 수 있습니다. 그러니 이 지시가 정말 불합리하고 비효율적인지 돌아보세요. 직급에 따라 일을 바라보는 시야나 시각이 다르고, 좀 더 멀리 볼 수 있다는 것을 종종 경험하지 않나요? 상사의 의도와 지시의 배경, 맥락 등을 역지사지해 좀 더 넓게 생각해보는 게 먼저입니다.

둘째, 상사를 설득할 때는 TPO를 반드시 고려합니다.

지시의 배경과 의도를 다시 생각해봤지만 여전히 불합리하고 비효율적이란 결론이 변함없다면 상사 설득에 들어갈 차례입니다. 이때 생각할 사항은 TPO입니다. 비논리적일수록 논리적으로, 이성적으로 접근할 필요가 있습니다.

먼저 시기time는 그 자리에서 거절하기보다는 감정이 어느 정도 가라앉은 뒤가 낫습니다. 상사가 한창 바쁠 때도 피하는 게 좋고요. 객관적으로 무리한 업무의 부담감이나 어려움을 솔직하게 표현하되, 우는소리를 하거나 딱딱하게 논박하기보다는 상황과 대안을 유연하게 제시해야 합니다.

장소place는 공개 장소가 아닌 일대일 대화가 가능한 곳에서 하는 게 좋습니다.

상황occasion은 크게 두 가지로 나누어 생각해볼 수 있습니다. 하나는 여러분의 상사도 그 일의 비효율성을 인지하지만 부득이하게 진행해야 하는 경우, 아니면 본인이 옳다고 생각해 밀어붙이는 경우입니다. 전자라면 완성도나 속도 면에서 납기는 맞추되 다른 일과의 완급 및 우선순위 조절, 완성도 수위 조절 등을 같이 합의하는 게 현실적입니다. 후자라면 상사의 목표와 우리 팀의 성과를 연결해 설명하는 게 좋습니다. 예컨대 상사가 완벽주의 성향이라면, '하면 좋지만 급하지 않은 일'을 업무가 산적해 있는데도 지시하는 경우가 있습니다. 이럴 때 새로 시킨 일과 현재 하는 일의 우선순위, 새 프로젝트를 하느라 기존 업무를 늦게 처리할 때의 기회비용과 손실비용을 상사의 목표와 연계해 설명합니다. 완벽주의 상사일수록 손실회피 심리는 큰 반면, 일의 기회 비용 계산을 놓치는 경우가 많습니다. 평소에 수시로 업무 보고를 하여 신뢰를 쌓아두면 한결 도움이 됩니다.

완벽주의가 아니라 단순히 지시를 남발하는 상사라면 어떻게 할까요? 이런 상사일수록 공을 많이 던지면서 정작 자신이 몇 개나 던졌는지는 잊어버리는 경우가 많습니다. 이런 일이 반복되면 '예/아니오'를 즉문즉답하기보다는 시간 지연 작전을 쓰는 게 더 현실적인 방법입니다. 매번 부글부글 속앓이를 하기보다는 상황에 따라 진척 속도를 조절하면서 상사가 정말 중시하는 일인지 살펴봅니다.

상사를 설득할 때 유용한 화법은 '네, 그리고Yes and'입니다. 받아들여야 하는 일이라면 더 보완할 아이디어나 제안을 추가로 제시하고, 거절해야 하는 일이면 일단 수용한 다음 요구조건을 보태서 대화하는 방식입니다. 여기서 '네yes'는 동의라기보다 상대방의 말을 일단 베이스로 수용한다는 의미에 가깝습니다. '그리고'는 그 상황을 확장 증폭한다는 뜻이지요. 상대의 이야기가 말이 되고 안 되고를 시시콜콜 가리기보다 그것이 잘되기 위한 조건을 얹는다고나 할까요.

상사를 설득하다가 반대로 업무의 타당성에 공감할 수도 있습니다. 그렇다면 구성원을 설득할 차례입니다. 힘들다고 구성원들이 난색을 표하더라도 해내야 할 중요한 일이라면 해야죠. 이때는 회사 목표, 팀 목표, 개인의 기여를 한 방향으로 정렬해 설명함으로써 설득력을 높여야 합니다. 비록 지금은 이 일이 힘들더라도 해냈을 때의 성취감, 기여에 대한 보상과 성장 등을 짚어주세요. 여기에 리더가 과거에 해낸 관련 성과를 예시로 들며 자신감을 보여주면 발동을 걸기에 한결 도움이 됩니다. 다른 일정을 조정하거나 일의 중요도에 따라 완급을 조절하는 등, 유연성을 발휘하면서 말이죠. 중요한 것은 어떤 경우든 구성원들에게 지시의 의미와 맥락, 배경을 충분히 설명해야 합니다. 일을 마친 후에는 감사와 인정도 따라야 하고요. 무리한 일을 해야 할 때일수록 특히 필요한 게 리더와 팀원들 간에 쌓아놓은 신뢰자산입니다.

"상사 설득, 어떻게 하면 좋을까요?"
- 무리한 일이라는 나의 판단이 객관적인지 돌아보라.
- TPO를 살펴라.
- 업무의 타당성에 공감한다면 구성원을 설득하라.

회의 때 의견을 말하라 해도
입을 열지 않습니다

회사에는 다양한 회의가 있습니다. 월간, 주간 단위로 이루어지는 업무점검 회의도 있고, 어떤 이슈에 관해 구성원들의 다양한 의견을 듣거나, 때로는 특정 문제에 필요한 아이디어를 같이 나누고 싶어 회의를 하기도 합니다. 그런데 평소에는 서로 말도 많이 하는 사람들이 회의 시간에는 입을 열지 않아 답답하다는 리더들이 많습니다. 눈치 보며 침묵으로 일관하는 직원들이 대다수죠. 그러다 보면 적막 속에 뻘쭘한 회의가 되기 일쑤입니다. 기대했던 의견을 얻기는커녕 '왜 이렇게 소극적이고 태만하지? 회사 일을 자기 일처럼 생각하면 저러지 않을 텐데. 책임감도 없고 주인의식도 없고…' 하는 생각이 들기도 합니다.

'말이 없는 회의'를 상상해봅시다. 전체적으로 말이 없을 수도 있고, 쓸 만한 아이디어가 없이 하나 마나 한 회의가 있습니다. 누가 발언하면 반대의견 하나 없이 일사천리로 채택되는 회의도 본질적으로는 말이 없는 회의죠. 결국 말이 없는 회의는 다양한 의견이 교류되지 않는 회의라 할 수 있습니다.

회의에 침묵하는 이유는 다양합니다. 의견을 냈는데 무시나 거절당할 것이 두려워서 그냥 눈치 보며 가만히 있는다는 사람도 많고, 괜히 독특한 아이디어를 냈다가 이상한 취급을 받을까 봐 염려하는 사람도 많습니다. 어떤 사람은 지난번 회의 때 자신의 의견이 무시당하면서 '내가 앞으로 회의에서 말하나 봐라!'라는 결의를 다졌다고 합니다. '가만히 있으면 중간은 간다'라는 마음으로 조용히 있는 사람도 물론 많죠. 때로는 안건을 숙지하지 못한 채 회의에 들어오거나 선배들이 하는 말을 충분히 이해하지 못해서 의견을 못 냈다는 이들도 있습니다.

이런저런 이유로 회의 시간에 팀원들은 침묵하고 소극적인 자세가 됩니다. 이것을 방치하면 그런 분위기가 조직문화로 고착되어 수동적이고 소극적인 조직으로 변하는 요인이 되기도 합니다. 그러므로 문제해결을 고민해야 합니다. 말할 때까지 기다리거나, 모든 참석자가 발언하는 것을 규칙으로 정하는 방법도 있습니다. 무조건 발언을 해야 하므로 다소 부담스러울 수 있지만, 말을 하면서 자연스레 회의 참여도를 높일 수 있습니다.

작은 변화를 주어 경직된 회의 분위기를 풀어줄 수도 있습니다. 예전에 어떤 회사의 팀과 브레인스토밍을 하면서 흥미로운 경험을 했습니다. 팀장이 말랑말랑한 공을 몇 개 가져오더니 회의를 하기 전에 팀원들과 같이 가볍게 공을 던지며 놀았습니다. 회의 중간에도 "공 받은 사람부터 한번 얘기해봅시다"라고 하며 불규칙하게 튀는 공을 던졌습니다. 그때야 그것이 얼어붙은 분위기를 깨려는 팀장의 노력이었음을 알았습니다. 실제로 간단한 신체활동은 분위기를 활성화하고, 자유롭게 이야기하는 데 도움이 되는 경우가 많습니다. 무작위로 발언 기회가 주어지니 강제로라도 말문을 열게 되고, 자연스레 회의 참여도도 높아집니다.

팀원들의 말문도 열고 의견의 품질도 높이는 좋은 회의 기법 하나를 소개합니다. 바로 하이브리드 브레인스토밍입니다.

아이디어가 필요할 때 으레 브레인스토밍을 하는데, 자유롭게 생각을 말하자는 약속에도 불구하고 의견이 풍부하게 개진되지 않는 경우가 많습니다. 이는 3가지 이유 때문입니다. 첫 번째는 팀원들이 자기 검열을 하는 겁니다. '내가 이렇게 이야기해서 팀장님이 기분 나빠 하면 어떡하지?'와 같이 다른 사람의 눈치를 보는 거죠. 특히 위계질서가 강한 문화일수록 상사의 의견을 중시하고 자신의 의견이 배치되지 않는지 확인하려고 합니다. 두 번째는 새로운 아이디어를 먼저 제시하기보다는 다른 사람의 의견에 편승하려고 하기 때문입니다. 그리고 세 번째는 사회적 태만이 문제가 됩니다. '회의에 6명이나 참석했는데, 나 하나쯤 가만히 있어도 괜찮겠지' 하며 안이해지기 쉽다는 것이죠.

이런 문제를 해결하는 방법으로 와튼 스쿨의 울리히 교수와 터비시 교수는 하이브리드 브레인스토밍을 제안했습니다. 방법은 간단합니다. 가령 30분 동안 자유롭게 이야기하는 브레인스토밍을 하기로 했다면, 먼저 10분간은 서로 아무런 말도 하지 않고 자신의 의견을 메모하는 시간을 갖습니다. 그러고 나서 20분간 토의하는 브레인스토밍을 하는 것이죠. 이렇게 10분간 혼자서 메모하고 20분만 함께 토의하는 방식이 30분 내내 토의하는 브레인스토밍보다 아이디어의 양과 질에서 모두 우수했다고 합니다.

이 방식을 회의에도 적용해봅시다. 회의 시간이 30분이라면 모여서 10분간은 서로 이야기하지 않고 혼자서 메모하는 시간을 갖습니다. 그렇게 자신의 의견을 구성하는 시간을 가진 후에 20분간 토의합니다. '따로 또 같이' 회의라 할 수 있겠군요.

효과적인 회의를 하기 위해서는 사전준비가 중요합니다. 그러나 미리 회의 준비를 시키기 어려울 때 이런 식의 '따로 또 같이' 회의가 특히 유용합니다. 2004년부터 아마존은 파워포인트로 발표하는 회의를 하지 않는다고 합니다. 파워포인트를 예쁘게 만드는 데 들어가는 시간이 너무 비효율적이라고 판단해서입니다. 대신 그들은 미리 준비된 회의 자료를 읽으며 침묵 속에 회의를 시작합니다. 혼자서 조용히 자료를 읽고 자신의 의견을 정리한 다음 질문하고 피드백하는 회의를 진행하는 것입니다. 이런 아마존의 회의를 사일런트 미팅silent meeting이라고 하는데, 조금 전에 이야기했던 '따로 또 같이'와 동일한 방법입니다. '회의=따로+같이'라는 공식으로 기억하면 좋습니다.

아울러 순서도 중요합니다. 팀원들이 회의에 적극적으로 참여하고 자신의 의견을 자유롭게 제시하려면 누구부터 말하는 게 좋을까요? 예를 들어 어떤 안건에 대해 A과장과 B대리 중 누가 먼저 말하게 하겠습니까? 리더십 센스가 있는 팀장이라면 A과장보다는 B대리의 의견을 먼저 물을 겁니다. 직급이 높은 사람보다 낮은 사람의 의견을 먼저 들어야 하죠. 상사와 다른 의견을 내기는 아무래도 부담스럽습니다. 위계질서가 강한 조직이라면 더욱 그렇죠. 팀장은 팀원들 각각의 고유한 생각을 들어야 합니다. 윗사람 눈치 보며 상사의 의견을 그대로 따라 말한다면 회의를 하는 이유가 없죠. 만약 어떤 회의나 토론이 상의하달식으로만 진행되고 있다면 그것이야말로 최악의 상황입니다.

개인적으로 기억나는 인상적인 회의가 있습니다. 어떤 팀과 함께 프로젝트를 하고 있었는데, 외부에서 온 컨설턴트가 회의를 진행하는 날이었습니다. 그분은 칠판에 다음과 같은 물고기를 그렸습니다.

그러고는 오늘 회의가 무엇에 관한 것인지, 왜 하는지, 회의가 끝났을 때 우리는 무엇을 도출해야 하는지 설명하며, 물고기의 눈에 회의에서 지킬 사항ground rule을 적었습니다. 그리고 물고기의 몸통에는 '다이아몬드 사고법'을 의미하는 화살표를 그리며 말했습니다. "처음에는 생각을 자유롭

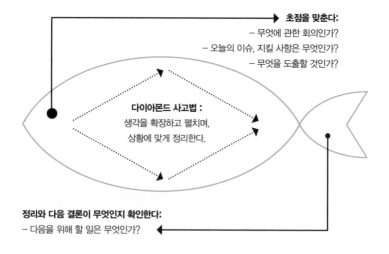

초점을 맞춘다:
- 무엇에 관한 회의인가?
- 오늘의 이슈, 지킬 사항은 무엇인가?
- 무엇을 도출할 것인가?

다이아몬드 사고법 :
생각을 확장하고 펼치며,
상황에 맞게 정리한다.

정리와 다음 결론이 무엇인지 확인한다:
- 다음을 위해 할 일은 무엇인가?

게 이야기하고, 후에는 새로운 생각을 더 찾기보다는 나온 의견들을 정리하는 시간을 갖겠습니다. 자유롭게 의견을 이야기하는 시간과 정리하는 시간 관리는 제가 진행하겠습니다." 마지막으로 꼬리 부분에는 회의 끝나기 10분 전에 결론을 정리하고 추가로 무엇을 할지 점검하는 시간을 갖겠다고 적었습니다. 그의 리드로 회의는 잘 진행되었고 참여한 사람들도 모두 만족했습니다.

물고기를 그리며 진행했던 그날의 회의가 인상적인 이유는 리더의 준비 때문이었습니다. 대부분의 리더가 준비 없이 그냥 회의를 열고 "좋은 생각 좀 내놔봐"라며 팀원들 입만 쳐다보는데, 그 컨설턴트는 회의를 미리 준비하고 참여자들이 편하게 참석할 수 있도록 리드했습니다. 회의를 효과적으로 진행하려면 앞에서 말씀드린 것처럼 기술적인 팁도 필요합니다. 그러나 더 중요한 것은 회의를 미리 준비해서 기획력을 갖고 이끄는 일입니다. 회의가 잘 진행되는 것은 전적으로 리더의 역할임을 잊지 마시기 바랍니다.

리ㅣ더ㅣ를ㅣ위ㅣ한ㅣ팁

"회의 때 의견을 말하라 해도 입을 열지 않습니다."

- '따로 또 같이' 회의를 활용하자 : 회의 = 따로 + 같이
- 물고기 회의법을 활용하자.
- 회의는 리더의 준비가 가장 중요하다.

수백 통씩 쌓이는 메일을
어떻게 관리해야 할까요?

하루에 이메일이 300통씩 쌓인다고 하소연하는 분이 있었습니다. 업무 메일은 물론 구독하는 메일링이나 뉴스레터까지 포함하면 하루에도 수십, 수백 통의 이메일을 주고받는다는 게 과장은 아닙니다. 이 많은 메일을 효율적으로 처리하지 못해서 이메일에 질식하거나 쫓기며 사는 게 리더들의 일상입니다. 메일함에는 읽지 않은 메일이 그득하고, 왜 회신하지 않느냐는 전화에 메일함을 뒤지고서야 답하지 않았다는 걸 깨닫기도 합니다.

이메일을 효율적으로 처리하지 못하면 제시간에 답장할 수 없거나, 메일에 답하느라 다른 업무에 집중하지 못합니다. 메일을 소홀히 해서도 안 되고, 그렇다고 그 일에만 매달려 있어도 안 되죠. 과연 어떻게 해야 메일을 효율적으로 처리할 수 있을까요? 100통의 이메일을 1시간 안에 처리하면 될까요?

이메일을 효율적으로 처리하는 방안을 고민하기 전에 먼저 할 일이 두 가지 있습니다. 하나는 수신 메일의 수를 줄이는 것입니다. 지금 받고 있는 메일이 과연 꼭 필요한 메일일까요? 불필요한 뉴스레터나 메일링을 먼저 구독해지 해보세요. 구독해지를 해도 메일이 계속 온다면 스팸으로 등록하면 됩니다. 메일함에서 읽지 않은 메일을 나타내는 빨간 숫자가 평균 세 자리였다면 두 자리로, 두 자리였다면 50개 이하로 줄여보세요. 참조 메일도 줄입시다. 일을 하다 보면 불필요하게 참조 메일을 받는 경우가 있습니다. 업무용 메일이라도 군이 받지 않아도 될 내용이라면 발신자에게 참조자 명단에서 빼달라고 해봅시다. 일을 피하는 걸로 보일까 봐 조심스럽겠지만, 과감하게 요청하세요. 받고 지워도 됩니다만, 그러다 괜히 다른 메일을 지울 위험이 있습니다.

다른 하나는 회사 메일과 개인 메일을 구분하는 것입니다. 요즘 많이 줄어들기는 했지만 각종 쇼핑몰이나 인터넷 서비스의 알림 메일을 회사 메일로 등록한 경우가 있습니다. 필요한 메일이라면 개인 메일을 만들어서 그 주소로 돌려놓는 게 좋습니다. 그것만으로도 회사 메일함에 수신되는 메일

수를 줄이는 효과가 있습니다.

이제 메일을 효율적으로 처리하는 구체적인 방법에 대해 알아보겠습니다. 여기에는 기준이 있습니다. 하나는 제시간에 답장하는 것이고, 다른 하나는 같은 메일을 여러 번 들여다보지 않는 것입니다.

첫째, 중요하고 답장에 시간이 걸리지 않는 메일부터 처리합니다.

먼저 메일의 우선순위를 판단합니다. 모든 메일이 동일하게 중요하지는 않습니다. 중요하다고 판단되는 메일은 별도의 폴더로 옮기거나 태그로 구분하여 관리합니다. 반대로 중요하지 않은 메일을 걸러내는 방법도 있습니다. 대부분의 이메일에서 제공하는 필터나 규칙 기능을 사용해서 특정 주제, 발신자, 키워드 등을 기준으로 폴더에 자동 분류하도록 설정할 수 있습니다. 뉴스레터 같은 메일은 별도의 폴더로 보관했다가 시간 날 때 살펴봅니다.

그런 다음 답장에 필요한 시간을 판단합니다. 간단하게 답장할 수 있는 경우와 그렇지 않을 경우를 구분하고 간단한 메일부터 처리합니다.

둘째, 읽은 메일은 즉시 처리합니다.

메일 관리가 비효율적이라는 느낌이 드는 이유 중 하나는 같은 메일을 여러 번 열어보기 때문입니다. 메일을 열 때마다 내용을 다시 읽고 다시 생각하게 됩니다. 따라서 한 번 열어서 읽으면 즉시 회신하거나 조치하고 다시 열어보지 않겠다는 생각으로 메일을 처리해야 합니다. 더 생각해봐야 하거나 추가 조치가 필요한 사안이라면 해야 할 일이나 답변 아이디어를 메모해놓습니다. 별도 메모도 좋지만 메일 회신란에 내용이나 할 일을 메모해놓는 편이 더 편합니다. (발송되지 않도록 초안으로 지정해야 하는 것에 유의합니다.)

셋째, 정해진 시간에 이메일을 확인합니다.

이메일을 자주 확인하는 것은 업무 효율성을 떨어뜨릴 수 있습니다. 정해진 시간에만 이메일을 확인하고 답장하도록 습관을 들입니다. 예를 들어 오전 10시에 한 번, 점심 이후 2시에 한 번 메일을 확인하는 식입니다. 그 시간 이외에는 메일 프로그램을 열어놓지 않는 것도 업무와 메일에 집중하는 방법입니다.

아울러 매주 또는 매월 정해진 시간에 이메일을 일괄 정리하는 습관을 들이면 좋습니다. 중요하지 않은 이메일은 일괄 삭제하고 보관해야 할 이메일은 별도의 폴더에 저장합니다.

끝으로 한 가지 팁! 모든 수신 메일에는 답장을 합니다. 첨부 파일로 자료만 받은 메일에도 '잘 받았습니다' 하는 한 줄 답을 권해드립니다. 보낸 사람은 제대로 받았는지 궁금하니까요. 회사 내부 메일은 수발신이 명확하지만 외부 메일은 스팸함에 들어 있기도 하지 않습니까? 한 줄 답을 주고받으면 전화나 메신저로 잘 받았는지 확인하는 번거로움이 사라집니다. 단, 자신이 수신자가 아니라 참조자인 경우에는 굳이 답장을 보내지 않아도 됩니다. 또한 한 줄 답을 보낼 때는 '전체 답장'이 아니라 발신자에게만 보내야 합니다. 메일 수신자가 10명인데 '잘 받았습니다' 하는 한 줄 답장을 10번 받는다고 생각하면 피곤하지 않을까요?

리ㅣ더ㅣ를ㅣ위ㅣ한ㅣ팁

"수백 통씩 쌓이는 메일을 어떻게 관리해야 할까요?"

– 불필요한 메일링, 뉴스레터, 참조를 줄여서
  수신 메일의 숫자를 줄인다.
– 정해진 시간에만 메일을 점검한다.
– 읽은 메일은 즉시 처리한다.

CEO와의 일대일 미팅,

뭘 준비해야 하죠?

회사의 운영을 책임지는 CEO와의 일대일 대화, 아마 CEO 본인을 제외한 모든 사람에게 부담이 될 겁니다. 리더라고 예외가 아니죠. 뭘 어떻게 준비하면 좋을까요?

예전에 글로벌 화장품회사에 다닐 때 일입니다. 하루는 비서실에서 사장님이 점심을 같이하고 싶어 한다는 연락이 왔습니다. 사장님이랑 무슨 이야기를 하지? 게다가 사장님은 독일인이었습니다. 사장님인 데다 외국인이기까지, 아무리 생각해도 부담이 되었습니다. 바쁘다고 거절했습니다. 그다음에도 거절했습니다. 세 번째 연락을 받고서는 더 이상 거절하면 안 되겠다는 생각이 들더군요. 그래서 점심 약속을 잡긴 했는데, 너무나 걱정이 되었습니다. 무슨 얘기를 하나.

걱정이 밀려와서 당시 상사에게 조언을 구했습니다. 그분은 저에게 너무나 좋은 기회라며, 그동안 회사에 대해 말하고 싶었던 것, 새로운 아이디어나 사장님의 협조가 필요한 업무가 있는지 생각해보라고 했습니다. "떨려서 기억이 안 나면 어쩌죠?"라는 말에 그분은 명쾌하게 조언했습니다. "포스트잇에 1, 2, 3으로 할 말을 적어가." "제가 너무 초보처럼 보이지 않을까요?" "아니. 절대!"

오히려 그분은 사장님이 제 메모를 보면 준비성이 있다고 좋아할 것이고, 저 역시 준비한 대화 포인트를 잘 전달할 수 있다고 했습니다. 너무 여러 가지를 적으면 기억에 남지 않을 수 있기에 딱 3가지를 준비했습니다.

시간이 많이 흘러 그날 제가 무슨 이야기를 했는지는 가물가물하지만, 그때 들고 간 포스트잇 한 장이 저에게 자신감을 주었던 것은 분명히 기억납니다. 나중에는 사장님과의 관계가 편해져서 제가 쓴 안경이 멋지다며 어느 브랜드냐고 묻기도 하시고, 지저분한 제 책상을 보고 "서류에 파묻혀서 당신 얼굴을 볼 수 없는 날이 곧 올 것 같아 걱정이다"라며 농담도 하셨습니다. 심지어 제가 다른 회사로 이직했을 때는 "그 회사와 어울리지 않는다"라며 다시 회사로 돌아오라고 3번이나 전화를 주셨습니다.

누군가와는 편하고 또 다른 누군가와는 불편합니다. 여러분이 점심을 함께하고 싶은 사람은 누구인가요? 가족, 친구 등 내가 늘 만나고 교류하는 사람들, 나와 많이 접촉하는 사람들, 어떤 이야기도 할 수 있는 사람들과의 관계는 편합니다. 하지만 친했던 친구라도 몇 년 만에 만나면 조금 어색합니다.

사장님과 나의 관계를 생각해봅시다. 사장님이 나를 만나자고 하는 이유는 무엇일까요? 회사 대표로서 직원들의 회사 생활이 궁금했을 수도 있고, 여러분이 궁금했을 수도 있습니다. 상사를 직급으로만 생각하면 너무 멀고 힘듭니다. 평범한 한 사람으로 보도록 노력해봅시다.

《언젠간 잘리고, 회사는 망하고, 우리는 죽는다!》를 쓴 이동수 작가는 직장 상사에게 편하게 잘할 수 있느냐 아니냐는 '그와 나를 동등하게 생각하느냐' 여부로 결정된다고 말합니다. 그는 동등해지기 위해 윗사람이 내려오기는 힘드니 내가 기어 올라가서 수평을 맞추는 방법을 소개합니다. 상사를 '나랑 똑같은 아저씨' '회사 다닐 때 잠깐 보는 아저씨' '앞으로 평생 볼 사이는 아닌 아저씨'라고 생각하면 마음이 편해진다고 합니다. 사장님이 아니라 동네 어른, 알아두면 좋을 어른이라고 생각하면 마음이 조금 가벼워질 수 있다는 것이죠.

또 다른 에피소드가 생각납니다. 화장품회사에서 제약회

사로 이직했을 때입니다. 수평적인 화장품회사의 문화와는 달리 영업이 핵심인 제약회사에는 수직적인 문화가 있습니다. 실제로 글로벌 본사에서도 군 장교 출신을 우대한다는 말이 있을 정도였습니다. 당시 회사가 입주한 사무실조차 좁고 긴 수직적인 빌딩이었는데, 위층으로 올라갈수록 중요한 부서를 배치했습니다. 15층에는 사장실과 임원 대회의실이 있고, 제가 속한 부서는 11층이었습니다. 반면 이런 문화가 있기에 목표를 향해 일사불란하게 효율적으로 움직일 수 있었던 것도 사실입니다.

처음으로 사장님이 우리 부서를 초대해서 저녁 식사를 하게 된 날이었습니다. 저는 가장 최근에 입사한 터라 부서 사람들은 저를 사장님 앞에 앉혔습니다. 그때 사장님은 터키 출신의 눈이 부리부리하고 키가 작고 배가 많이 나온 외모를 가지고 있었습니다. 그런데 동료들은 사장님이 젊었을 때 제임스 딘과 똑같았다고 하는 겁니다. 눈앞의 중년 아저씨와 날렵하게 생긴 제임스 딘이라니, 도무지 매치가 되지 않았습니다. 그래서 무심코 "What happened to you(그동안 무슨 일이 있었던 겁니까)?"라고 물었습니다. 물론 저는 농담을 던진 것인데, 갑자기 사람들이 움찔하는 게 느껴졌습니다. 그런데 사장님이 와하하 크게 웃으시더니 앞으로 자기를 'What happened to you'라고 불러달라는 겁니다. 마음 넓은 사장님 덕에 그날의 저녁을 즐겁게 보낼 수 있었습니다. 제가 '저 사람 너무 무서워, 너무 높은데 내가 무슨 말을 하나'라는 고민만 가득했다면 그런 농담은 차마 못 했겠지요. (물론 그런 부담이 왜 없었겠습니까?)

제가 드리고 싶은 말은, 그는 사장이기 이전에 사람이라는 겁니다. 사장님을 사장으로만 보지 말고, 일단 사람으로 봐주세요. 소개팅 나가서 이것저것 묻는다고 생각해보세요. 사람은 누구나 자신에게 관심 가져주는 사람에게 마음이 갑니다.

사장님이 만나는 사람들은 사장님 나이에 맞거나 직급이 비슷한 분들입니다. 따라서 사장님 입장에서도 구성원과의 미팅이 부담스러울 수 있습니다. 이 자리를 서로 부담스러운 미팅으로 만들지, 편하게 의견을 나누고 삶을 나누는 자리로 만들지는 여러분이 선택할 수 있습니다. 저도 종종 하는 실수인데, 다짜고짜 상사에게 지금 하는 업무에 대해서만 죽 늘어놓을 때가 있습니다. 저도 효율을 중시하기에 머릿속에 가득한 업무 얘기가 그대로 나오는 거죠. 그런데 반대로 생각해보면 일대일 미팅은 상사를 조금 더 알아갈 좋은 기회이자 내가 어떤 사람인지 알려줄 기회이기도 합니다. 마찬가지로 이번 사장님과의 미팅은 여러분과 사장님의 관계를 정할 수 있는 아주 소중한 기회입니다. 무엇보다 미팅에서 나 자신으로 있을 수 있도록 노력해봅시다. 그간 회사에 대한 제안이나 의견이 있다면 용기 내서 한두 가지 정도는 말해보세요.

그리고 또 하나, 사장님에게 이 일대일 미팅은 여러분이 느끼는 만큼 어렵고 중요한 자리가 아닐 수 있습니다. 그러니 조금은 편한 마음으로, 사장이 아니라 인생 선배라 생각하고 나부터 마음의 담을 허물어봅시다. 쉽지 않습니다. 하지만 일단 해보는 거죠.

리 | 더 | 를 | 위 | 한 | 팁

"CEO와의 일대일 미팅, 뭘 준비해야 하죠?"
- 생각만큼 부담되는 자리가 아닐 수 있으니
  너무 앞서서 걱정하지 말자.
- 사장이라는 부담감을 내려놓고 '궁금한 한 사람'으로 바라보자.
- 나 자신답게 행동하고, 호기심을 갖고
  서로를 알아가는 시간으로 만들자.
- 꼭 말해야 할 부분이 있다면 한두 가지 정도 미리 준비해가자.

[PART 2]

팀원의 성장을 돕는 리더

동기부여 방법을
잘 모르겠습니다

팀원들과 오랜만에 저녁을 먹으며 술이라도 한잔하면, 개인적으로 이런저런 이야기가 오갑니다. 그때 빠지지 않고 리더에게 요청하는 이야기가 "동기부여를 좀 해주세요"라는 것입니다. 물론 이렇게 '동기부여'라고 콕 집어서 말하지는 않습니다. '열심히 일해도 보람을 느끼기 어렵다' '성장이 멈춘 느낌이다' '10년 후의 내 모습이 그려지지 않는다' '언제까지 이 일을 할 수 있을까' 등 다양한 버전으로 표현하죠. 이런 고백에 화답해야 하는데, 말뿐인 격려가 아니라 실질적인 힘을 주려니 고민이 됩니다.

일반적으로 동기부여 방법은 두 가지가 있습니다. 하나는 당근을 주는 것이고, 다른 하나는 채찍을 드는 것입니다. '이 일이 잘되면 큰 보상을 받을 수 있다'는 식의 접근이 당근이고, '이 일이 잘못되면 큰 낭패를 당한다'와 같은 접근이 채찍입니다. 심리학자들은 이를 '접근동기와 회피동기'라는 단어로 설명합니다. 좋은 결과에 접근하게 하고, 나쁜 결과를 피하게 하는 것으로 이해할 수 있습니다. 상황 또는 사람에 따라 당근을 내밀어야 할 때가 있고, 채찍을 들어야 할 때가 있습니다. 당근과 채찍이라는 큰 틀에서 리더의 동기부여에 대해 생각해보겠습니다.

먼저, 적절한 보상이 당근입니다. 동기부여를 해달라는 요청을 받으면 많은 리더들이 '연봉을 올려달라는 건가?' '인센티브를 책정해달라는 건가?' 하는 생각을 합니다. 그리고 그걸 내가 할 수 있나로 귀결하고 "내가 무슨 힘이 있냐"로 답하기 쉽죠. 하지만 돈이 전부는 아닐 수 있습니다. 왜 그 일을 하는지, 그 일이 어떤 의미가 있는지 모른 채 할 때에는 의욕이 생기기 어렵습니다. 이럴 때는 그 일의 의미는 무엇이고 어떤 가치가 있는지를 팀원들에게 잘 보여주어야겠죠.

예전에 고등학교 선배를 만난 적이 있는데, 그 선배가 "나는 돈이 되든가 의미가 있든가, 둘 중 하나가 큰 일을 해"라고 말하더군요. 그 선배의 말이 무척 인상 깊게 다가왔습니다. 사소한 일에 시간을 낭비하기보다는 돈이나 의미 둘 중하나가 큰 일을 한다는 것이었는데요. 이것이 사람을 움직이는 대표적인 보상입니다. 사람들은 무엇인가를 선택할 때 대개 두 가지 요소로 평가합니다. 예컨대 물건을 살 때는 가격과 품질이라는 요소로 평가하죠. 가격은 싼데 품질도 좋은 것을 고릅니다. 영화를 볼 때는 재미와 의미를 기준으로 생각합니다.

인간에게 동기부여가 되는 보상도 크게 두 가지로 나뉩니다. 제 선배의 말처럼 돈과 의미로 생각해볼 수 있죠. 돈과 같은 것을 외적 보상이라고 하고, 의미와 가치를 생각하는 것을 내적 보상이라 합니다. 전문가들은 외적 보상보다 의미와 가치를 느끼는 내적 보상이 더 큰 동기부여가 된다고 말합니다. 연봉이나 인센티브로 보상하는 방법은 단기적인 처방인 데다 계속 더 많은 돈을 지급할 수도 없습니다. 반면 누구나 자신이 의미 있고 가치 있게 여기는 일은 열심히 하기 마련입니다. 이런 것이 내적 동기입니다. "배를 만들라고 요구하고 관리하기보다는, 먼저 바다를 보여주고 바다에 가고 싶다는 꿈을 심어줘야 한다"라는 메시지와 같은 것이죠.

TED에서 매우 인기 있는 강의 중 하나이자 후에 책으로도 출간된 사이먼 시넥의 "Start with why"도 같은 메시지를 주고 있습니다. 대부분의 사람들은 '무엇을 어떻게 해야 하는가?'라고 묻는데, 큰 성과를 거두는 사람들은 '왜 이 일을 하는가?'에서 출발한다고 합니다. 왜 이 일을 하는지 이유를 먼저 찾고, 그 이유가 타당하면 무엇을 어떻게 할지는 자연스럽게 알게 된다는 겁니다. 반대로 무엇을 어떻게 해야 하는지 알아도 '왜 해야 하는지' 이유를 찾지 않으면 큰 성과를 올릴 수도 없고 지속되기도 어렵다는 점을 지적합니다. 사람은 누구나 하고 싶은 일을 열심히 하게 돼 있습니다. 일의 의미를 찾고 가치를 생각하는 것이야말로 그 일에 자연스럽게 열정을 쏟고 좋은 결과를 만들게 하는 첩경입니다.

채찍의 동기부여를 살펴보면, '이상에서 현실로'라고 요약할 수 있습니다. "위대한 여정을 힘을 합쳐 만들어가자!"와 같은 말을 많이 하지만, 현실적이지 않은 경우가 대부분입니다. 스포츠 스타, 유명 연예인 또는 기업가들의 성공 스토리는 나와는 다른 세상의 이야기처럼 들리곤 하죠. 어쩌면 운 좋게 성공한 사람들의 포장된 이야기처럼 들리기도하고요. 사실 대부분의 사람들은 위대한 정신을 추구합니다. 앞에서 말한 일의 의미와 가치를 찾습니다. 그리고 열심히 일하기로 결심하고 어느 정도 실천도 합니다. 작심삼일이란 말처럼 지속하기가 어려울 뿐이죠. 몸무게 100kg인 사람이 6개월 만에 70kg으로 변신했다면, 체중을 감량하겠다고 작심하고 계획을 세우는 열정보다 6개월간 꾸준히 실천한 공이 훨씬 큽니다. 이상적인 뜻을 세우는 것보다 현실을 살아가는 일이 더 중요하니까요.

원하는 이상을 현실에 구현할 수 있게 해주는 마법의 단어는 '습관'입니다. 결심한 일을 매일 반복하는 것이죠. 그런 의미에서 리더는 구성원들이 원하는 습관을 유지하도록 돕는 역할을 해야 합니다. 강한 자극을 주어 열정이 만들어졌다면, 그 열정을 현실에서 지속적으로 발휘하게 해주어야 합니다. 어떤 약속을 정하고 규율을 만들어서 지키게 하는 방법이 가장 대표적이죠. 현실에는 몰라서 못 하는 일보다 알아도 못 하는 일이 더 많습니다. "화내지 말아야지" "운동해야지" "걱정은 조금만 해야지" "자신감을 가져야지" 등 우리는 많은 것들을 알면서도 제대로 못 합니다. 리더의 역할은 구성원들이 알면서도 못 하는 일들을 관리하고 피드백해주는 것입니다. 그것이 가장 현실적인 동기부여 아닐까요?

당근과 채찍의 동기부여를 '하고 싶은 일'과 '해야 하는 일'이라는 관점으로도 생각할 수 있습니다. 사람은 누구나 하고 싶은 일을 열심히 합니다. 그러므로 지금 우리가 하는 일의 의미와 가치를 일깨워 그 일을 하고 싶은 일이 되게 해야 합니다. 이런 관점에서 심리학자 에드워드 데시는 당근과 채찍을 뛰어넘는 동기부여 요소를 3가지로 지적합니다. 그의 자기결정성 이론에 따르면 '유능감 욕구'는 자신이 성공적으로 수행할 수 있고 성장한다는 것을 느끼고 싶은 욕구, '자율성 욕구'는 외부 통제나 간섭 없이 스스로의 행동을 자율적으로 결정하려는 욕구이며, '관계성 욕구'는 의미 있는 타자와 관계를 맺고자 하는 욕구입니다.

이것을 업무 현장에 적용해보면 어떨까요? 너무나 막연하고 큰 과제를 맡았을 때는 감당하기 힘듭니다. 하지만 조금씩 잘라서 해낼 수 있는 정도의 과제를 맡아 성공 경험을 쌓다 보면 스스로 유능감이 생기고 점차 큰 과제에도 도전의식이 생길 것입니다. 이 자신감에서 스스로 결정할 수 있는 자율성이 나옵니다. 그리고 관계성은 다름 아닌 소속감과 통합니다. 조직에서 가장 큰 복지는 동료란 말도 있지 않습니까.

당근과 채찍을 넘어 이 같은 3요소를 현실과 접목할 때, 말뿐이 아닌 현실적인 팀장의 동기부여를 해나갈 수 있습니다.

리|더|를|위|한|팁
"동기부여 방법을 잘 모르겠습니다."
- 동기부여는 당근을 주는 '접근동기'와 채찍을 휘두르는 '회피동기'로 나뉜다.
- 이 일이 돈이 되거나 의미가 있음을 일깨워주어라.
- 열정보다 중요한 것은 그것을 지속하는 습관이다.
- 유능감, 자율감, 소속감을 키워줄 환경을 만들자.

실패할 게 뻔한 프로젝트,

어떻게 동기부여하죠?

　세상은 합리적으로 돌아가지 않습니다. 그래서 때로는 말도 안 되는 일들이 생기기도 하고, 그 일이 하필 나에게 떨어지기도 하죠. 황당하고 성공 가능성이 없는 프로젝트를 해야 하는 경우처럼요. 나조차 동기부여가 안 되는 일을 팀장으로서 팀원들과 함께 진행해야 할 때도 있습니다. 이럴 때는 어떻게 해야 할까요?

　가장 먼저 할 일은 팀원들과 내용을 공유하고 허심탄회하게 대화하는 것입니다. 상명하달식으로 "까라면 까야지, 어떻게 하겠냐"라고 말하며 밀어붙이는 것은 시대착오적인 발상입니다. 오히려 "나도 이 프로젝트가 성공할지 모르겠다"

라는 솔직한 심정을 나누는 게 좋습니다. 그러다 보면 때때로 팀원들의 이야기에 내가 동기부여되는 경우도 있습니다. 리더만이 꼭 동기부여를 하는 것은 아닙니다.

성공 가능성이 없는 프로젝트는 피하면 좋겠죠. 하지만 어쩔 수 없이 시작해야 한다면 리더로서 책임지는 역할을 해야 합니다. 실패할 것이 뻔한 프로젝트를 시작한다면 예정된 실패에 대해 팀원들을 보호하고 팀장이 책임지겠다는 각오를 할 필요가 있습니다. 단, 처음부터 지레 포기하고 이미 실패한 듯한 분위기에 휩싸이면 안 됩니다. 성공하지 못해도 그 일을 통해 새로운 경험을 쌓고 모르는 것을 학습하게 된다면 단순한 실패만은 아닙니다. '성공의 어머니'가 될 실패를 한다면 충분히 의미 있는 실패입니다. 그러니 말이 안되는 프로젝트를 할 때는 '아름다운 실패'를 각오하고 도전해봐도 좋겠습니다.

이렇게 황당한 프로젝트를 시작할 때 가져야 할 마인드와 스킬을 살펴보겠습니다.

먼저 마음가짐이 중요합니다. 이와 관련해 기억하면 좋을 옛날 뉴스 하나를 소개합니다.

1970년대에는 연탄가스 사망 사고가 많아 큰 사회 문제가 되었습니다. 1971년 한국과학기술원이 세워지고 박정희 대통령이 과학원을 순시했을 때 막 교수로 부임한 젊은 배순훈 박사를 만났습니다. 후에 1990년대 대우전자 대표를 지내며 본인이 직접 TV 광고모델로 출연해 유명해진 분이기도 합니다. 박정희 대통령은 배순훈 박사에게 연탄가스 중독을 막을 방법을 찾아달라고 부탁했습니다. 대통령이 찾아와 직접 부탁한 일인 만큼 배순훈 박사는 과학원에 모형 집을 지어놓고 열심히 연구했습니다. 하지만 원하는 성과를 올리지는 못했습니다. 별수 없이 "연탄가스는 일산화탄소인데 이것은 무색무취의 가스라 막을 방법이 없습니다"라고 보고했죠. 그러자 이런 답변이 돌아왔습니다. "안 되는 이유를 설명하지 말고, 되는 방법을 찾아주세요."

이에 배순훈 박사는 다시 연구를 시작했습니다. 그리고 연탄불을 아궁이 밑에 넣어서 방을 직접 데우는 방식이 아니라, 다른 곳에서 데운 물이 방바닥에 깔린 호스를 통해 순환하면서 난방이 되는 지금의 보일러를 개발했습니다. 방바닥 밑에서 타던 연탄이 외부에서 타며 열을 냈기 때문에 연탄가스에 중독될 위험이 크게 낮아졌죠. 발상의 전환으로 연탄가스 문제를 해결한 것입니다.

"안 되는 이유를 설명하지 말고, 되는 방법을 찾아주세요."실패할 게 뻔한 프로젝트를 시작하게 된다면 이 말을 꼭 기억하시기 바랍니다. 안 될 것 같고 이론적으로 불가능해 보이는 일들이 포기를 모르는 사람들의 도전과 고민과 아이디어 덕분에 해결되는 것을 가끔 봅니다. 어차피 실패

확률이 절대적으로 높다면, 굳이 안 되는 이유를 시간 들여 분석할 필요가 있을까요? 그보다는 되는 방법을 찾는 모험을 해보시라 권합니다. 물론 "무조건 되게 만들라"고 팀원들에게 강요하면 안 되겠죠. 그것은 때때로 폭력이 되기도 합니다. 안 되는 것을 되게 하라고 강요하는 대신, 도전적인 마인드로 한번 해보자고 독려해야 합니다.

이때 '가정 질문'이 도움이 됩니다. 예를 들어 회의 시간에 모두가 "그것은 안 돼요" "불가능합니다"라고 말한다면 "만약 그것이 가능하다면 어떤 방법으로 했을까요?"라고 질문하는 것입니다. "물과 기름은 섞이지 않습니다"라고 누군가 말할 때, "만약 물과 기름이 섞였다면 어떻게 섞이게 했을까요?"라고 질문합니다. 담배 끊기가 불가능하다고 말하는 사람들에게는 "만약 담배를 끊었다면 어떻게 끊었을까요?"라고 묻는 거죠. 가정 질문은 모두 불가능하다고 생각할 때 그것을 가능하게 하는 조건이나 상황 또는 아이디어를 찾도록 도와줍니다.

가정 질문을 활용한 사례 하나를 소개합니다. 2011년 시리아 정부군과 반군 사이에 내전이 발생했습니다. 그 여파로 40만 명이 사망하고 180만 명에 달하는 난민이 생겼습니다. 사태가 이 지경에 이르자 미국은 내전에 개입하기로 결정했습니다. 2013년 9월 미국은 공습을 결정하고 기자회견을 열었습니다. 많은 기자들이 언제 공습이 시작되는지, 규모가 어느 정도인지 등을 질문했습니다. 그때 어떤 기자가 이런 질문을 던졌습니다.

"만약 시리아가 군사공격을 피하려면 뭘 해야 하나요?"

장관은 잠시 생각하더니 이렇게 말했습니다.

"시리아 정부가 다음 주까지 모든 화학무기를 국제사회 앞에 내놓으면 되지 않을까요?"

그러자 기자회견 직후 러시아의 외교부 장관이 "화학무기 저장시설을 국제사회의 감시하에 두고 순차적으로 폐기하는 방안을 시리아에 정식으로 요청하겠다"라고 발표했습니다. 그 후 러시아가 시리아에 제안하고 시리아가 이를 받아들여 미국은 공습을 취소했습니다. 모두가 미국의 시리아 공습을 피할 수 없는 사실로 받아들일 때, 한 기자의 가정 질문이 상황을 바꾼 것입니다. 어렵고 힘든 일이나 불가능한 프로젝트를 할 때 이런 가정 질문을 활용하길 바랍니다.

"너는 계산이 너무 빨라. 그게 문제야! 그렇게 될 것 안 될 것을 미리 판단하다 보면 '이미 계산이 서는 일' '된다고 보장받는 일' '뻔한 일'만 하게 되는 거야. 길이 없어 보이고 미리 계산되지 않아도 필요한 일이고 하고 싶은 일이라면 일단 열심히 해봐! 하다 보면 방법이 생기고 없던 길도 보이기 시작하는 거야."

제가 첫 직장에서 막 일을 시작했을 때 부서장님이 제게 해주신 충고입니다. 실패가 예상되는 일을 어쩔 수 없이 하게 될 때면 그분의 말씀이 떠오릅니다. 된다는 결과가 보장된 일을 하면서 도전이라고 하지는 않죠. 큰 성취는 사람들이 불가능하다고 하는 일을 예상치 못한 아이디어를 적용해 해결할 때 얻어지는 경우가 많습니다.

세상은 이론적으로 돌아가지 않습니다. 우리가 생각하는 이론이 모든 문제상황에 완벽하게 적용되지는 않기 때문이죠. 야구 경기를 보면 1루 주자가 도루를 해서 2루에 갈 때가 종종 있습니다. 투수와 포수가 시속 140km 이상의 공을 주고받는 사이에 주자가 1루에서 2루까지 뛰어가는 게 계산적으로는 불가능하다고 합니다. 하지만 실제 야구 경기에서 도루는 거의 매번 일어나죠. 이처럼 이론적으로 불가능한 일이 현실에서는 드물지 않게 일어납니다. 정답이 없는 우리 삶의 문제는 더 그렇지 않을까요?

리|더|를|위|한|팁

"실패할 게 뻔한 프로젝트, 어떻게 동기부여하죠?"

- 어려운 일을 만나면 안 되는 이유를
  설명하지 말고 되는 방법을 찾아보자.
- 가정 질문을 활용하자. "만약 그것이 가능하다면
  어떤 방법으로 했을까?"

능력도 의욕도 다 다른데, 어떻게 성과를 내야 할까요?

구성원들의 성향은 천차만별입니다. 이미 짜인 팀 구성원들과 함께해야 하는 팀장으로서는 다양한 팀원들을 어떻게 아우르며 성과를 내야 할지 고민일 수밖에 없습니다.

고성과자도, 저성과자도 자세히 보면 각각이어서 같은 저성과자도 그 원인은 다르기 마련입니다. 어깨가 아프더라도 경추, 척추의 이상 등 원인이 다양하죠. 이처럼 같은 증상이라도 먼저 진단부터 정밀하게 해보는 게 순서입니다. 크게 역량, 의욕, 관계의 3영역으로 나눠 살펴볼 수 있습니다. 먼저 현재 역할을 수행하는 데 필요한 기술을 갖춘 상태인지 보고, 의욕은 어떤가 살펴보아야 합니다. 또한 간과하면 안 될 것이 대인관계인데, 이것은 리더만의 주관적 느낌과 관찰을 넘어 동료들의 의견도 수렴할 필요가 있습니다. 역량, 의욕, 관계의 3가지 영역별 수준에 따라 리더가 어떤 자세를 취해야 할지 알아보겠습니다.

1. 역량+ 의욕+ 관계+ : 귀인형

일 잘하고 태도 좋은 귀인이라 해서 무관심하면 절대 안 됩니다. 시킬 때는 "당신만 믿는다"라고 하다가 승진 인센티브 등 보상 시즌마다 "내가 무슨 힘이 있느냐"라고 뒤를 흐린다면 이탈이 발생할 수 있습니다. 우리 팀의 성과를 내는 보물을 '손안에 든 고기'처럼 방치했다가 놓쳐버리는 경우를 종종 봅니다. 특히 업무가 이런 팀원에게만 계속 몰리는 바람에 번아웃 상태가 되거나 이탈할 수도 있습니다. 귀인형 인재일수록 새로운 프로젝트에 도전할 기회와 함께 역량 개발 지원을 많이 해주세요. 업무 부담이 과중한지 살피고, 기여도를 충분히 인정할 방법을 찾고, 새 직책과 새 업무 등으로 도전할 기회를 주는 등의 지원이 필요합니다.

2. 역량+ 의욕- 관계+ : 번아웃형

역량과 팀 내 관계는 좋은데 의욕이 급격히 떨어졌다면 번아웃 상황일 확률이 높습니다. 직무와의 매치, 개인적 상황 등 이유는 다양할 수 있겠지요. 가령 육아, 건강 등 개인적 문제가 원인이라면 회사의 복지 시스템을 알아보되, 긴급하거나 중요한 업무에는 마감일을 새로 협의하는 것도 방법입니다. 근무 시간과 장소 등에 자율권을 주어 본인 부담이나 조직 영향을 최소화할 수도 있습니다.

3. 역량+ 의욕+ 관계- 독불장군형

역량과 일에 대한 의욕은 불타오르는데 대인관계가 떨어져 팀 내 협업이 안 되는 경우가 있습니다. 실력은 있지만 자기주장만 하고 타인을 무시하는 유형이죠. 저연차라면 칭찬을 자주 해 인정욕구를 만족시키는 것도 방법입니다. 이때 그의 역량이 팀에 어떻게 도움이 되었는지 곁들이면 좋습니다. 고연차일 경우에는 호흡이 맞는 구성원과 소규모 팀을 짜주면 끈끈한 동료애를 발휘하기도 합니다.

당장은 개인 성과가 좋더라도 협업과 리더십이 부족할 경우 장기적으로 경력에 어떤 영향을 미칠지 구체적으로 언급해줄 필요도 있습니다.

4. 역량+ 의욕- 관계- : 이직준비형

잠시 머무르다 떠날 사람이란 암시를 적절히 흘리며 이직 준비를 해서 음으로 양으로 팀에 부정 바이러스를 퍼뜨리는 경우입니다. 이 점을 확인했다면 근무태도를 엄수하라고 경고하고 약속을 받는 것이 좋습니다. 그렇다고 떠날 사람이 남지는 않겠지만, 리더가 분명한 경계와 경고를 통해 부정 바이러스가 확산되는 걸 방지해야 합니다.

5. 역량- 의욕+ 관계+ : 성실한 저성과자형

의욕과 관계는 좋은데 역량이 떨어지는 유형이 저연차라면 이른바 '좋은 동생형'에 해당하지요. 아직 시간과 경험이 부족해서일 수 있습니다. 열심히 일하는 태도를 칭찬하고, 도움이 될 만한 책, 교육, 해당 분야 전문가를 소개하는 등 멘토링을 통해 부족한 실력을 향상시키는 게 기본 방법입니다. 역량이 향상되기를 기다리되, 구체적인 피드백을 하고요. 통째로 일을 맡기기보다 쪼개서 단계별로 시키는 방법도 있습니다. 단, 리더의 욕심에 여러 가지를 한꺼번에 시도하는 것은 금물입니다. 아무리 좋은 음식도 한 번에 먹으면 소화불량에 걸리지 않습니까? 성장을 위한 피드백도 마찬가지입니다. 차근차근 일관되게 한 가지 피드백을 해서 통하면 그때 다음 단계로 넘어가세요. 작은 진전을 스스로 느껴야 자신감도 높아질 수 있으니까요.

문제는 고연차인데도 역량이 떨어지는 '젖은 낙엽형'입니다. 익숙한 것, 지금 잘하는 것만 하는 경우가 해당합니다. 이들에겐 성실과 성과를 구분해 현실을 자각하게 해줄 필요가 있습니다. 근면 성실한 노력에 대해서는 충분히 인정하되, 연차가 올라갈수록 목표달성만으로는 부족하고, 조직의 방향에 맞춘 특출한 성과를 내야 함을 인식시켜야 합니다. 익숙한 일에서 벗어나 좀 더 크고 어려운 일에 부딪쳐 도전 범위를 넓히게 하는 것도 방법입니다. 상대의 커리어 욕구, 2막 설계와 연결해 자극하는 것도 고려해볼 만합니다.

6. 역량- 의욕- 관계+ : 마당발형

연극배우 중에 무대에선 단역, 대기실에선 주역인 배우가 있다고 합니다. 조직에서도 사통팔달 모르는 사람이 없고 다들 좋아하는데 정작 본인 성과는 지지부진한 이들이 있습니다. 이들과는 저성과자 유형과 마찬가지로 직장 경력에 우려되는 점을 진지하게 대화할 필요가 있습니다. 이런 유형은 잘 살펴보면 역량부족 때문이라기보다 주위에 대한 배려, 남에게 싫은 소리를 못 하는 탓에 자기 성과를 깎아먹는 경우가 있더군요. 본인의 선택에 대한 책임은 본인이 질 수 밖에 없고, 배려하느라 주저하면 결과적으로 주변에 더 큰 피해를 끼칠 수도 있으니 업무결정을 과단성 있게 내리라고 조언해주는 게 좋습니다.

7. 역량- 의욕+ 관계- : 트로피형

자신의 실력을 인식하지 못하고 큰일만 맡으려고 하는 경우가 있죠. 본인이 원하는 대로 큰일을 맡겼다가 감당하지 못하거나 크게 실패한 후 좌절할까 염려되는 유형입니다.

그렇다면 큰일을 쪼개거나 그와 연관된 작은 프로젝트를 맡길 수도 있고, 잘하는 사람과 팀을 만들어주는 것도 방법입니다. 잘해낸다면 자신감을 얻어 역량을 키울 기회가 되고, 못한다면 적어도 트로피만 들려는 이기적인 주장은 줄어들 테니까요.

8. 역량− 의욕− 관계− : 갈등유발, 돌아이형

정말 리더들을 힘들게 하는 문제적 유형입니다. 일도 못하고, 시키는 것도 안 하고, 여기에 부정적 에너지를 전염시키는 빅마우스까지 겸한다면 그야말로 최악이죠. 이들을 관리하느라 많은 리더가 골머리를 앓는데, 지나치게 시간과 에너지를 쏟지는 말라는 말을 드리고 싶습니다. 고성과자들의 특성은 모두 잘하려고 하기보다 잘하는 일에 집중하는 것입니다. 리더십 또한 마찬가지입니다. 잘할 수 있는 일, 잘할 수 있는 사람들의 성장과 성과에 좀 더 역점을 둬야 효과적입니다. 이들과 비교적 마음이 맞는 대리나 과장 등에게 기본 관리를 부탁하는 원격관리 방법을 써보세요. 협업 툴을 활용해 각자의 업무분장과 진척상황 등을 공유하게 하는 방법도 있습니다.

물론 이들의 말과 행동에서 긍정적인 점을 인정하며 관심을 보여주는 것은 관리 차원에서도 필요합니다. 그러나 이들 유형을 관리하느라 여러분의 에너지가 소진돼 전체적인 조직 분위기가 나빠지지 않도록 해야 합니다. 성과부진과 업무태만으로 팀에 부정적인 영향을 미치는 점에 대해서는 명확히 경고해야 합니다. 필요하다면 동료들의 여론으로 압박을 가하는 것도 방법입니다. 불만분자일수록 상사의 지적보다 동료 지적을 더 신경 쓰는 경우가 많습니다.

리더의 역할은 무엇일까요? 리더는 구성원이 어려움을 극복해 자기 역할에서 성공할 수 있도록 지지하고, 이해하고, 적극적으로 돕는 사람이라 생각합니다. 신입직원이 금방 자포자기한다고 질문한 리더는 직원의 성장을 고민하고 도와주고 싶은 마음이 있습니다. 그것만으로 리더로서의 자격이 있습니다. 진심으로 그 팀원과 함께하려 하고 성장에 관심이 있는 사람이기 때문이죠. 일단 진정한 리더로 서기 위해서 이런 고민을 하는 여러분을 칭찬합니다.

세계적인 경영자 코치 마셜 골드스미스는 저서《숨 쉴 때마다 새로운 내가 된다면》에서 3가지 A를 말합니다. 첫 번째

A인 야망ambition은 우리가 원하는 것을 얻는 일이라고 정의합니다. 야망은 A라는 목표를 세우고 노력해서 A를 성취하는 것입니다. 야망은 목표이기 때문에 달성하면 시효가 다합니다. 이어 새로운 야망이 생겨서 또 다른 B라는 목표를 달성합니다. 목표가 분명하다면 달성하기 위해 달려가면 됩니다.

두 번째 A인 열망aspiration은 우리가 되고 싶은 모습을 말합니다. 야망과 달리 열망은 자기창조와 자기검증을 위한 지속적인 활동입니다. A에서 B를 달성하는 것이 아니라, A가 진화하고 발전해서 A⁺가 되는 과정입니다. 신입직원이 자포자기한 기저에는 일을 잘해서 인정받고 싶다는 열망이 있을 것입니다. 신입직원이 A라는 목표를 달성하도록 돕는 게 리더의 역할입니다. 나아가 A에서 A⁺가 되고 싶어 하는 그의 숨겨진 마음을 읽어야 합니다. 그럼 어떻게 해야 신입직원이 자신의 야망과 열망을 균형 있게 달성할 수 있을까요? 이 야망과 열망을 달성하게 하는 것이 마지막 A인 행동action입니다.

모든 사람은 고유한 존재입니다. 성장이 더디고 동기가 저하되는 이유는 다양합니다. 먼저 신입직원이 생각하는 '성장'을 살펴볼 필요가 있습니다. 누구나 다 자신이 일을 잘한다고 생각하고 자신을 높게 평가합니다. 어려운 입사과정을 통과해 당당하게 회사의 일원이 된 자신이 자랑스럽기도 할 거예요. 이제 일을 해서 성과를 내는 일만 남았습니다. 신입인 만큼 포부도 클 겁니다. 하지만 자신의 기대치가 너무 높고 현실과의 괴리가 클 때 좌절하게 됩니다. 자포자기 전까지 이런 괴리는 동력이 되기도 하지만요.

그다음으로 리더가 기대하는 '성장'을 생각해봅시다. 혹시 리더가 신입직원에게 과하게 높은 기준을 부과한 것은 아닌지 살펴봐야 합니다. 이 사람의 가능성을 키워준다는 명목으로 너무 높은 잣대나 성과를 요구할 경우, 아직 필요한 직무 역량이 갖춰지지 않은 신입직원은 허덕일 수 있습니다. 무능을 자책하고 비관하며 업무에 흥미를 잃을 수도 있습니다. 이때는 리더가 기대하는 업무 성과와 목표에 대해 명확하게 커뮤니케이션할 필요가 있습니다.

마지막으로 자포자기가 업무 특성에서 나온 것은 아닌가 점검해봐야 합니다. 이 신입직원에게 미래가 보이지 않는 일을 시키고 있지는 않나요? 신입직원이니 잘나가지 않는 시즌오프 제품의 재고관리와 처리만 맡기진 않았나요? 남들이 하기 싫어하는 자잘한 일, 성과 없는 일만 주지는 않았나요? 신입직원이 해야 하는 일이 있고, 사내 잡일이 있습니다. 어떤 부서에서는 토너 갈기, 비품 구비 등을 신입직원이 합니다. 그런데 몇 년째 신입직원이 들어오지 않는다면 대리가 되고도 연차가 낮다는 이유로 그 일을 계속해야 하고, 당연히 업무에 대한 자괴감이 들 것입니다. 이렇게 나눠서 할 수 있는 부서의 일들은 나눠서 해야 합니다. 원인을 파악하고 개선할 수 있도록 돕는 게 중요합니다.

의기소침해진 신입직원을 어떻게 격려할 수 있을까요? 우선 둘만의 일대일 미팅을 잡아서 신입직원의 상황을 들어봅시다. 지금 직원은 어쩌면 매우 위축되고 괴로운 상황이라 리더와의 일대일 미팅이 부담스러울 수 있습니다. 사무실보다는 근처 카페 등 편안하면서도 집중할 수 있는 장소에서 하는 것도 좋습니다. 성과와 우려사항에 대해서 솔직하게 논의할 수 있도록요.

자, 이제부터 리더로서 커뮤니케이션 스킬이 중요합니다. 먼저 가벼운 대화로 시작합시다. 그동안 리더로서 관찰한 내용을 말하면서 이야기를 시작해도 좋습니다. "○○님, 제가 보기에 누구보다 열심히 하고 있는데, 좀 힘들어 보이기도 해서 면담을 잡았어요. 요새 좀 어때요?"라고 먼저 질문을 해봅니다. 직원이 바로 대답하지 않더라도 직원의 관점을 묻고 자신의 생각과 감정을 말할 수 있도록 분위기를 만듭니다. "우리 부서에서 맡은 역할 중에 어떤 어려운 점이 있나요?" 또는 "○○님이 적응하는 데 어려운 부분은 무엇인가요?" 등 열린 질문을 해봅니다. 일단 답변을 기다립니다. 끼어들지 말고 직원의 상황을 이해하고 공감하는 모습을 보여주세요. 직원의 성공을 돕기 위해 여러분이 곁에 있다는 사실을 알려주세요. 조직 내에서 이용할 수 있는 자원이나 교육이 있는지, 팀 내부에서 신입직원을 도울 시스템이 있다면 알려주고 지원자를 붙여줍니다.

그다음에는 명확한 목표와 기대치를 설정합니다. 일방적으로 정해주는 게 아니라 직원이 자신에게 기대되는 바를 이해하고 있는지 확인하면서 함께 개선 계획을 수립합니다. 이때 SMART 법칙을 이용하면 도움이 됩니다. 목표는 구체적이고specific, 측정 가능하고measurable, 달성 가능하고achievable, 궁극적인 비전과 관련 있고relevant, 기한을 정해서time bound 설정해야 한다는 뜻이죠. 이렇게 하면 목표와 현재 상황 사이의 간극을 이해하고 달성하기가 한결 쉬워집니다. 그런 다음 상황을 모니터링하는 정기점검 일정을 잡습니다. 이를 통해 리더가 직원을 돕고자 애쓰고 있음을 보여주고, 문제가 있으면 함께 해결할 기회를 제공해야 합니다.

어려운 도전과제보다는 쉬운 것부터 완수해서 긍정적인 경험을 많이 할 수 있도록 해줍시다. 개선될 때마다 직원의 업적을 칭찬해주면서 자신감을 불어넣어 주세요. 단, 여기서 주의할 점은 '칭찬은 고래도 춤추게 한다'라는 경구에 너무 많이 기대면 안 된다는 것입니다. 칭찬이 큰 고래를 움직이게 할 수도 있지만, 의미 없는 칭찬은 리더의 신뢰성에 금이 가게 합니다. 진심으로 사실에 기반한 칭찬을 구체적으로 하는 것이 중요합니다.

마지막으로, 역경을 만났을 때 극복하는 방법을 알려줍니다. 성공보다 실패가 흔하다는 것, 원하는 만큼의 실력이 하루아침에 생기지 않는다는 것을 알려주며 직원이 자생력을 키우고 열망을 회복할 수 있도록 도와야 합니다.

이는 자녀교육과 비슷합니다. 부모들은 최선의 환경을 만들어주지만, 부모가 원하는 그대로 자녀가 자랄 수는 없습니다. 자녀가 인형이나 로봇이 아닌 것처럼 신입직원 역시 한 사람입니다. 스스로 해결할 수 있도록 응원하면서 곁에서 지켜봅시다. 아주 위험하거나 팀에 해를 끼치는 경우가 아니라면 한번 스스로 할 수 있도록 놔두는 것입니다. 쉬운 일은 아닙니다. 이런 격려와 도전과의 밀당을 잘하는 상사야말로 우리가 원하는 리더가 아닐까요?

리 | 더 | 를 | 위 | 한 | 팁
"신입직원이 성장이 더디니 금방 자포자기합니다."
- 일대일 면담을 통해 성장에 대한 직원의 갈망을 알아주자.
- 명확한 목표와 기대치를 논의하자.
- 긍정적인 작은 경험을 통해 자신감을 회복할 수 있도록 돕자.

권한위임,

어떻게 해야 효과적일까요?

　팀장이 되면 자신이 처리해야 할 일뿐 아니라 의사결정부터 결과를 확인하고 점검하는 일까지 책임질 부분이 많아집니다. 이런 상황에서는 유능한 개인이 되기보다 현명한 리더가 되어야 합니다. 여기서 반드시 필요한 것이 권한위임 empowerment이라는 개념입니다. 팀원들에게 업무를 분배하며 의사결정권을 넘겨주는 것으로, 리더십의 핵심 역량 중 하나죠.

　팀장이 되어 일에 바빠 허덕이면 선배들은 "너도 이제 팀장인데, 혼자서 다 하려고 하지 말고 권한위임을 해야지"라고 충고합니다. 하지만 남에게 일 시키는 것도 익숙하지 않고 방법을 잘 모르겠다는 리더들이 많습니다. 권한위임을 잘하려면 어떻게 해야 할까요?

권한위임 프로세스는 대략 다음의 3단계로 이루어집니다. 가장 먼저, 리더가 전체 업무를 확인하며 필요한 일들을 파악합니다. 팀장이 팀원들보다 모든 분야에서 더 많이 알고 더 많은 경험을 해야 리더십을 발휘할 수 있는 것은 아닙니다. 과거의 지식에서만 리더십이 나오는 것은 아니니까요. 새로운 일이고 경험이 없더라도 전체적인 그림을 그릴 수 있다면 리더십을 발휘할 수 있습니다.

두 번째로, 전체적인 업무 파악이 끝났다면 각각의 업무를 가장 잘할 수 있는 팀원에게 나누고 필요한 권한을 위임합니다. 사람들은 모두 자신이 좋아하고 잘하는 일이 있습니다. 관심 많은 분야, 하고 싶은 업무도 각자 다릅니다. 이를 잘 연결시켜 일을 나누는 것이 리더십입니다. 팀원들 개개인의 장점과 단점 그리고 관심사 등을 잘 파악해야 권한위임의 성과를 높일 수 있습니다.

세 번째로, 일을 나누었으면 꾸준하게 소통해야 합니다. 일을 나누고 적당한 권한까지 줬으니 '리더인 나는 할 일 다 했다'라고 손 떼지 말고 진행사항에 대해 꾸준하게 소통합시다. 단순하게 보고받는 데서 그치지 말고 서로 의견을 나누고 공유하는 시간이 되어야 합니다. 일은 잘 진행되고 있는지, 생각지 못했던 일이 발생하지는 않았는지, 의사결정에 필요한 자원은 없는지 같이 이야기해야겠죠. 현업의 일은 복잡하고 애매모호한 것들이 많습니다. 상황도 자주 바뀌죠. 그래서 사소한 커뮤니케이션이 꼭 필요합니다. 팀원들끼리도 소통해야겠지만 기본적인 관리는 리더가 챙겨야 합니다.

대부분의 권한위임이 이런 방식으로 이루어집니다. 정리해보니 모호하거나 난해한 점은 별로 없어 보입니다. 그런데 왜 많은 리더들이 권한위임을 어려워할까요? 물어보면 "중간점검을 해보면 성에 차지 않아서 자꾸 개입하고, 그러다 보면 내가 하게 된다" "결정권한을 줬는데도 자꾸 물어보거나 결정을 미룬다"라고 하소연합니다. 한마디로 팀장인 내가 하는 만큼 결과가 나올지 믿음이 가지 않는다는 것입니다. 그 말대로 유능한 인재였던 팀장만큼 팀원들이 결과를 내기는 현실적으로 어려울지 모릅니다. 그런데도 권한위임을 하는 이유가 있겠죠. 권한위임을 할 때는 다음 3가지 관점에서 의미를 찾아야 합니다.

첫 번째 키워드는 '신뢰'입니다. 권한위임이란 '어떤 일을 믿고 맡기는 것'입니다. 회사에서 '믿는다'는 것은 역량에 대한 믿음입니다. '이 일을 잘할 수 있을까?'라는 의문이 생길 때 '그럼, 저 친구가 이 일에는 최고야'라고 그의 역량을 믿어야 권한위임이 잘 이루어지겠죠. 일을 제대로 할 팀원이 없으면 '앓느니 죽지'라는 심정으로 팀장 혼자 야근하게 됩니다. 이때는 혼자 일하지 말고 역량에 대한 믿음을 함께 만들어가야 합니다. 역량개발 교육을 받게 해도 좋고, 팀원의 특성을 파악하여 그가 가장 잘할 수 있는 일을 조금씩 주어도 좋습니다.

그런데 역량에 대한 믿음이 가끔은 역효과를 일으키기도 합니다. 의외로 많은 리더가 '내 후배가 나보다 더 잘하면 어떡하지?'라는 두려움에 권한위임을 못 합니다. 유능한 후배를 잠재적인 경쟁자로 보는 것이죠. 그러나 그를 견제한다고 팀장의 자리가 유지될까요? 오히려 유능한 인재를 키우지 못한다고 리더의 자질을 의심받을 뿐입니다. 리더는 자신보다 유능한 사람들과 함께 일해야 합니다. 그래야 더 좋은 성과를 올릴 수 있습니다. 철강왕 앤드루 카네기의 묘비에는 "여기, 자신보다 더 우수한 사람을 주변에 둘 줄 알았던 사람이 잠들다"라고 써 있다고 하죠.

두 번째 키워드는 '성장'입니다. 리더가 할 일을 하나만 꼽으라면 구성원들을 성장시켜 성과에 기여하도록 하는 것입니다. 일례로 가족 여행을 생각해볼까요? 엄마 아빠가 가족 여행을 모두 준비해서 아들과 딸은 그냥 편하게 여행할 수도 있겠죠. 하지만 아들과 딸에게는 수동적으로 따라가는 여행일 뿐이고, 조금이라도 힘들면 '가기 싫은데 억지로 왔다'는 불평이 괜히 생기기도 합니다. 반면 자신이 설계자로 참여한 여행은 더 몰입하게 되고 즐거움도 훨씬 크게 느껴집니다. 또한 아들과 딸은 비행기와 호텔을 예약하고 일정을 기획하는 등의 노하우를 배우게 되겠죠. 그러면서 성장하는 겁니다. 일도 마찬가지입니다. 일을 통해 우리는 성장하고 현명해집니다. 리더가 시키는 일을 수동적으로 하기보다는 권한을 갖고 주도적으로 일할 때 더 잘 배우고 더 많이 성장합니다. 권한위임이 리더의 핵심 역량인 이유입니다.

세 번째 키워드는 '동기부여'입니다. 권한위임은 단순한 업무 분배와는 다릅니다. 단편적으로 지시하고 수행하는 것이 아니라, 팀원에게 종합적으로 판단하고 결정하는 권한까지 주는 것입니다. 계획과 기획이 다르듯이 말이죠. 계획은 정해진 일을 수행하는 것이고, 기획은 정해지지 않은 일을 만들어가는 것입니다. 기획을 할 때는 아이디어도 필요하고 의사결정과 실행계획 등 종합적인 능력을 발휘하게 됩니다. 단순한 계획을 짜고 실행하는 것보다 기획력을 발휘해 성과를 낼 때 더 크게 인정받는 이유입니다. 사람은 누구나 인정받고 싶어 합니다. 자신의 능력을 인정받을 때 동기부여도 되고 조직에 더 헌신하게 됩니다. 팀원들이 인정받을 수 있는 가장 좋은 기회가 언제일까요? 위임받은 일을 잘 수행해 좋은 결과를 낼 때입니다. 그러니 성과를 올리고 팀원에게 동기부여할 좋은 기회를 놓치지 마시기 바랍니다.

이때 한 가지 주의할 점이 있습니다. 권한위임을 받은 팀원이 의욕이 지나치거나 판단을 잘못해 팀장이 결정할 일까지 해버릴 때가 있습니다. 월권을 행사하는 것이죠. 영웅심리에 리더를 무시하고 일을 주도하는 팀원들이 가끔 있습니다. 월권에 대해서는 뒤에 따로 다루겠지만, 그럴 때는 팀원에게 위임된 권한이 어디까지인지 정확하게 짚어줘야 합니다. 권한의 경계가 자로 긋듯 명확하기는 어려운 만큼 권한을 위임하는 리더는 더 세심한 신경을 써야 합니다.

마지막으로 뻔한 당부의 말을 드립니다. 권한위임의 모든 책임은 리더에게 있습니다. 일에 대한 권한을 줬다는 이유로 그 일이 잘못된 책임까지 팀원에게 미루는 못난 리더는 되지 맙시다. 리더는 결과에 책임지는 사람입니다. 책임감을 가지고, 나의 성공 스토리가 아니라 우리의 성공 스토리를 만드는 리더가 됩시다.

리|더|를|위|한|팁

"권한위임, 어떻게 해야 효과적일까요?"
- 권한위임에서 중요한 키워드 : 신뢰, 성장, 동기부여
- 모든 책임은 리더가 진다.

팀원의 성장을 돕는 리더

내가 겪은 시행착오를 되풀이하는데 그냥 두어야 할까요?

이 문제를 가지고 다른 팀 리더들과 이야기를 나누었는데, 다양한 반응이 나왔습니다. A팀장은 상황에 따라 다르다고 답했습니다. 그는 당분간 팀원을 그대로 두겠다고 말했습니다. 다만 리더로서는 성과를 내는 일이 중요하므로 업무성과를 확인하고, 문제가 있다면 그때 조치를 취하겠다고 했습니다. 이렇게 놔두는 것도 나쁜 선택은 아닙니다. 시행착오를 거치며 자기만의 업무방식을 개발할지도 모르니까요. 이런 선택은 특히 팀이 바쁘고 여유가 없을 때 하게 됩니다.

B팀장은 팀이 성과를 내야 하는데 언제까지 기다릴 수는 없다고 말했습니다. 본인은 바로 면담을 통해 수정사항을

지시할 거라고 하더군요. 리더라면 모범을 보여야 하고, 상대적으로 업무 노하우를 비롯해 지식이 더 많으니 이럴 때는 좀 더 세밀하게 팀원을 관찰하면서 최대한 자세하게 지시사항을 준다고요. 처음에는 불편하게 생각해도 나중에 연차가 쌓이면 자기를 지도해준 팀장의 고마움을 알 거라고 주장했습니다.

여러분은 어떻게 생각하시나요? 우선 저는 "내가 겪은 시행착오를 팀원이 '정말' '똑같이' 되풀이하고 있을까요?"라고 물어보고 싶습니다. 이미 그 과정을 겪어본 나는 팀원이 내 시행착오를 반복하는 것처럼 보이지만 실상은 다를 수 있습니다. 내가 '보기에' 그렇다고 해서 속단하면 구성원의 잠재력을 미리 깎아버릴 수도 있습니다.

그러니 우선 충분히 관찰해봅시다. 첫 번째 확인할 것은 내가 불편한 부분이 프로세스인지 아니면 일의 내용인지입니다. 물론 중요한 판단 기준은 일의 성과입니다. 일은 혼자 하는 것이 아닙니다. 개개인의 성과는 팀의 성과로 이어집니다. 내 기준이 어디에 있는지도 살펴봐야 합니다. 구성원이 과거의 나처럼 하는 것 같은데도 성과가 있는지 지켜봅시다. 직원이 똑같은 일을 하면서도 성과를 내고 있다면 그는 나와 같지 않은 그만의 강점을 살려서 분명 다르게 하고 있을 가능성이 큽니다.

두 번째로 볼 것은 팀원이 그냥 되풀이하는 게 아니라 무언가 배우고 성장하고 있는가 하는 점입니다. 같은 방식으로 일해도 배우고 있다면, 그는 스스로 일하고 부딪치면서 현장에서 경험으로 배우는 사람일 수도 있습니다. 이럴 때는 리더가 억지로 가르쳐주지 않고 기다리며 격려하는 게 좋습니다. 그는 시간이 필요할 뿐입니다.

마지막으로 이런 방식이 다른 팀원들에게도 영향을 주는지 매의 눈으로 잘 살펴보아야 합니다. 팀은 팀원들이 만들어갑니다. 다른 팀원들 눈에도 이 직원이 시행착오를 반복한다고 보이면 팀의 성과에 영향을 줄 수 있습니다.

최대한 객관적으로 관찰해야 리더로서 어떻게 그를 도울지 결정할 수 있습니다. 그가 완료한 프로젝트를 함께 리뷰하고 어떻게 생각하는지 의견을 들어봅니다. 여기서 나만의 성공방식을 강요하면 여러분은 꼰대가 되고 맙니다. 이때는 코칭적인 접근이 필요합니다. 좋은 질문이 필요한 때입니다. 대화의 시간을 갖되 아이스 브레이킹으로 시작해 서서히 이야기를 풀어갑시다. 그런 다음 팀원의 기여와 팀 일원으로서의 성장 가능성을 알려줍니다.

이렇게 인정하고 지지하는 분위기를 만든 후에 지금 팀원이 하는 일에 대해 물어봅니다. "이 프로젝트를 어떻게 진행했나요?" 그의 설명을 적극적으로 경청한 후에 꼬리를 물어

질문합니다. "그럼 프로젝트를 진행할 때 어떤 생각으로, 어떤 기준으로 일을 했나요?" 팀원 스스로 생각을 명확하게 하고 자신의 선택 이유를 돌아보게 하는 질문입니다. 잘 모르겠다고 할 수도 있습니다. 자세히 들여다보면 매일매일의 선택과 성과들은 산발적입니다. 고민이나 자기 생각 없이 일하다가는 일직선으로 나아가지 못한다는 것을 알려줍시다. 그래도 무언가 자기 생각이 있었을 테니 포기하지 말고 그의 의견을 들어야 합니다. 마지막으로 "같은 일을 다르게 한다면 어떻게 하고 싶은가요?"를 물어봅시다. 질문은 생각을 촉진합니다. 질문을 통해 같은 일을 다르게 보고 다르게 생각하는 법을 배울 수 있습니다.

효과적인 의사소통과 협업은 모든 팀의 핵심입니다. 진행상황에 대해 논의하고, 통찰을 공유하고, 함께 일할 수 있는 방법을 찾아봅시다. 리더로서 여러분이 가진 강점과 전문지식을 모아 업무의 전반적인 질을 높일 수 있도록 돕습니다. 직원이 원한다면 여러분의 경험과 팀의 발전상황을 공유하고 배운 점들을 알려주어도 좋습니다. 리더로서 여러분의 지침을 제공하고 경험을 공유해, 팀의 경험이 될 수 있도록 격려합니다. 이것이 학습과 성장의 기회임을 강조해야 합니다.

두 사람이 함께 작업할 공동 프로젝트를 제안하는 일도 도움이 됩니다. 일이 성사되는 다른 방식에 대한 경험치가 높아지고 서로에게 배울 수 있기 때문입니다. 이때는 두 사람이 같은 작업을 반복하지 않도록 논의하고, 자원을 할당해 비효율이 생길 여지를 차단해야 합니다. 프로세스와 발견사항, 관련 결정 등은 문서화하는 게 좋습니다. 문서화된 매뉴얼이 있다면 다음에 같은 실수를 되풀이할 위험을 줄일 수 있습니다.

어쩌면 팀원은 방법을 몰라서 같은 방식으로 일하고 있는지도 모릅니다. 팀원에게 업무에 도움이 될 만한 사내 리소스를 찾고, 업계 사례를 조사하라고 독려해보세요. 원한다면 관련 워크숍이나 교육에 참여해서 관점을 바꾸고 성장할 기회를 주는 것도 좋습니다.

여기서 중요한 것은 여러분은 고문관이나 비평가가 아니라는 사실입니다. 여러분의 목표는 성장과 발전을 장려하는 협력적이고 지지적인 환경을 조성하는 것입니다. 성장은 지속적인 과정이며, 자신을 포함한 모든 사람은 항상 배우고 발전하고 있다는 사실을 강조합시다. 멘토링하는 자세로 상황에 접근하고 팀 공동의 성공을 강조한다면 구식 리더처럼 들리지 않으면서 팀원을 효과적으로 도와줄 수 있습니다.

디즈니 플러스에 〈로키〉라는 마블 시리즈가 있습니다. 아스가르드 왕국의 신 로키의 이야기를 다룬 이 SF 드라마에는 '시간의 흐름선'이라는 개념이 있습니다. 시간선은 죽 뻗어나가지만 완전한 일직선은 아닙니다. 옆길로 새거나 튀기도 하지만 어쨌든 시간선에도 커다란 흐름이 있습니다. 결국 시간은 한 방향으로 흘러갑니다. 팀원이 울퉁불퉁한 길에서 넘어지기도 하면서 성과와 성장이라는 두 마리 토끼를 잡을 수 있도록, 여러분이 앞에서 끌어주고 뒤에서 토닥이며 함께 나아가야 합니다. 어렵지만 이 균형 잡기야말로 리더의 특권이자 보람 아닐까요.

성장을 독려했더니

근무 시간에 영어 공부를 대놓고 합니다

먼저 전제가 필요합니다. 해당 부서가 외국어를 필수적으로 사용할 경우입니다. 과거에는 많은 회사가 전 직원에게 토익 같은 시험을 치르게 하고, 기준 이상의 성적이 있으면 승진에 반영하기도 했습니다. 그렇지만 요즘은 어학능력이 직접적으로 필요한 부서에만 요구하는 편입니다. 외국어가 반드시 필요한 부서가 아닌데 업무 시간에 영어를 공부한다면 분명히 바람직한 행동이 아닙니다. 이런 경우는 고민할 필요도 없겠죠. 따라서 이 고민의 주인공은 업무에 어학이 필요한 부서의 부서장으로 전제하겠습니다.

구성원들의 업무방식을 바라보는 시각은 리더마다 개인

차가 있습니다. 예전에야 오래 일하면 인정받는 분위기였지만, 지금은 그렇지 않죠. 단순하게 구분하면 성과만 내면 근무 시간에 무얼 하든 상관없다고 생각하는 리더가 있고, 근무 시간엔 어쨌거나 회사 일을 해야 한다고 생각하는 리더가 있습니다. 아무리 영어가 반드시 필요한 역량이고 회사에서 자기계발을 권장한다 해도 업무 외 시간에 해야 한다는 것이죠. 영어 공부를 '대놓고 한다'고 말씀하시는 걸 보니 후자의 경우라 생각됩니다.

회사에서 구성원의 '성장'은 어떤 의미일까요? 두 가지로 생각해볼 수 있습니다. 먼저 업무 역량의 성장입니다. 일하는 실력의 성장이지요. 직장에 들어와서 처음에는 선배의 업무를 돕는 일부터 시작합니다. 선배가 하는 일의 일부분을 나누어 합니다. 대개 단순한 일입니다. 그러다가 차츰 혼자서 일을 맡거나 난이도가 높은 일을 하게 됩니다. 한 가지 업무만 하다가 한 번에 두 가지 이상의 업무를 담당합니다.

또 다른 의미는 책임과 업무 범위에서의 성장을 말합니다. 보통 말하는 승진에 해당합니다. 대리가 과장이 되고 과장이 차장이 되는 직급의 승진, 또는 팀원이 팀장이 되고 팀장이 사업부장이 되는 직책의 승진을 말합니다. 직급의 승진은 업무 역량이 성장하면서, 직책의 승진은 업무 역량과 함께 리더로서의 역량이 성장하면서 이루어집니다. 업무 역량의 성장과, 책임과 업무 범위에서의 성장은 서로 연관되어 있습니다. 업무 역량이 성장해야 책임과 업무 범위도 성장하게 됩니다. 실력 없는 팀원에게 팀장을 시킬 수는 없지요. 즉 업무 역량이 기본입니다.

업무 역량은 업무 지식을 비롯해 소통 능력, 관계 능력, 어학 등 다양한 항목이 있습니다. 부서와 업무에 따라 역량 항목별 중요도나 관련도가 달라지죠. 그에 따라 역량개발의 우선순위도 바뀌고요. 해외영업부서는 어학의 우선순위가 상대적으로 높지만 회계부서에서는 그렇지 않습니다.

조직에서 역량을 개발하는 데는 두 가지 방법이 있습니다. 첫째, 업무 경험을 통해 개발하는 방법입니다. 끙끙거리며 시행착오를 거쳐 배우기도 하고, 선배의 도움을 받으면서 배우기도 합니다. 드라마 〈미생〉에서 장백기 사원이 장황한 보고서를 써도 옆자리 선배는 고쳐주지 않습니다. 세 줄로 줄여보라고 하고, 다시 한 줄로 줄여보라고 합니다. 이런 과정을 통해 소통 역량을 키워나갑니다. 둘째, 별도의 교육으로 개발하는 방법입니다. 사내 또는 사외 교육과정을 통하는 것이죠.

효과적으로 구성원의 역량을 개발하려면 이 두 가지 방법을 모두 활용해야 합니다. 업무를 통해 갈고닦은 실력을 체계적인 교육 프로그램을 통해 정리하는 것입니다. 반대로 외부 교육과정을 이수했다고 해서 바로 현장에 적용할 수 있다고 생각하지 말고 실무적인 시각으로 다듬어야 합니다.

그렇다면 외국어 역량은 어떤 방법으로 개발해야 할까요? 외국어는 업무를 통해 개발하기가 쉽지 않습니다. 해외 고객사나 파트너를 대상으로 외국어 연습을 할 수는 없지요. 외국어를 필수적으로 사용하는 부서인데 실력이 부족하다면 무엇보다 본인도 노력해야 하겠지만, 제대로 된 외국어 프로그램을 지원하는 일도 고민해볼 필요가 있습니다.

이제 근무 시간의 의미에 대해 생각해봅시다. 근무 시간은 업무를 통해 성과를 내는 시간입니다. 즉 성과에 직접적으로 기여하는 일을 하는 시간입니다. 역량개발을 위한 활동보다 업무를 우선해야 합니다. 그러면 어학 공부는 당장 성과를 올리는 데 직접 기여하는 일이 아니므로 근무 시간에 하면 안 될까요? 그런 논리라면 다른 직무교육도 근무 시간에 하면 안 되겠죠. 업무에 바로 쓸 수 있으니 직무교육은 괜찮다고요? 어학은 안 그럴까요?

그러면 근무 시간에 어학 공부를 하는 부서원이 리더는 왜 불편할까요?

다른 업무는 다 끝내고 어학 공부를 하는 걸까 하는 의구심 때문입니다. 리더의 관리 스타일은 다양합니다. 업무의 목적과 목표는 물론 방법까지 세세히 정해주고 진행과정을 일일이 체크하는 리더가 있습니다. 반면에 업무의 제목만 던져주고 알아서 하라는 리더도 있습니다. 후자의 유형은 대개 어학 공부를 불편하게 생각하지 않습니다. 부서원이 지금 무슨 일을 하고 있는지 큰 관심도 없지요. 약속한 시간에 하기로 한 일만 끝내면 되니까요.

부서원의 어학 공부가 불편한 리더라면 업무의 진척상황을 체크해보시기 바랍니다. 외국어 필수부서에서 어학 공부를 하지 말라고 할 일은 아닙니다. 그렇지만 근무 시간에는 업무가 우선이니 마감이 늦어지는데도 어학 공부를 하는 것은 합당하지 않습니다. 이럴 때는 해야 할 업무가 어학 공부를 밀어낼 수 있겠지요. 그러나 필요한 어학 공부를 하지 말라고 할 수는 없습니다.

근무 시간 중의 어학 공부가 불편한 다른 이유는 어학 공부의 성과는 부서원 개인의 것이라고 생각하기 때문입니다. 공부의 성과는 개인이 가져가고, 어학은 단기간에 실력이 오르지 않으니 열심히 공부한다고 해서 업무에 바로 도움을 주기 어렵다는 것이죠. 아량 있는 태도는 아니지만, 리더도 사람이니 그런 생각을 할 수 있습니다.

제가 신입사원 때 일이 떠오릅니다. 회사 주주 중에 일본 회사가 있어서 일본어가 필요한 업무가 많았습니다. 그중 일본어를 열심히 공부한 선배가 있었습니다. 아침 일찍 출근해서 일본어 공부를 했죠. 드디어 그 선배가 일본의 주주 회사와 처음으로 통화할 일이 생겼습니다. '모시모시'부터 시작해 통화 내용을 반복해서 연습하는 모습을 부서원들이 모른 척하며 훔쳐보았죠. 드디어 통화가 시작되었고, 선배는 긴장했지만 성공적으로 통화를 마쳤습니다. 통화가 끝나고 뛸 듯이 기뻐하는 선배에게 부서장과 부서원들은 칭찬과 격려를 아끼지 않았습니다.

어학 공부를 하는 부서원에게 드리고 싶은 조언은 공부의 성과를 드러내라는 것입니다. 당장 매출을 올리라는 게 아닙니다. 작은 일부터 시작하면 됩니다. 좋은 자료나 동영상을 찾아 요약해서 부서원들과 함께 보는 것으로도 충분합니다.

열공하십시오!

리 | 더 | 를 | 위 | 한 | 팁

**"성장을 독려했더니 근무 시간에
영어 공부를 대놓고 합니다."**

- 어학 공부가 구성원의 성장에 얼마나
  직접적인 연관이 있는지 따져본다.
- 근무 시간은 직접적으로 성과를 내는 시간임을
  구성원에게 알려준다.

열심히 일하던 직원이

인사고과 후 사기가 꺾였습니다

현명한 팀장은 성과평가를 공정하게 할 뿐 아니라, 평가가 나쁜 직원들 또는 평가에 불만을 가진 팀원들을 다독이고 새롭게 동기부여하는 등의 노력을 해야 합니다. 물론 평가에 오류가 있었다면 결과를 바로잡아야 하고, 평가과정을 개선해야겠죠. 반면 일정한 기준으로 평가가 이루어졌는데, 그 결과에 상처받고 의욕을 잃은 팀원이 있다면 그에게 팀장으로서 힘이 되는 코칭을 해줘야 합니다. 좋지 못한 성과평가에 의욕을 잃은 팀원에게 팀장이 해야 할 3가지 성과코칭 포인트를 살펴보겠습니다.

성과와 관련하여 가장 먼저 생각해봐야 할 것은 '열심히'

의 의미입니다. "열심히 일했다"라고 할 때 많은 사람들은 단순한 시간 투입으로만 계산합니다. 10시간 일한 사람이 5시간 일한 사람보다 더 열심히 했다고 생각하죠. 이것은 양적인 노력만 생각하는 것입니다. 자신의 업무가 투여한 시간에 비례해 생산량이 산출되는 일이라면 시간 계산으로 노력을 측정할 수 있습니다. 하지만 오늘날 대부분의 부가가치는 단순 시간 투입으로 창출되지 않습니다. 아이디어도 필요하고, 타이밍도 중요하고, 때로는 과감한 결단이 성과를 내기도 합니다. 양적인 시간 투입보다 질적인 과정을 생각해야 합니다.

한동안 인기를 끌었던 '1만 시간의 법칙'이란 말이 있습니다. 유명 저자인 말콤 글래드웰이 교육학자들의 연구를 책으로 소개하며 "최고의 전문가가 되기 위해서는 1만 시간을 투입해야 한다"라고 주장했습니다. 그 책이 베스트셀러가 되고 몇 년 후, 말콤 글래드웰이 인용했던 교육학자 안데르스 에릭슨은 자신들의 연구가 조금 잘못 전달되었다며《1만 시간의 재발견》이라는 책을 출간했습니다. 그가 말하는 핵심은 1만 시간을 단순하게 투입하는 것만으로는 최고의 전문가가 될 수 없고, '의식적인 노력'을 통해서만 성과를 올릴 수 있다는 점이었습니다. 단순 시간 투입만이 아닌 질적인 노력이 수반되어야 한다는 뜻이죠. 능력도 있고 열심히 노력도 하는데 원하는 결과를 얻지 못하는 팀원이 있다면 그가 양적인 노력만 하고 있는 것은 아닌지, 그의 업무 성과를 올려줄 질적인 노력은 무엇인지 함께 고민해야 합니다.

질적인 노력이란 뭘까요? 성공하려면 노력해야 합니다. 그런데 노력한다고 모두 성공하지는 않죠. 우리에게 필요한 것은 성공할 수 있는 노력, 원하는 성과를 올려줄 수 있는 노력입니다. "그럼 어떤 노력을 해야 성공합니까?" 이런 질문은 고민 없이 결과만 얻겠다는 소리로, 양적 노력만 하는 전형적인 태도입니다. 답이 딱 존재할 만큼 쉬운 질문이라면 애초에 고민거리도 아니었겠죠. 각자 자신의 상황에서 고민해야 합니다. 팀장은 이 고민을 하게끔 리드해야 하고, 때로는 함께 고민해야 합니다.

마음의 불편함을 피하고 고민하지 않은 채 단순히 시간만 투입하는 것은 엄밀히 말해 가짜 노력입니다. 진짜 노력은 십중팔구 마음의 불편함을 안고 갈등하고 고민하는 과정을 동반합니다. 그런 진짜 노력이 성과와 연결된다는 사실을 팀장은 팀원들에게 계속 상기시켜야 합니다.

성과와 관련하여 공유해야 할 두 번째 내용은 '성과 곡선'입니다. 우리는 많은 일들을 선형적으로 생각합니다. 시간을 들여 노력하면 성과가 직선을 그리듯이 좋아진다고 기대합니다. 하지만 현실에서 시간과 성과의 그래프가 선형적인 경우는 거의 없습니다. 많은 시간을 투입해도 별다른 성과를 얻지 못하다가 뒤늦게 폭발적으로 성장할 때도 있고, 때로는 시작하자마자 쉽게 성과를 얻다가 목표의 80~90% 구간에서 정체돼 힘겹게 결과에 도달하기도 합니다. 그래프로 그려보면 1번과 2번의 곡선으로 나타낼 수 있습니다.

내 일은 어떤 그래프를 그리며 결과를 내는 편인지 미리 생각해봅시다. 1번 경로를 따르는 업무라면 너무 조급해하지 말고 끈기와 지속하는 힘이 필요하다는 것을 염두에 두어야 합니다. 반면 2번 경로처럼 처음부터 쉽게 성과가 나는 것 같지만, 완벽한 결과를 얻으려면 생각보다 많은 디테일이 필요한 일도 있습니다. 물론 이런 예상과 전혀 다르게 일이 진행될 수도 있겠죠. 요즘 세상을 뷰카VUCA란 단어로 이야기합니다. 변동성volatility, 불확실성uncertainty, 복잡성complexity

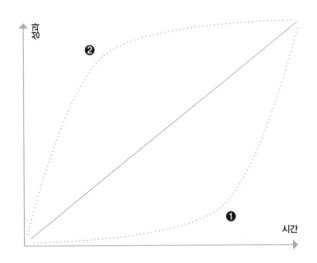

그리고 모호성ambiguity의 머리글자를 조합한 신조어입니다. 우리가 복잡하고 불확실성이 점점 커지는 세상에 살고 있다는 뜻이죠. 뷰카의 세상은 직선은 없고 곡선으로 가득 차 있습니다. 그러므로 원하는 결과가 예상과 다른 방법으로 얻어지더라도 상황을 이해하고 좀 더 끈기를 갖고 열정을 지속할 필요가 있습니다.

성과와 관련해 코칭해야 할 세 번째 지점은 '모든 성과는 결과로 드러난다'는 사실을 확인시키는 것입니다. 결과보다 과정이 중요할 수도 있고, 과정이 좋았다면 이번에 운 나쁘게 결과가 좋지 않았어도 다음 기회를 기약할 수 있습니다. 그렇더라도 일단 성과는 결과를 가리킨다는 단순한 사실을 외면하면 안 됩니다. 과정은 좋은데 결과가 나쁜 사람들이 있습니다. 이기는 것이 습관이라고 말하기도 하는데, 좋은 결과를 만드는 것도 습관일 수 있습니다. 과정을 통해 학습하고 성장하는 일이 중요한 만큼 그런 과정을 좋은 결과로 만들어내는 일은 더 중요합니다. 매사에 좋은 결과를 만드는 습관을 팀장으로서 꼭 지적할 필요가 있습니다.

성과평가 후에 의욕이 꺾이고 열정을 잃었다면 그 팀원은 평소 열심히 일하고 발전 가능성도 있는 사람이었을 것입니다. 자신의 기대치가 높았기에 원하는 평가를 받지 못했을 때 실망과 좌절도 그만큼 컸겠죠. 모두를 만족시킬 수 없는 성과평가 때문에 혹시라도 유능한 인재를 잃지 않도록 팀장의 관심과 애정이 필요합니다. 성과평가의 기준과 업무의 개선점을 알려주는 동시에 팀장으로서 "나는 당신을 응원한다"라는 메시지를 전해주세요. 이것이 사기 꺾인 팀원이 다시 열정을 갖고 업무에 몰입하게 하는 근원적인 처방입니다.

리|더|를|위|한|팁

"열심히 일하던 직원이 인사고과 후 사기가 꺾였습니다."

– 단순한 시간 투입이 아닌 결과를 만드는 노력을 고민해야 한다.
– 더 좋은 성과에 이르는 길을 그려주고,
  좋은 결과를 만드는 습관을 갖게 하자.

승진을 시켰는데

싫다고 합니다

A사 개발실은 제품 단위의 프로젝트팀으로 구성되어 있습니다. 프로젝트팀은 수석엔지니어급인 프로젝트 매니저 PM가 책임을 맡고, 그 아래 책임엔지니어급이 3개의 모듈을 맡고 있습니다.

김 책임은 C모듈을 담당하는 엔지니어입니다. 그는 C모듈을 개발하는 엔지니어 중 가장 실력과 경험이 많습니다. 게다가 다른 두 모듈의 개발 경험도 있습니다. 모든 모듈을 경험한 몇 안 되는 엔지니어 중 한 사람이죠.

개발실장인 박 상무는 PM의 퇴사로 생긴 자리에 김 책임을 승진 발령하기로 하고, 그와 면담을 했습니다.

"김 책임, 축하합니다. 이번에 김 책임에게 PM을 맡기려고 합니다."

"제가요? 글쎄요….” 김 책임은 놀라면서도 표정이 밝지 않았습니다.

"PM을 맡는 게 기쁘지 않나요?"

"사실 PM을 맡는 걸 생각해본 적이 없어서요." 김 책임이 좋아하리라고 생각했던 박 상무는 당황하기 시작합니다.

"김 책임처럼 모든 모듈에 대해 경험이 있고 실력 있는 엔지니어가 PM을 맡는 게 당연하죠."

"글쎄요. 실장님, 죄송하지만 PM을 맡고 싶지 않습니다." 김 책임은 크게 고민하고 말하는 것 같지도 않았습니다.

"네?"

"저는 더 큰 책임을 맡고 싶지 않습니다. 지금 맡고 있는 C 모듈에도 할 일이 많고 앞으로 해보고 싶은 것도 많습니다."

"그래도 김 책임 같은 고참이 PM을 맡아주어야죠."

"회사 상황은 이해합니다만, 더 바빠지는 것도 싫고요. 저는 지금 업무에 만족합니다."

"김 책임, PM 경험이 있어야 임원도 될 수 있는 겁니다."

"실장님, 저는 꼭 임원이 되고 싶은 생각은 없습니다. 임원이 되면 개발 업무에서 손을 놓게 되지 않습니까? 저는 개발 업무를 좋아하고 엔지니어로 일하는 데 만족합니다."

박 상무는 당황했습니다. 승진을 원하지 않는 직원이 있다는 말은 들었지만 김 책임 같은 고참이 그렇다는 건 뜻밖이었으니까요. 박 상무는 고민에 빠졌습니다. 김 책임을 설득할 것인가? 이게 설득할 일인가? 또, 설득한다고 될 것인가? 아니면 김 책임의 의사를 존중해줄 것인가?

일을 나름대로 잘해서 승진시키고 팀에서 영향력 있는 적당한 권한도 줬는데, 좋아할 줄 알았더니 오히려 싫어하는 팀원 때문에 고민인 리더들이 많아지고 있습니다. 인정받고 승진하기보다는 현재의 상태로 적당히 계속 머무르고 싶다는 것이죠.

조직 구성원의 업무 배치를 결정하는 주체는 누구일까요? 회사가 결정하고 당사자는 따르기만 하면 될까요, 아니면 당사자의 의사가 더 중요할까요? 과거에는 '회사가 결정했으면 따라야지!' 하는 조직 우위의 생각이 지배했던 게 사실입니다. 그렇지만 지금은 다르죠. 회사가 일방적으로 업무 배치를 하는 것이 법적으로 문제가 없다 하더라도 현실적으로는 바람직하지 않습니다. 업무나 부서 전환을 원하지 않는 사람을 억지로 바꾼다 한들 업무 능률도 오르지 않고 구성원의 만족도도 떨어질 뿐입니다. 그렇다고 조직에 속한 개인이 자기 하고 싶은 일만 할 수는 없지만, 개인이 원하지 않는 걸 억지로 시켜서는 안 됩니다.

업무 배치도 그러할진대 경력에 대한 결정은 본인의 의사가 더 중요하겠죠. 엔지니어를 영업사원으로 전환하거나, 영업사원을 인사팀에 배치하는 것은 경력뿐 아니라 앞으로의 삶에 큰 변화를 줄 수 있는 조치이므로 본인이 원하지 않으면 회사에서도 함부로 하지 않는 편이 좋습니다.

경력에 대한 결정에서 최근 두드러지는 변화는 승진을 원하지 않는 구성원이 나타나기 시작한 것입니다. 과거에는 승진을 거부한다는 생각도 할 수 없었지만 이제는 심심치 않게 볼 수 있습니다. 여러분의 조직에도 생각보다 많은 이들이 이런 마음일지 모릅니다.

승진을 원하지 않는 가장 큰 이유는 지금보다 높은 업무 부담과 책임을 지고 싶지 않기 때문입니다. 업무와 책임이 늘어나면 가족과 함께하는 시간이 줄어들거나, 정신적 스트레스로 힘들어질 테니까요. 이른바 '워라밸'이 나빠지는 거죠. 이는 경제적 보상으로는 해결하기 어려운 문제입니다. 따라서 설득도 쉽지 않고, 설득하더라도 승진을 통해 얻을 수 있는 경제적 이득을 약속하는 것만으로는 충분하지 않죠.

그보다는 승진을 받아들였을 때와 거부했을 때의 상황을 생각해보도록 하는 편이 좋습니다. 자신이 정말 승진을 원하지 않는지 돌아보게 하여, 구성원이 합리적으로 의사결정을 할 수 있도록 도와줍시다.

김 책임에게도 먼저 승진의 의미를 생각할 시간을 주는 게 좋아 보입니다. PM으로 승진하면 모듈이 아니라 제품 전체의 개발을 책임지게 됩니다. 직접 개발 실무도 하겠지만 개발 진행에 대한 관리가 주요 업무가 되는 거죠. 또한 PM 승진은 역량과 함께 리더십에 대한 인정이기도 합니다. 업무 능력만 갖추었다고 해서 PM이 될 수는 없습니다. PM은 구성원을 키우고 동기를 부여하고 평가하는 역량, 즉 리더십을 갖추어야 합니다. 지금 리더십 역량을 갖추고 있는 사람과 당장은 부족해도 리더십의 잠재력이 있는 사람에게 PM을 맡기기 마련이죠.

김 책임은 오래 지나지 않아 직급도 책임에서 수석으로 승급될 겁니다. 그에 따라 경제적 보상도 커질 테고요. 물론 PM이 아니어도 수석이 되기도 하지만, 수석급 PM은 다른 일반적인 수석과 다릅니다. 수석급 PM은 관리자이고 팀장 후보입니다.

지금까지 한 이야기는 김 책임도 알고 있는 내용입니다. 그럼에도 그는 승진보다는 '워라밸'을 중시하고 싶다고 했고요. 그렇지만 승진하지 않는다면 어떤 상황에 놓일지도 생각해보면 어떨까요.

먼저 김 책임은 본인이 원한 C모듈을 계속 개발하게 됩니다. 개발실의 상황에 따라 A 또는 B 모듈로 업무가 변경될 수는 있지만, 기본적으로 모듈 개발자의 역할에 머물 것으로 보입니다. 그래도 괜찮을까요? 김 책임도 엔지니어로서 새롭고 도전적인 일을 해보고 싶은 욕구가 있지 않을까요?

급여도 크게 늘어나지 않을 겁니다. 승진하지 않는 한 급여의 대폭 인상을 기대하기는 어렵죠. 김 책임이 지금은 워라밸이 더 중요하다고 하지만 포기한 경제적 손실에 대해 후회하지 않을 자신이 있을까요?

간과할 수 없는 또 한 가지는 시간이 지나면 후배들이 김 책임을 앞질러 승진하게 된다는 사실입니다. 세상이 많이 바뀌었다고 하지만 우리 사회에서 나이나 선후배에 대한 의식은 쉽게 사라지지 않습니다. 김 책임은 후배를 상사로 모시고 일할 수 있을까요? 내가 할 일만 열심히 하면 된다고 말할 것 같군요. 지금 마음이 그때도 그대로였으면 좋겠습니다.

마지막으로, 승진하지 않겠다는 결정이 가족과도 상의된 일인지 확인해보아야 합니다. 본인이 원하지 않는데 가족을 위해 힘든 삶을 사는 것은 바람직하지 않죠. 하지만 가족 구성원으로서 가족들이 기대하는 부모 또는 배우자의 모습을 들어보는 일은 결정에 도움이 됩니다.

승진하지 않고 지금 하는 일을 하면서 정년을 맞고 싶다면 앞에서 이야기한 '승진하지 않을 때 놓일 상황'을 받아들일 수 있어야 합니다. 혹시 마음이 변하면 그때 승진 트랙으로 가도 괜찮지 않느냐고 할지 모르겠습니다. 그렇지만 조직에서 자리가 항상 비워져 있지는 않다는 걸 알아야 합니다. 기회는 주어질 때 취하는 게 합리적이라는 사실을, 박 상무가 김 책임에게 반드시 일러주길 권합니다. 억지로 강제할 수는 없지만 본인이 생각하지 못한 것을 살펴보도록 시야를 확장해줄 필요가 있습니다.

리|더|를|위|한|팁

"승진을 시켰는데 싫다고 합니다."
- 설득하려 하지 말고 앞으로의 상황을 생각해보게 한다.
- 승진의 의미, 승진의 득과 실이 무엇인지 질문한다.
- 승진하지 않았을 때 자신의 모습에 대해 생각해보게 한다.

똑똑한데 의지가 없는 팀원을

어떻게 도전시킬 수 있을까요?

역량은 충분한데 의지가 없는 직원들이 있습니다. 이른바 좋은 학교 출신이고 말해보면 똑똑하고 유능한데, 막상 업무는 도전적이지 않습니다. 더 좋은 성과를 내려는 열정은 보이지 않고, 자신이 해야 할 일만을 최소한으로 하는 것 같다는 생각이 듭니다. 마지못해 일하는 게 동료들 눈에도 뻔히 보이는 유형입니다.

각자의 업무 역량과 잘하려는 의지를 기준으로 팀원들을 4가지 타입으로 나눌 수 있습니다. ① 역량이 있고 의지도 있다. ② 역량은 있지만 의지가 없다. ③ 역량은 없고 의지는 있다. ④ 역량도 없고 의지도 없다.

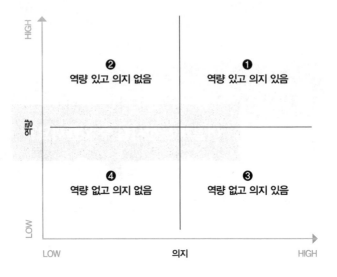

HIGH

❷
역량 있고 의지 없음

❶
역량 있고 의지 있음

역량

❹
역량 없고 의지 없음

❸
역량 없고 의지 있음

LOW

LOW   의지   HIGH

이 중 조직에 가장 문제가 되는 직원은 누구일까요?

이 질문에 대부분은 ④번을 떠올릴 것 같습니다. 하지만 현실에서는 그렇지 않습니다. 역량도 없고 의지도 없는 직원들은 눈에 띄지 않고 한쪽에 가만히 있기 때문에 오히려 별 문제가 없죠. 가장 문제가 되는 사람은 ③번의 역량은 없고 의지만 높은 직원입니다. 나서면서 일을 주도하지만 일의 수준을 기대 이하로 떨어뜨리기 때문이죠.

그렇게 본다면 ②번의 역량은 있지만 의지는 없는 직원이 조직에는 더 적합할 수 있습니다. 자신이 해야 할 일을 제대로 처리하면 됐지, 특별한 열정을 뿜어낼 필요는 없는 거죠. 리더가 모든 팀원들에게 새로운 아이디어와 혁신적인 정보를 원하지는 않을 겁니다. 필요한 사항을 정확하고 빠르게 보고하고, 회사에서 요구하는 규율에 어긋나지 않게 행동하는 등 기본적인 것만 잘 수행하면 되죠. 이렇게만 생각하면 ②번 유형은 아무런 문제가 없습니다.

그러나 여기서는 다른 관점에서 생각할 필요가 있습니다. 일반적으로 문제는 기대와 현실의 차이에서 발생합니다. 조직은 역량 있는 직원에게 더 성장하고 발전하기를 기대합니다. 맡은 일만 수동적으로 처리하기보다는 역량 있는 사람이 팀에서 주도적인 역할을 해주길 바랍니다. 그런데 정작 당사자는 의지가 없으니, 기대와 현실의 차이가 계속 누적됩니다.

이런 상황이 문제인 이유는 조직의 의욕을 저하하는 나쁜 영향을 주기 때문입니다. 수동적이고 방어적으로 일하는 한 사람의 행동이 별 문제 없는 것으로 비치면 그런 '적당히' '방어적으로' 일하는 '의욕저하' 바이러스가 동료들에게 전파됩니다. 그것이 조금씩 누적되면 조직문화가 되어 소극적이고 열정 없는 조직, 도전과 혁신이 없는 조직을 만듭니다. 옆 사람이 하품하면 나도 따라서 하품이 나오고, 팀장이 없을 때 팀원 중 한 명이 5분 지각을 하거나 10분 먼저 퇴근해버릇하면 나의 근태도 덩달아 느슨해집니다. 이처럼 의욕과 열정을 갖고 있던 사람도 '의욕저하' 바이러스의 공격을 받으면 쉽게 무기력해지고 열정을 잃게 됩니다. ②번 유형이 리더에게 심각한 문제가 되는 이유입니다.

일반적으로 역량은 없고 의지만 있는 ③번 유형은 업무를 구체적으로 통제하고 간섭하는 게 좋습니다. ③번 유형의 대표적인 예시가 신입사원입니다. 누구나 처음 접하는 일은 어렵습니다. 처음이 아니라도 많은 것을 처음처럼 느끼는 사람도 있고요. 이들에게는 구체적으로 지시하며 "이 일은 이렇게 하면 좋다"라는 식으로 명료하고 정확하게 소통해야 합니다. 그 자체로 업무 역량을 키우는 과정이라 생각하면서요.

②번 유형에게는 간섭하기보다 최대한 자율권을 주는 것이 좋습니다. 리더십에서는 이를 '지원'이라는 단어로 표현합니다. 먼저 목표를 명확하게 제시한 다음, 그것을 어떻게 달성할지 세부적인 사항에 대해서는 최대한 자율적으로 일하도록 권한을 줍니다. 물론 직원의 요청이 있을 때는 적극적으로 개입해 도와야겠고요. 하지만 먼저 나서서 통제하거나 간섭하지는 않는 것이 좋습니다.

이것을 'What, How, Why'라는 기본적인 3가지 질문으로 이해해볼 수 있습니다. 목표what는 리더가 제시하지만, 방법how은 직원 스스로 찾을 권한을 최대한 갖게 합니다. 또 하나 생각할 것이 이유why입니다. 왜 이 일을 하는지, 일의 의미와 가치를 찾는 과정이 필요합니다. 큰 성과를 올리는 사람일수록 'Why'를 중요하게 생각하는데, ②번 유형의 직원에게 리더가 심어줘야 할 가장 중요한 점이기도 합니다. '왜 이 일을 하는가?'라고 물어야 합니다. 어떤 일을 달성함으로써 자신이 원하는 바를 얻을 수 있다면 누구나 열심히 일할 겁니다. 열정과 의욕을 갖겠죠. 이것은 보너스나 성과급과 같은 물질적인 보상도 있겠지만, 더 큰 대의나 삶의 지향을 가리킬 수도 있습니다. 사람마다 원하는 가치가 다른 만큼 '왜 이 일을 하는가?'에 대한 답도 저마다 다를 수밖에 없습니다. 그 답을 팀원과 함께 고민해봐야 합니다.

"왜 그렇게 소극적이고 열정이 없어?"라고 어떤 리더는 책망합니다. 회사에 헌신하는 것이 개인의 성장을 위해서도 필요하다고 충고하면서요. 하지만 팀원들도 그렇게 생각할까요? 오히려 속으로 '회사가 나를 끝까지 책임져주나요?'라고 반문할 겁니다.

"요즘 젊은이들은 열정이 없고 도전이 부족해. 라떼는 말이야~"라는 말을 입버릇처럼 하는 리더가 있다면 무능한 리더일 가능성이 높습니다. 자신의 입장에서 자신의 경험으로만 생각하는 편협한 시각을 갖고 있기 때문이죠. 가령 요즘 젊은 세대가 회사 일에 헌신하지 않는다면 그건 그만한 이유가 있는 겁니다. 젊은이들이 게으르고 나태해서가 아니라, 회사가 나를 끝까지 지켜줄 수 없다는 사실을 알기 때문이죠. 그래서 자신의 열정을 모두 회사에 올인하기보다는 불안한 미래를 지켜줄 대안을 찾아 분산투자를 하고 있는지도 모릅니다. 즉 역량은 있지만 의지는 없는 직원에게는 그만한 이유가 있습니다. 현명한 리더라면 일방적으로 충고하기보다는 직원과 대화하며 의욕을 불러일으킬 방안을 직원 스스로 제안할 수 있도록 이끌어야 합니다. 리더로서 반드시 해야 할 노력이고, 할 가치가 있는 시도입니다. 설령 그 직원을 변화시키지는 못하더라도, 의욕저하 바이러스가 조직 전체에 퍼지는 것은 막을 수 있을 테니까요.

리 | 더 | 를 | 위 | 한 | 팁

**"똑똑한데 의지가 없는 팀원을
어떻게 도전시킬 수 있을까요?"**

- 일의 목표는 리더가, 방법은 직원 스스로, 이유는 함께 생각하자.
- 의욕저하 바이러스가 조직에 퍼지지 않도록 하는 데 중점을 두자.

PART 3

팀워크로 성과를 내는 리더

A팀장의 팀원인 B과장의 별명은 '투덜이'입니다. 그는 분석 역량이 뛰어나고 합리적인 사고를 하는 사람입니다. 상황 판단도 예리하죠. 한마디로 대단히 똑똑한 사람입니다. 그래서일까요, 회사의 방침이나 팀장의 지시에 부정적인 반응을 보일 때가 많습니다. 방향이나 지시가 합리적이지 않으면 그 점을 꼭 지적합니다. 그런 B과장 때문에 당시 팀장이 곤란해할 때도 많았죠. '투덜이'도 팀장이 붙인 별명입니다.

A가 팀장이 되기 전에는 B과장의 행동이 그리 신경 쓰이지 않았습니다. 동료였던 B과장과는 업무상 충돌할 일도 별로 없었고, 맡은 일은 깔끔하게 잘했기 때문입니다. 팀장의

지시에 한마디씩 해주는 것이 내심 통쾌하기도 했습니다.

그런데 팀장이 되어보니 B과장이 좋게 보이지 않았습니다. B과장의 부정적인 태도가 팀 분위기에 미치는 영향이 크다는 걸 알게 되었죠. B과장의 태도는 그의 업무 성과를 무색하게 할 만큼 다른 팀원에게 나쁜 영향을 주고 있었습니다. "에이, 그거 안 됩니다" "팀장님, 그거 전에도 해봤지 않습니까?" 하고 B과장이 말하면 후배 팀원들은 '잘한다' 하는 표정입니다. 물론 틀린 말은 아닙니다. A팀장도 과거에 실패했던 일인 줄 알고 있지만, 시장 상황이 바뀌었으니 다시 시도해보려던 것입니다. 그럴 때 팀의 고참인 B과장이 도와주면 얼마나 좋을까요. 그렇지만 합리성으로 무장한 B과장의 태도가 바뀌기를 기대하기는 어렵습니다. 과거에 좋은 동료라고 생각했던 B과장이 이제는 골치 아픈 존재가 되었습니다.

일반직원에서 관리자가 되면 무엇이 달라질까요? 가장 큰 변화는 부서장 본인의 업무나 성과에서 부서의 업무나 성과로 우선순위가 바뀐다는 점입니다. 부서장은 개인의 성과보다 부서 전체의 성과로 평가받습니다. 그래서 부서장 개인의 일이 아니라 부서 공통의 일을 하게 됩니다. 영업팀의 팀원일 때는 자신이 담당하는 시장에서 고객수를 늘리고 많이 파는 일이 중요하지만, 영업팀장이 되면 팀이 어떤 시장에 집중해서 어떤 제품을 확대할지 정하고 실행시키는 일로 역할이 바뀝니다. 자신이 직접 고객을 만나 영업하는 대신, 팀원들이 기존 시장에만 머물지 않고 새로운 시장 고객에 신경쓰게 하고, 팔기 쉬운 기존 제품뿐 아니라 신제품에 노력을 기울이게 합니다. 팀원과 동반해서 고객을 만나도 그런 노력의 일환으로 만나게 됩니다. 부서원은 자기 일만 하면 됩니다. 하지만 부서장은 부서가 할 일을 찾거나 만들고 부서원의 일이 잘 진행되고 있는지 챙겨야 합니다.

그러다 보면 과거 동료였던 부서원과의 관계가 달라지는 것을 느낍니다. 부서와 부서원의 상황에 대해 팀장인 나만 모르는 일도 생깁니다. 뒤에서 내 흉을 보는 것 같기도 합니다. 퇴근 때 자기들끼리 나가서 한잔하는 눈치인데, 팀장은 부르지도 않습니다.

그렇습니다. 이제는 같은 부서원인 동료 사이가 아닙니다. 부서장과 부서원의 관계, 즉 상하관계가 됩니다. 리더는 구성원에게 업무를 지시하는 사람입니다. 어느 신임 부서장을 코칭하면서 승진했다고 실감했을 때가 언제였는지 물었습니다. 그러자 첫 부서회의에서 구성원들이 부서장인 자신의 말을 수첩에 받아 적는 모습을 볼 때였다고 하더군요. 지시받는 부서원에서 지시하는 부서장이 되었음을 실감한 것입니다.

또한 리더는 구성원의 성과를 평가하는 사람입니다. 평가

하는 입장이 되면 구성원이 다시 보이기 시작합니다. 평가자가 피평가자에게 갖는 힘을 느끼기 때문입니다. 앞의 사례에서 A팀장은 B과장에 대해 더 이상 예전처럼 무관심하거나 좋게만 평가하기는 어려울 겁니다.

부서장이 되어서도 과거의 동료들과 같은 관계를 유지할 수 있으리라 기대하지 않는 편이 좋습니다. 부서장이 되면 외로워집니다. 자신에 대한 부서원들의 기대를 느끼기 때문입니다. 부서원들은 부서장이 자신들을 효과적으로 이끌어주고 성장시켜주기를 바랍니다. 부서장이 되기 전에는 생각해보지 않았던 그런 기대를 인지하는 순간 책임감의 무게를 느끼게 됩니다. 마치 부모가 되면서 느끼는 책임감과 비슷할지도 모릅니다.

나는 부서장이 되어도 부서원들과 예전같이 친하게 지내겠다고 애쓰지 마세요. '높아지더니 사람이 달라졌어'라는 말을 부정적으로만 받아들일 필요는 없습니다. 높아지더니 달라졌다는 말은 긍정적인 신호입니다. 부서장이 되었는데도 사원의 태도를 유지한다면 그것도 이상하지 않을까요? 예를 들어 부서원일 때는 처우나 복리후생이 미흡하다고 동료들과 함께 불평하는 입장이었다면, 이제는 그럴 수 없습니다. 부서장으로서 회사의 상황을 부서원들에게 이해시켜야 하는 입장이 되었습니다. 더불어 부서원의 불만을 경영진에게 전달해야 한다는 의무도 생겼습니다.

어느 대기업의 신임 팀장을 코칭한 적이 있습니다. 이분은 젊은 세대와 일하는 것을 힘들어했습니다. 생각해보니 이분도 서른 후반의 나이로 사회에서 말하는 이른바 MZ세대였습니다. 그분에게 물었습니다.

"팀장님은 본인도 MZ세대라고 생각하십니까?" 그러자 한숨을 푹 쉬더니 대답하더군요.

"MZ세대였지요."

"지금은 아니라는 말씀이십니까?"

"저도 팀원일 때는 지금 저를 고민하게 하는 젊은 팀원들과 비슷했습니다. 팀장이 되고 보니 그렇게 행동할 수가 없네요."

리ㅣ더ㅣ를ㅣ위ㅣ한ㅣ팁

**"팀장이 되니 동료였던 팀원들과
거리감이 느껴집니다."**

– 부서장이 되면 자신의 업무가 아니라
  부서의 업무와 성과를 우선한다.
– 과거 동료였던 부서원과의 관계가 달라진다는 것을 받아들인다.

팀원들이 일을

열심히 하지 않습니다

 한 명의 팀원이었다가 팀장이 되면 조직을 보는 시각이 달라집니다. 팀장으로서 갖는 책임감이 나의 시야를 넓히기도 하고 때로는 좁히기도 합니다. 다양한 시각으로 팀원들을 세심하게 살피기도 하지만, 때로는 실적 압박을 받으며 시야가 좁아지기도 하죠. 팀원들의 행동을 보면서 이런 생각이 들 때가 있을 겁니다.

 "회사를 놀러 다니나?"

 "시간 때우면서 월급만 받으면 그만이라고 생각하나?"

 이런 고민이 된다면 리더십을 생각해봐야 합니다. '내가 어떻게 하면 팀원들이 자기 일을 열심히 할까?'라는 고민을 해야 하죠.

리더십의 덕목이 한두 가지가 아니겠지만, 이런 상황에서 가장 먼저 말씀드릴 것은 신뢰자산의 중요성입니다. 첫걸음은 인간적인 존중입니다. 리더가 존중의 자세를 보이면 신뢰가 생기고, 나아가 인간적인 친밀감도 느끼게 됩니다. 팀장과 신뢰가 쌓이면 팀원도 팀의 목표를 자신의 목표로 받아들이고 협력하게 되어, 팀은 자연스럽게 활기가 넘치고 건강한 조직이 됩니다.

제 친구 중에 문제 많은 학생들을 잘 다루기로 유명한 학원 강사가 있습니다. 어디서나 말썽인 학생도 그 친구의 학원에서는 얌전하게 공부하고 적어도 문제를 일으키지는 않는다고 합니다. 친구에게 비결이 뭐냐고 물으니 이렇게 대답하더군요.

"인간적으로 친해지면 나에게 잘해. 나랑 친한데 내 수업 시간에 문제를 일으키지는 않지."

비슷한 말을 PC방을 운영하는 후배에게도 들었습니다.

"여기 막 나가는 녀석들도 제게는 모두 90도로 깍듯하게 인사합니다. 제가 먼저 그 녀석들을 인정해주거든요. 열다섯 살에 담배를 피우는 아이도, 같이 이야기하다 보면 잘하고 인정받을 만한 점이 하나는 있어요. 제가 그걸 먼저 인정해주고 인간적으로 대하니까, 제 앞에서는 피우던 담배도 끄고 깍듯하게 인사하죠."

이처럼 인간적으로 친해지고 나와 당신이 같은 편이라는 신뢰가 바탕이 되어야 합니다. 내가 아무리 옳은 말을 하고 합리적인 주장을 해도, 신뢰와 친밀감이 없으면 그 말이 상대방 귀에 들어오지 않습니다. 나아가 존중과 신뢰가 없다면 팀장의 이익과 팀원인 자신의 이익이 다르다는 생각을 하기도 합니다. 예를 들어 힘들게 야근하는 일이 팀장의 성과를 쌓아줄 뿐 자신에게는 남는 게 없다고 생각한다면 무슨 열정이 있고 성과가 있겠습니까? 회사와 리더에게 이용당한다는 원망만 커지겠지요. 그런 조직은 성과를 기대하기 어렵습니다.

하지만 인간적으로 존중하는 게 당연하면서도 말처럼 쉽지는 않습니다. 열다섯 살밖에 안 된 친구가 담배 피우며 어슬렁거리는 걸 본다면 어떤 마음이 들까요? 애정을 갖고 인간적으로 대하기보다는 따끔하게 한마디 하고 싶은 마음이 먼저 들 것 같습니다. 마찬가지로 상습적으로 지각하는 팀원, PC 앞에서 멍때리며 집중하지 않는 팀원, 모두 바쁜 시기에 협력하지 않고 자기 권리만 앞세우는 팀원, 이런 팀원들을 인정하고 존중하기란 쉬운 일이 아닙니다. 하지만 팀장으로서 리더십을 발휘하고 싶다면 존중에 기반한 유대감을 쌓아야 합니다. 그 결과 팀을 위해 일하는 것이 '아깝지' 않다고 느끼며 그것이 팀뿐 아니라 자신의 이익이라고 생각하게 해야 합니다. 관리와 통제는 그다음 해법이어야 하죠.

물론 팀원들이 친해지는 걸 원하지 않아 어쩔 수 없이 거리감을 유지한다고 말하는 리더들도 있습니다. 리더와 구성원이 친해진다고 해서 일을 더 열심히 하는 건 아니라는 반론도 있고요. 그렇게 생각할 수 있습니다. 그러나 이런 생각이 혹시 리더의 오해는 아닌지 돌아보라고 말씀드리고 싶습니다. 설령 거리감이 필요하다고 해도, 존중이나 신뢰 없이 지시와 통제에 따르는 것은 진정한 팔로어십이 아닙니다. "예"라고 대답은 하지만 마음속으로는 '아니오'라고 외치고 있을 수도 있죠. 이런 식의 수동적이고 형식적인 관계에서는 성과도 기대하기 어렵습니다. 적당한 거리감을 유지하더라도, 근저에는 존중과 신뢰가 있어야 합니다.

　리더의 오해인지 돌아볼 일은 또 있습니다. 팀원들이 열심히 일하지 않는다는 생각 자체가 여러분의 오해는 아닐까요? 팀원들은 나름대로 애쓰고 열심히 하는데, 팀장인 자신이 오해하고 삐딱하게 바라보는 것은 아닌지 냉철한 판단이 필요합니다.

　판단 기준은 '열심히'라는 단어입니다. 여러분이 생각하는 '열심히 일한다'는 건 무엇인가요? 일찍 출근하고 늦게 퇴근하며 오랜 시간 일하는 것인가요? 아니면 120%의 성과를 내려고 애쓰는 것인가요? 팀원은 100%를 달성하면 충분히 열심히 하는 게 아니냐고 항변할지 모릅니다. 서로가 생각하는 '열심히'의 기준이 다를 때 이런 불협화음이 생깁니다. 그러므로 팀원들의 일하는 모습이 못마땅할 때는 리더로서 여러분이 명확한 기준을 밝히고 합의했는지를 먼저 확인해보면 좋겠습니다.

이와 관련해서 제가 경험한 사례 하나를 소개합니다. 어느 컨설팅회사가 대기업의 용역을 받아 직원 몇 명을 그곳에 파견했습니다. 하루는 컨설팅회사의 사장과 부사장이 그 대기업을 방문했습니다. 그런데 자기 회사 직원들의 웃음소리가 복도에까지 들리는 겁니다. 다른 방은 조용히 일만 열심히 하고 있는데, 유독 그 컨설팅회사에서 파견 나온 직원들은 업무 시간에도 서로 웃으면서 이야기도 많이 나누는 것 같았습니다. 부사장은 이렇게 생각했습니다.

'이 녀석들이 고객사에 와서 놀기만 하네. 내일이라도 회사로 소집해서 한소리 해야지. 프로정신도 없고 직업정신이 투철하지 못해서 큰일이야.'

잠시 후, 사장과 부사장은 대기업의 담당자를 만났습니다. 담당자와 업무 이야기가 끝날 때쯤 그가 어떻게 직원들이 서로 친하게 지내면서 일도 잘하냐고 부러워했습니다. 사장이 웃으며 말했습니다.

"서로 즐겁게 일하는 게 저희 조직의 문화입니다. 회사의 문화라는 것은 쉽게 설명할 수 없죠."

사장의 말에는 직원들에 대한 자부심이 드러나 있었습니

다. 대기업 담당자도 웃음소리가 그치지 않고 즐겁게 일하는 모습이 너무 부럽다며 나중에 꼭 경영비법을 가르쳐달라고 말했습니다.

사람들은 같은 것을 보면서도 서로 다른 생각을 합니다. 직원들의 웃음소리에 어떤 리더는 경쟁사회에서 진지하지 못한 직원들을 나무랄 생각을 하는 반면, 어떤 리더는 자기 일을 즐기면서 행복하게 일하는 회사의 문화에 자부심을 느낍니다. 중요한 건 어떤 시각으로 보느냐입니다. 팀장이 팀원들을 어떤 시각으로 보느냐가 리더십의 시작입니다. 팀장인 내가 먼저 팀원들을 인간적인 시각으로 바라보며 애정을 갖고 유대감을 형성하는 것이 필요합니다. 조직에서는 많은 문제가 일어나는데, 구성원들이 아니라 리더가 문제인 경우도 많다는 사실을 기억하시기 바랍니다.

리|더|를|위|한|팁
"팀원들이 일을 열심히 하지 않습니다."
- 인간적 존중이 리더십의 시작이다.
- 리더가 생각하는 '열심히'의 기준을 정립하고 구성원들과 사전에 합의한다.
- 팀원이 아닌, 팀장인 나에게 문제가 있을 수 있다.

팀원이

월권행위를 합니다

　구매팀 A사원은 1년 차 신입직원입니다. 6개월간 부서 교육을 받고 본인의 담당 업무를 시작한 지 3개월 정도 되었습니다.

　어느 날 구매팀장은 생산팀장에게 전화를 받았습니다. 갑자기 제조원가가 높아져 자재의 구매 가격을 점검해보니, 주요 부품의 납품단가가 올라 있었다며 그 이유를 묻는 전화였습니다. 그 부품의 구매 담당자는 A사원이었습니다. A사원의 말에 의하면 부품의 원료 가격이 급격히 올라서 한동안 큰 적자를 보고 있던 공급업체가 호소해 납품가를 15% 인상해주었다고 합니다. 문제는 A사원에게 납품단가를 올려줄 권한이 없다는 겁니다. 계약기간 중 납품단가를 변경하는 일은 구매팀장의 권한입니다. 그 사실을 A사원도 알고 있었습니다. 그런데 왜 마음대로 인상해주었느냐고 물으니, 납품가를 인상해주지 않으면 협력업체가 어려워져서 부품 수급에 차질이 있으리라 판단했다고 합니다. 또 연초에 대표이사가 협력업체와의 상생을 강조해서 구매팀장도 이를 이해해줄 거라고 생각했다는군요. 그래도 사전에 말했어야 하지 않느냐고 하니, 팀장님이 출장 중이어서 먼저 인상해주고 말씀드리려고 했다는 것입니다.

월권越權이란 자기 권한의 범위를 넘는 행동이나 의사결정을 하는 행위를 말합니다. 조직 구성원의 월권은 자신의 권한이 아니라는 것을 알면서 일어나기도 하고, 몰라서 일어나기도 합니다.

자신의 권한이 아닌 줄 알면서 월권이 일어나는 것은 영웅심의 발로인 경우가 많습니다. 부서장에게 질책당하고 끝날수도 있지만 사안에 따라 징계까지 가기도 합니다. 작은 월권이라도 반복되면 그냥 넘어갈 수는 없습니다.

다른 하나는 상황 판단을 제대로 하지 못해서, 즉 자신의 행동이 월권인지 몰라서 발생하는 경우입니다. 잘 몰라서 권한 밖의 행동을 했다면 그 행동이 월권이라는 걸 알려주어야 합니다. 즉 회사가 구성원에게 부여하는 권한의 범위를 알려주는 게 먼저입니다. 대부분의 회사는 업무 또는 의사결정 사안에 대해 구성원의 권한 범위를 정하고, 이를 구성원이 알고 지키도록 문서화합니다. 회사에 따라 명칭은 다르지만 이런 문서를 대개 '위임전결규정'이라 부릅니다. 신입이나 전입한 구성원이 먼저 할 일은 위임전결규정에서 자신의 업무에 해당하는 부분을 읽고 숙지하는 것입니다. 이런 규정이 없는 회사는 만들어야 하고, 규정이 있는 회사는 정기적으로 타당성을 검토하고 업데이트해야 합니다.

물론 위임전결규정에 회사에서 일어나는 모든 의사결정과 행동 방침이 담겨 있지는 않습니다. 일이란 변화무쌍하니까요. 스스로 '판단'이 필요한 경우가 반드시 생깁니다. 혼자 판단하기 애매한 경우는 상사에게 결정해달라고 부탁하기도 합니다. 그러나 "본인이 판단해서 하세요" 하는 답이 돌아올 때도 많습니다. 상사도 잘 몰라서일 수도 있고, '이런 것도 혼자 판단하지 못하나' 싶어서일 수도 있습니다.

요컨대 '판단력'이 필요합니다. 합리적인 판단력을 가진 사람을 '일머리'가 있다고 합니다. 월권을 자주 하는 부서원은 아직 일머리가 좀 부족한 경우입니다. 일머리가 없다고 나무라지는 마세요. 일머리는 가르쳐서 바로 키울 수 있는 것이 아닙니다. 리더도 실수할 때가 있지 않습니까?

일머리를 키우는 방법은 '말해주기'입니다. '말해주기'는 두 가지입니다. 하나는 리더의 행동과 의사결정에 대해 그

배경을 말해주는 것이고, 다른 하나는 구성원의 행동과 의사결정에 대해 피드백하는 것입니다.

자주 일어나지 않는 의사결정이나 행동에는 그 배경과 이유를 설명해주어야 합니다. 이때 구성원도 리더의 의사결정에 의문이 생기면 질문해야 합니다. 아무래도 리더는 구성원보다 일머리가 발달한 터라 자신의 판단을 당연하게 생각합니다. 구성원도 자신만큼 판단력이 있고 배경을 이해한다고 생각할 수 있어서, 구성원이 질문하지 않으면 배울 기회가 사라져버리기 십상입니다.

아울러 구성원의 행동과 의사결정에 대해 리더는 바로 피드백을 해야 합니다. 피드백은 '지적질'이 아닙니다. 피드백은 구성원이 왜 그런 결정과 행동을 했는지 질문하고, 다른 방법은 없었을지 의논하고, 대안을 찾는 일입니다.

"결국 잔소리네요"라고 할지도 모르겠습니다. 잔소리로 받아들이느냐 일머리를 키우기 위한 피드백으로 받아들이느냐는 구성원과 리더의 생각과 태도에 달려 있습니다.

리 | 더 | 를 | 위 | 한 | 팁
"팀원이 월권행위를 합니다."
- 월권하는 구성원에게 그 사실을 알려준다.
- 월권하는 구성원에게 위임전결규정을 읽어보게 한다.
- 구성원에게 리더의 행동과 의사결정의 배경을 알려준다.

신경 쓰이는 빅마우스 팀원,

어떻게 대처해야 할까요?

조직 생활을 하다 보면 빅마우스 직원을 한 번쯤 만나게 됩니다. 불평불만을 부서 안팎에 떠들어 우리 팀의 위상을 떨어뜨리고, 나쁜 분위기를 다른 구성원들에게도 퍼뜨려 사기를 낮춥니다. 그렇다고 섣불리 건드렸다가는 리더에 대한 험담을 동네방네 더 시끄럽게 떠들고 다닐까 봐 어떻게 대처해야 할지 모르겠다는 고민이 많습니다. 피드백을 한다 해도 잘 받아들이지 않고 대놓고 거부감을 표하기도 하고요.

예전엔 직장 상사의 하향 괴롭힘이 문제였다면 요즘은 빅마우스 직원들의 상향 괴롭힘도 꽤 문제가 되고 있습니다. 미국의 직장 내 괴롭힘 연구소WBI에 따르면 미국 전체의 직장 내 괴롭힘의 14%가 상향식 괴롭힘upward bullying, 다시 말해 직원이 상사를 괴롭히는 경우였다고 합니다.[1] 하향 괴롭힘은 인사부서나 관련 기관에 알려 도움을 받을 수 있지만, 요즘의 신경향인 상향 괴롭힘은 리더들이 어디에 호소하기도 쉽지 않습니다. 리더로서 체면이 손상될까 두려워 오히려 자책만 하는 경우가 많지요. 그러나 수치심이 들고 체면이 걱정된다고 해서 속으로만 끙끙 앓는 것은 금물입니다. 빅마우스 직원의 상향 괴롭힘은 리더의 잘못이 아니라 직원의 문제입니다. 오히려 적절한 대응을 하지 않는 것이야말로 리더십의 문제일 수 있습니다.

빅마우스 직원에도 여러 유형이 있습니다. 역량은 높은데 자의식 과잉으로 목소리가 커서 요구를 많이 하고 팀워크에 취약한 '나잘난' 유형이 있습니다. 그런가 하면 직속상사를 건너뛰고 그 위 상사와 직거래를 하는 '바이패스형'도 리더에게 수치심을 안겨주지요. '저성과자형'은 무기력증을 퍼뜨려 조직의 하향평준화를 유도합니다. 각 유형에 따라 대응 방식도 조금씩 달라집니다. 단, 신뢰 회복, 초점 맞추기, 감정 절제와 간결한 피드백 반복이라는 기본골조는 공통입니다.

첫 번째는 자의식 과잉 유형의 고성과자 빅마우스 직원입니다. 한 치도 손해 보지 않고, 주위 동료들을 대놓고 무시하

---

1 류드밀라 프라슬로바, 론 카루치, 캐럴라인 스톡스, "부하직원이 상사를 괴롭힌다면?", 〈하버드비즈니스리뷰〉 2023년 3월.

고, 심지어 그런 태도가 리더에게까지 나타나는 유형이지요. 역량보다 목소리가 더 큰 유형이지만, 자칫 잘못 건드렸다가 유능한 직원을 잃을까 봐 리더들이 애면글면하는 경우가 많더군요.

이런 직원에게는 개인의 성장과 커리어에 초점을 둔 피드백이 먹힙니다. "커리어 면에서 이런 행동이 염려된다"라고 상대의 편에서 말해주는 것입니다. 지금의 행동이 자신의 미래에 어떤 영향을 미칠지 보게 해주세요. 직장인이든, 직업인이든 혼자만의 역량으로는 성과를 낼 수 없습니다. 아무리 일에 자신 있어도 남의 도움과 협조, 협업이 없으면 시간이 갈수록 성과가 떨어지기 마련입니다. 특히 직급이 올라갈수록 더 그렇죠. 본인이 미처 보지 못한 시야를 갖게 되면 목소리가 줄어들 겁니다. 리더에게 나오는 힘은 직위가 더 높아서도, 권력이 더 세서도, 연봉이 더 많아서도 아닙니다. 구성원을 잘되게 해주는 파워를 가질 수 있느냐로 갈립니다.

두 번째는 직속상사를 허수아비로 만든 채 차상위 상사와 직거래하는 뒤통수형입니다. 팀원이 임원실을 들락거리며 직보하는 일이 종종 벌어진다고 생각해보세요. 한번 보고하러 들어가면 팀장보다 더 오래 머물고, 웃는 소리가 바깥까지 들리고, 팀장도 모르는 사항을 팀원들에게 임원 지시라고 일러주고… 일종의 호가호위형이라 할 수 있습니다. 이것을 문제 삼았다가 자칫 쪼잔한 팀장이 될까 봐 말도 못 하고, 조직에 보탬이 된다면 대국적 차원에서 감수하겠노라 정신승리해 보지만 신경이 쓰이지 않을 수가 없지요. 자존심 상하는 것은 차치하더라도 다른 팀원 보기 낯 뜨거워서 힘들다는 하소연도 많습니다. 상향 괴롭힘 중에서도 뒤통수형이 리더들에게 가장 수치심을 유발하는 듯합니다.

참는 것만이 능사가 아니라는 점을 먼저 말씀드립니다. 지시가 여러 라인에서 나오는 것은 단지 리더 개인의 차원을 넘어 조직의 지휘체계에 혼선을 야기하므로 반드시 바로잡아야 할 이슈입니다. 직원의 바이패스는 리더의 무능력과는 별 상관이 없으니 자책하기보다 적절한 방법으로 정면대응하는 게 필요합니다. 무조건 참기보다는 당사자에게 무엇이 왜 문제인지 간결하게 지적해주세요. 이때 구구절절 감정을 토로하거나 장황한 설명은 절대금물입니다. 단지 "앞으로 이 사안에 대해서는 상무님께 보고하기 전에 내게 먼저 알려주세요"라고 건조하리만큼 요청사항에만 초점을 맞춰 전달하세요. 한 번에 안 되면 두 번 세 번 반복하세요. 아울러 차상위 상사와 팀원의 밀착관계가 어디서 발생하는지도 파악해보실 것을 권합니다. 상사가 왜 그 팀원의 보고를 선호하는지에 대해서도 한번쯤 고려해보시면 좋겠습니다.

세 번째는 대중의 힘을 결집해 조직을 하향평준화하는 저성과자형입니다. 리더가 무슨 말만 하면 '그런 것은 뭐하러 하나' '왜 그런 것도 못 막아주나' '그런다고 월급 더 나오나' 등 젖은 담요 같은 말로 조직의 에너지를 축축 끌어내립니다. 이미 이 정도면 소문이 나서 다른 부서에서도 꺼리는 요주의 인물이기 쉽습니다. 함께 살아보려 하니 힘들고, 못 본 척하려니 주위에 물들일 게 걱정이라 이래저래 힘듭니다. 이런 빅마우스 유형일수록 일대일 면담도 노골적으로 거부하기 일쑤입니다. 어찌해야 할까요?

이때는 목표관리가 필요합니다. 한 번에 개과천선시키겠다고 목표를 세우면 백전백패입니다. 우선 지금보다 더 이상 악화하지 않을 정도로만 기대치를 낮게 잡고 접근하세요. 그리고 신뢰 회복에 집중하세요. 먼저 이들의 불만과 불안 원인을 파악해봅니다. 저성과자든 저의욕자든 기본적으로 월급루팡이 되고 싶은 사람은 없다는 것이 일터의 진리입니다. 이들의 불만 밑에는 불안이 자리합니다. 그 그늘을 파악해 대화의 물꼬를 튼다면 일단 첫걸음은 뗀 셈입니다. 이런 공감대 형성 없이 변화사항만 이야기해봐야 소귀에 경 읽기가 될 뿐입니다. 일대일 면담을 거부한 것은 면담 자체를 '듣기 좋게 포장된 잔소리'라고 생각해서일 수 있습니다. 이들 빅마우스 유형과의 면담에서는 피드백 그 자체보다 공감과 경청이 우선입니다. 어떻게 해야 이들이 불안과 불만을 털어놓을지 궁리해보세요.

어느 팀장은 상대가 이야기할 때 "그렇겠구나, 그랬구나" 만 반복해줘서 입을 열게 했다고 합니다. 직원의 노력 부족 때문만은 아니겠다고 공감대를 형성하니 비로소 불만을 털어놓고, 요구와 개선사항을 나누며 조금씩 변화했다더군요. 코칭은 '코찡'이 먼저라고 합니다. 즉 공감과 경청이 되어야 시멘트벽이든 아스팔트벽이든 허물 수 있습니다.

이들 빅마우스 유형을 상대할 때 주의할 점이 하나 더 있습니다. 신경은 쓰되 너무 많은 에너지를 낭비하지 마세요. 자칫 잃어버린 한 마리 양을 잡으러 다니느라 아흔아홉 마리 양도 놓치고, 울타리도 무너질 수 있습니다. 관심은 두되 에너지와 시간의 조절을 잊지 마세요. 조직의 리더는 성경의 예수님이 아닙니다. 잃어버린 한 마리 양보다 나를 따르는 아흔아홉 마리 양이 더 소중합니다.

리|더|를|위|한|팁
"신경 쓰이는 빅마우스 팀원, 어떻게 대처해야 할까요?"
- 고성과 자의식 과잉형 직원 :
  상대의 커리어와 성장에 초점을 맞춰 말하라.
- 바이패스 뒤통수형 직원 : 감정을 절제한 채
  행동 변화를 간결히 요구하라.
- 저성과 하향평준화형 직원 : 공감과 경청으로 말문을 터라.

평가가 나쁜 직원,
어떻게 변화시킬지 걱정입니다

　인사고과 하위 10%인 직원들을 일반적으로 '저성과자'
라 부릅니다. 리더는 그들이 조직에 적응할 수 있도록 신경
써야겠죠. 물론 일정한 기준에 따라 그들을 해고할 수도 있
습니다. 공정하고 객관적인 기준에서 업무를 평가했고 개
선 가능성도 크지 않다면, 근무 성적을 이유로 한 해고는 정
당하다는 대법원 판례도 있습니다. 여기에서 중요한 판단은
'개선 가능성이 있는가?'입니다. 현재의 업무평가는 나쁘지
만, 개선 가능성이 있다면 리더의 역할은 그가 조직에 적응
하고 좋은 성과를 올릴 수 있도록 돕는 것이죠.

　평가가 좋지 않은 직원들은 크게 두 가지입니다. 우선 역

량이 부족해서 일 진행이 안 되는 경우가 있죠. 또 하나는 인간관계에 문제가 있는 경우입니다. 업무 역량은 부족하지 않아도, 의사소통에 문제가 있거나 사소한 일로 사람들과 쉽게 갈등을 빚어서 일의 원활한 진행을 막는 경우도 있습니다. 일은 탁월하게 잘하지만, 신경질적인 성격이어서 말을 섞고 싶지 않은 사람이 있다면 그의 평가 역시 그렇게 좋지는 않을 겁니다. 조직에 평가가 나쁜 직원이 왔다면 왜 나쁜 인사고과를 받았는지, 역량이 부족한지, 아니면 인간관계에 문제가 있는지 파악해야 합니다.

역량이 부족해서 문제라면 역량을 키울 방법을 같이 고민해야 합니다. 때로는 팀원의 역량이 발휘될 수 있는 다른 부서의 업무를 같이 찾아줘야 할 수도 있습니다. 업무 스킬이 높은 다른 팀원과 상의해 그가 잘 배울 수 있도록 돕는 것도 좋은 방법입니다.

인간관계에 문제가 있는 직원이라면 그가 자신의 문제를 명확하게 파악하도록 피드백해야 합니다. 이럴 때는 '경고'임을 느끼도록 확실하게 전달해야 합니다. 이런 유형은 자신의 행동이 조직에 어떤 악영향을 미치는지 이해하지 못하는 경우가 많으므로, 그런 문제점이 승진과 보상에 어떤 불이익을 주는지 확실하게 인식시킬 필요가 있습니다. 협업이 많이 필요치 않은 업무로 조정할 수 있다면 그런 업무를 같이 찾아보는 것도 리더의 배려라고 할 수 있겠죠. 중요한 것은 리더가 팀원의 상황을 잘 파악해야 그에게 필요한 방법으로 도울 수 있다는 사실입니다.

이들을 대할 때 리더는 쓴소리도 할 줄 알아야 합니다. 듣는 팀원이 기분 나쁠 수 있어도 필요하다면 기꺼이 그를 위해 조언해야 하죠. 물론 기분 나쁜 이야기를 할 때는 기술이 필요합니다. 감정이 섞이지 않게 팩트에 근거하여, 무례하지 않은 방법으로 해야 합니다.

어떤 리더는 이렇게 생각할 수도 있습니다. '내가 부모도 아닌데, 왜 그들이 조직에 적응하는 것을 도와야 하지? 평가가 좋은 직원만 골라 받아서 내 성과 올리기도 바쁜데?' 어쩌면 회사도 그러기를 원할지 모릅니다. 일 잘할 직원만 뽑아서 좋은 성과를 올리게 하는 것이죠. 조직에 적응하지 못하는 직원이 있다면 그것은 채용의 실패일 가능성이 큽니다. 그래서 일 잘하는 사람을 제대로 뽑는 것이 가장 중요하다는 결론을 내리기도 합니다. 하지만 그러기가 쉽지 않다는 게 문제죠.

게다가 밖에서 일 잘하는 사람을 뽑는다고 우리 조직에서 좋은 성과를 낸다는 보장도 없습니다. 예를 들어 야구선수 박병호는 한국 프로야구를 대표하는 홈런타자 중 한 명으로, 고등학교 때부터 큰 기대를 받았습니다. 그런데 2005년 LG에 1차 지명으로 선수생활을 시작한 그는 2011년까지

1군과 2군을 오가며 그저 그런 1.5군 선수로 있었습니다. 그러다 2011년 LG 2군과 연습경기를 하던 당시 넥센(현 키움) 감독이 2군에 있던 박병호를 보고 그를 트레이드로 데려왔습니다. 그 후 박병호는 곧바로 홈런타자로 거듭났고 한국 프로야구의 많은 기록을 갈아치웠습니다. LG에서는 그저 그랬던 선수가 팀을 옮기자마자 바로 홈런타자가 된 것입니다.

우수한 직원을 뽑아놓으면 그들이 알아서 좋은 성과를 올린다고 생각하는 것은, 최고의 선수를 뽑아놓으면 그 선수들이 알아서 경기할 것이라는 생각과 비슷합니다. 감독이 누구냐에 따라 같은 선수 구성으로 최고의 팀이 되기도 하고 최약체로 전락하기도 합니다. 명필이 붓을 탓하지 않듯이, 여러분도 팀원 개개인을 탓하기보다는 그들이 지금의 자리에서 더 좋은 성과를 올릴 수 있도록 돕는 자신의 역할에 최선을 다해야 합니다.

리 | 더 | 를 | 위 | 한 | 팁

"평가가 나쁜 직원, 어떻게 변화시킬지 걱정입니다."

- 평가가 좋지 않은 원인이 업무 역량의 문제인지 인간관계의 문제인지 파악한다.
- 고성과자만으로 조직을 채울 수 없음을 받아들이고 저성과자에게 필요한 도움을 줘야 한다.

갈등하는 팀원들을 어떻게 조율해야 할까요?

최근에 모 글로벌기업에서 생산관리를 총괄하는 리더를 코칭했습니다. 같이 일하는 2명의 팀장이 있는데, 한 명에게만 일이 몰려서 걱정이라고 했습니다. 그렇게 말하는 본인도 잘하는 사람에게 일을 더 많이 주는 사실을 인지하고 있었습니다. 두 팀장 사이의 갈등도 있었습니다. 하지만 이 부서장은 본인이 명확하게 업무를 나누거나 싫은 소리를 하지 못했습니다. 업무가 한쪽으로 치중되고 갈등이 발생하는데도 본인 일이 바쁘다며 차일피일 업무 재분배를 미루고 있었습니다. 속으로는 일이 많은 팀장이 번아웃되어 떠나면 어쩌나 전전긍긍하면서요. 저는 그에게 좋은 사람이 되고 싶은지 좋은 리더가 되고 싶은지 물었습니다. 리더는 지시가 필요할 때는 지시를, 코칭이 필요할 때는 코칭을 통해서 조직원이 납득할 수 있도록 업무를 조정하고 갈등을 해결해야 합니다.

일하는 방식과 성향이 다를 경우 갈등이 발생하는 원인은 주요하게 두 가지입니다. 상대방의 성향과 방식을 이해하지 못하는 경우와, 일에 대한 그라운드 룰이 없는 경우입니다.

강점진단Gallup Strengths Finder이라고 들어보셨나요? 갤럽이 40년 이상 50개국의 다양한 문화권과 각종 업무 분야에서 사람들의 재능, 강점, 성공을 연구해 34개의 강점으로 정리한 것이 강점진단입니다. 갤럽은 강점을 '어떤 분야에서 완벽에 가까운 성과를 지속적으로 발휘하는 능력'으로 정의합니다. 잘하는 것(재능)을 나도 모르게 반복적으로 하다 보면 그 경험이 쌓여 '강점'이 됩니다.

일전에 강점진단 코칭 워크숍에 참석했습니다. 인사담당자, 기업 임원, 전문직 종사자 등 다양한 분들이 강점 코칭을 배우고자 참가했습니다. 그 자리에서 일하는 방식과 성향이 달라 어려움을 겪은 적이 있느냐는 질문에, 한 기업의 교육담당자가 "아휴! 제 얘기예요!"라고 외쳤습니다. 본인은 '심사숙고'와 '분석'이라는 강점 테마가 있는데, 함께 일하는 동료 3명은 모두 발상ideation의 강점이 있다고 합니다. 회의를 하다 보면 "이렇게 해보면 어떨까?" "이 아이디어는요?"라며 자신이 보기에는 전혀 실효성 없는 아이디어를 마구 내놓느라 종종 회의가 산으로 간다더군요. '발상'의 테마를 가진 사람들은 아이디어를 나누며 의견을 발전시켜 갑니다. 따라서 그들에게는 아이디어를 나누는 것도 의미 있는 시간입니다. 하지만 팀원들과 달리 그는 결정을 내릴 때 장애물도 예상하고 신중하게 접근하는 성향이어서 너무 힘들다고 하소연했습니다. 이런 유형의 사람들은 시간을 들여 다방면을 고려하며 상황에 접근하기 때문에, 창의적이고 아이디어에 매료되는 사람들을 이해할 수 없습니다. 일하는 방식과 성향이 다른 것이죠.

법륜 스님의 즉문즉설에서는 각자가 삶의 질문을 들고 나와 자유롭게 스님께 질문합니다. 한 며느리가 나왔습니다. 시어머니가 결혼 전에는 잘해주시다가 결혼 후 돌변하여 자기를 괴롭히고 험담만 해서 삶이 너무 괴롭다고 합니다. 해답을 기대하는 며느리에게 갑자기 법륜 스님은 "부엌에 가면 며느리가 옳고, 안방에 가면 시어머니가 옳다"라는 묘한 답변을 합니다. 각자의 말을 들으면 각자의 사정이 있고, 각자의 입장에서는 각자의 말이 맞다는 뜻이죠.

태도, 관점, 업무 속도, 말투 등 모든 것이 방식과 성향의 문제입니다. 백이면 백 다 같은 사람은 지구상에 없습니다. 저의 강점은 긍정, 사교성, 공감, 커뮤니케이션, 포용입니다.

누군가가 저와 똑같은 대표 테마 5개를 꼭 같은 순서로 가질 확률은 3300만분의 1이라고 합니다. 이처럼 지구상에는 다양한 사람들이 있습니다. 사람마다 강점이 다르므로 약점을 보완하기보다는 강점을 인정하고 받아들이는 게 효과적입니다. 중요한 것은 다름을 차이로 이해하는가, 아니면 틀리다고 인식하는가입니다. 이 차이를 이해하지 못하면 '저 사람은 왜 저렇게 일하지?'라는 의문이 싹트고, 남을 평가하고 판단하고 비난하게 됩니다.

이 문제를 해결하려면 우선 서로를 이해할 수 있는 시간을 만들어야겠죠. 여기서 리더의 역할이 중요합니다. 최상위 리더가 균형을 잡지 않으면 중간관리자가 역할을 못 하게 되고, 팀원들이 불만을 표출하면서 성과는 물론이고 부정적인 조직문화가 팽배하게 됩니다. 리더가 먼저 구성원 각자의 장점을 이야기하고 알려주세요. 리더가 이 역할을 하지 않으면 팀원들의 부정적인 부분만 강조될 수 있습니다.

리더가 직접 설득하는 게 어렵다면 강점진단, MBTI 진단 등을 통해 우리 팀은 다양한 강점과 특성을 가진 사람들로 이루어져 있고, 우리가 그 부분을 존중하며 일할 때 성과를 낼 수 있다고 교육하는 것도 방법입니다. 인사부나 외부 전문가의 도움을 받아도 좋습니다. 팀원들이 각자 자신을 이해하고, 또 서로 다른 사람들이 모여서 팀이 만들어지고 시너지가 난다는 것을 알게 해야 합니다.

업무 재분배가 필요할 때도 있습니다. 여러 명이 같은 업무를 다른 방식으로 계속하다 보면 서로를 이해하지 못하는 지점이 생겨 갈등이 발생하곤 합니다. 자기 방법이 옳다는 생각 때문입니다. 이때는 각 팀원의 특성에 맞게 일을 분리해줍시다. 예를 들어 같은 홍보 업무라도 대인관계에 강점이 있어서 기자와 친해지고 관계를 잘 쌓는 팀원에게는 외부 미팅 기회를 더 주고, 전략적이고 자료 조사에 강점이 있는 팀원에게는 회사의 중요 현안에 대해 어떤 방향으로 기획자료를 만들지 조사하고 보고할 기회를 줍니다. 좀처럼 업무 분리가 안 되면 리더가 개입해 조정해야 합니다. 업무 분배는 기본적으로 부서장의 책임입니다. 리더가 방식을 제시해야 합니다.

갈등이 일어나는 두 번째 상황은 일과 문제해결에 대한 그라운드 룰이 없을 때입니다. '그라운드 룰'은 경기장 사정 때문에 정식 경기 규정을 적용할 수 없을 경우 임시로 정하는 규정입니다. 조직에 적용해보면 리더를 포함해 구성원이 함께 지켜야 하는 기본 규칙을 말합니다.

서울대학교 경영학과 신재용 교수에 따르면 요즘 젊은 세대는 합의한 규칙을 가장 중요하게 여긴다고 합니다. 예를 들어 기성세대가 강남 출신이 서울대에 많이 가는 것에 불평등하다며 분노를 느꼈다면, 요즘 세대는 그 일을 당연하게 받아들입니다. 출발선이 다른 것을 인정하기 때문이죠. 하지만 입시라는 과정 자체는 공정해야 합니다. 프로세스는 공정하고 투명해야 하며, 이것이 지켜지지 않을 때 사람들은 분노합니다. 맛집 줄서기가 대표적입니다. 남녀노소를 막론하고 맛집에서 줄을 서는 것은 먼저 온 사람이 먼저 들어간다는 그라운드 룰을 바탕으로 합니다. 누구나 공정한 과정을 거치기에 아무리 오래 기다려야 해도 받아들이고 인정합니다.

회사에서는 종종 갈등상황이 발생합니다. A와 B가 주장하는 바를 각각 들어봅시다. 같은 상황을 A와 B는 전혀 다르게 묘사할 겁니다. 이때 양쪽의 말을 잘 듣되, 결코 속단하거나 한쪽 편을 지지하지 않아야 합니다. 최대한 객관적인 입장을 견지하는 것도 매우 중요합니다. 갈등의 원인을 파악하되, 해결은 구성원 모두가 동의한 그라운드 룰을 바탕으로 해야 합니다. 그라운드 룰이 없어서 문제라면 갈등 국면을 계기로 규칙을 새로 만들어야 합니다.

여기서 두 가지 접근이 가능합니다. 하나는 팀장이 갈등을 들어본 후 적극적으로 나서서 해결하는 방식입니다. 구성원들은 갈등상황을 전달하고 팀장의 지시에 따릅니다. 이렇게 해서 문제가 해결되는 경우는 생각보다 많지 않습니다. 표면적으로는 해결되었지만 내면에는 각자 억울함이 남아 있기 때문이죠. 나중에 물어보면 "팀장님이 시키는 대로 했잖

아요"라고 책임을 팀장에게 돌리기도 합니다. 따라서 팀장이 주도해서 갈등을 해결할 때도 앞서 정한 팀 내 그라운드 룰을 바탕으로 팀원 모두가 동의한 방향에 맞추어야 합니다. 아울러 팀장이 개입하는 타이밍이 중요합니다. 갈등의 싹이 보일 때 개입할지, 갈등을 통해 배우도록 문제가 불거진 후 개입할지는 리더 자신의 성향을 보면서 정하시기 바랍니다. 어느 한쪽 편을 드는 것이 아니라 합의된 그라운드 룰에 따라 정리하고 갈등을 적극적으로 해결하는 사람, 이것이 바로 리더입니다. 이때는 좀 더 확실하게 리더십을 보여줄 필요가 있습니다.

다른 하나는 구성원들에게 스스로 해결할 기회와 시간을 주는 방식입니다. 그렇다고 각자의 사정을 듣기만 하고 끝내지 말고, 그다음에 어떻게 할지 선택지를 제시해주세요. A와 B에게 어떤 방식으로 해결할지 논의하여 합의점을 가지고 오라고 요청합니다. 합의된 내용을 갈등해결의 그라운드 룰로 만드는 것도 좋은 방법입니다. 리더가 독단적으로 정한 갈등해결 방법이 아니라 팀원들이 고민해서 합의점으로 가져온 것이니까요. 그라운드 룰이 정해졌다면 누구나 다 지켜야 합니다. 팀장도 예외가 아닙니다.

일하는 방식과 성향이 달라서 생기는 갈등은 멀리서 보면 좋은 갈등입니다. 갈등을 일으키는 팀원들 역시 각자의 방식으로 성과를 내기 위해 일하고 있음을 리더로서 반드시 알아주고, 또 공유해야 합니다. 팀원의 다른 성향을 이해하고 인정하며 독려하는 것도 팀장의 몫입니다. 다양한 접근방식이 공통의 목표달성을 위해 맞춰져 있음을 이해하고, 인정하고, 팀 구성원에게 전달하는 것입니다. 이를 위해서는 다시 한 번 우리 회사의 비전, 우리 부서의 비전과 목표를 강조할 필요가 있습니다. 모든 사람이 나아가는 방향이 같다는 것을 확인함으로써 문제해결 이상의 의미와 비전을 발견할 수 있습니다. 팀이 큰 목적과 비전을 이해하고 다양성 속에 하나가 되어 의미 있는 결과를 달성하도록 돕는 것, 그것이 바로 리더인 여러분의 역할입니다.

리|더|를|위|한|팁
"갈등하는 팀원들을 어떻게 조율해야 할까요?"
- 각자의 성향과 일하는 방식은 정답보다는
  스타일이라는 것을 이해시킨다.
- 갈등의 원인을 파악하되, 해결은 구성원 모두가
  동의하는 그라운드 룰에 따라야 한다.
- 구성원이 각자의 방식으로 성과에 기여하고 있음을 주지시키고,
  스스로 해결할 수 있는 기회와 시간을 주는 것도 좋다.

모두가 꺼리는 일을
어떻게 나눠야 불만이 없을까요?

최근에 모 그룹사의 팀장들과 스터디 모임을 진행했습니다. 나이와 부서는 다르지만 팀을 이끄는 리더들이라 고민이 겹치는 부분이 많았습니다. 한 팀장이 어렵게 고민을 토로했습니다. "요새 같이 일하는 팀원들의 눈치를 많이 봅니다. 팀에 좀 까칠한 직원이 있는데 하기 싫은 일이 생기면 대놓고 안 하려고 합니다. 쓴소리를 하기보다는 제가 하고 맙니다. 맨날 야근해요." 한숨을 쉬는 그분의 얼굴에 그늘이 졌습니다. 다른 팀장도 맞장구쳤습니다. "맞아요. 저는 팀원이 15명이나 되는데 다들 개성이 넘쳐서 돋보이는 일만 하고 싶어 해요. 결국 모두가 하기 싫다고 하는 일은 그냥 제가 합니다." 다들 고개를 끄덕였습니다.

업무 분배가 어려워 팀장이 그 일을 한다는 하소연이 나온 배경은 무엇일까요? 먼저, 팀 내 구성원들의 역할과 책임이 불분명할 수 있습니다. 팀의 성과는 잘 나지만 팀장이 끌고 가야 하는 무게가 상당할 수도 있고요. 아니면 팀장이 고성과자였기에 팀원이 자기만큼 빠르게 성과를 내지 않는 것을 못 참았을 수도 있습니다. 또 누군가는 팀장이 조직 파악을 못 하고 있다고 평가할지 모릅니다. 혹은 팀장이 다른 사람들이 일을 배우고 익힐 시간을 기다리기 어려워하는 것은 아닌가요? 여러 이유가 가능하므로 속단하기는 이릅니다.

따라서 이는 '내가 리더가 될 상인가?'를 테스트해볼 수 있는 질문이기도 합니다. 꽤 많은 팀장들이 구성원과 문제가 생기거나 관계가 틀어질 것 같으면 급한 마음에 자신이 하고 맙니다. 문제없는 일만 적절하게 분배하면서 중요하고 어려운 일은 자신이 하는 팀장도 있고, 인력을 다층적으로 개발하기보다는 단순하게 활용하는 길을 택하는 리더도 있습니다. 훌륭한 인재가 되는 것과 훌륭한 리더가 되는 것은 다른 이야기입니다. 물론 우수한 인재였던 팀장으로서는 팀원들이 성과를 낼 때까지 기다리기보다는 차라리 '내가 혼자! 빨리! 잘!' 하는 게 편할 때도 있습니다.

그런데 이런 방식으로 팀이 계속 유지된다면 어떻게 될까요? 팀원은 행복할지 몰라도 팀장은 점점 힘들어질 것입니다. 얼마 안 가서 업무 과부하로 팀장은 정작 리더로서 할 일을 제대로 하지 못할 수도 있습니다. 팀원은 또 어떤가요? 구성원의 가능성은 새로운 일에 도전하면서 때로는 실패하고 때로는 성공도 하면서 개발될 수 있습니다. 팀장 혼자서만 일하다가는 업무 분배를 통해 리더로서 성장할 기회를, 팀원들은 어려운 문제를 극복하고 해결하는 법을 배울 기회를 잃게 됩니다. 장기적으로는 승-승이 아닌 패-패가 될 가능성이 큽니다.

그렇다면 리더로서 한 단계 성장하기 위해서는 이 문제에 어떻게 접근하면 좋을까요? 리더십 관점에서 일의 역할과 책임을 지정해주어야 합니다. 일단 일의 성격을 파악하는 것이 급선무입니다. 모두가 하기 싫은 일은 어떤 일인지 생각해봅시다. 해도 티가 나지 않는 일이나, 난해한 일일 수 있습니다. 만약 지루하거나 반복적이고 성과가 나지 않는 일이어서 꺼린다면, 무조건 한 사람에게만 맡기지 말고 모두가 조금씩 담당하도록 분배하는 게 좋습니다. 반면 회사에 꼭 필요한 일인데 어려워서 아무도 나서지 않는 상황이라면, 팀원들이 도전할 수 있도록 리더가 일을 분배하고 책임을 정리해주어야 합니다. 리더는 일의 중요도나 시급성을 판단하고, 팀원들의 역량과 업무량 등을 고려해서 분배해야 합니다. 얼마나 중요한지, 얼마나 급한지, 반드시 해야만 하는 일인지 등으로 분류하는 것이 우선입니다. 이 일을 한 직원만 기피하는지 아니면 팀원들 모두 싫어하는지도 파악합니다. 사람마다 역량, 선호도, 업무량이 다르기 때문입니다. 개인의 강점과 역량에 따라 업무가 적절하게 분배되어 있는지 확인합니다.

만약 직원이 관련 직무 기술이 부족해서 특정 업무를 꺼린다면, 자신감을 가질 수 있도록 교육 및 지원을 해야겠죠. 하기 힘든 일을 처리하고 익히는 데 도움이 되는 자료나 멘토링을 제공합니다. 혹시 혼자 하기 힘든 일이라면 팀을 구성해주거나, 이전에 일을 해본 동료나 선배를 팀메이트로 지정해주어도 좋습니다.

평소에 일을 너무 큰 덩어리로만 주지는 않는지도 확인해보세요. 쪼개서 할 수 있는 일을 나눕니다. 이때 일을 나누는 기준은 최대한 부담이 되지 않는가가 아니라, 일의 단위가 직원들이 성공경험을 하기에 적정한가입니다. 모든 사람이 기여하고 배울 기회를 갖도록 업무순환 시스템을 만드는 것도 좋습니다. 한 사람이 부담감을 느끼지 않도록 정기적으로 돌아가면서 책임을 지게 하는 방법도 있습니다.

이를 위해 가장 필요한 것이 열린 커뮤니케이션입니다. 팀 회의나 일대일 면담을 통해 업무 분배를 함께 이야기하는 장이 필요합니다. 이 자리에서 일을 할당할 때 최대한 공정하고 효율적으로 하겠다는 의지를 보여주세요. 팀원들이 이 일에 불편함을 느끼거나 우려사항이 있다면 같이 논의합니다. 공동의 목표를 달성하는 데 각 팀원의 역할이 얼마나 중요한지 강조하는 것도 필요합니다. 모든 작업이 팀과 조직의 전반적인 성공에 어떻게 기여하는지 보여줍니다. 일의 의미도 알려주어야 합니다. 일을 할 때 비전이나 목표를 공유하고 시작하면 좋은데, 급하게 주어지거나 처리해야 하는 일 먼저 하다 보면 일의 의미를 잊기 쉽습니다.

IT기업에서 일하며 특별하다고 느꼈던 것은 회사의 비전을 전 구성원에게 끊임없이 말하고 되새긴다는 점이었습니다. 제가 일하는 회사의 리더들은 회사 안팎에서 중요한 발표를 할 때마다 먼저 기업 미션을 언급합니다. 그리고 미션을 이루기 위한 가치들을 포스터로 회사 곳곳에 붙여두고 구성원들과 끊임없이 소통합니다. 리더들은 커뮤니케이션에 미션과 비전을 녹여서 강조합니다. 따라서 구성원들 역시 자신이 하는 업무가 회사의 비전과 가치에 어떻게 영향을 미치는지 연관 지어 생각하게 됩니다. 우리 회사의 미션과 비전, 또 그걸 이루기 위한 우리 부서의 목표를 고민하고 커뮤니케이션하는 것은 직원들이 싫어하는 일에서도 의미를 발견할 수 있도록 도와줍니다.

정기적인 면담은 필수입니다. 작업량이 적절하게 잘 분배되었는지를 확인하고 의견을 수렴해야 하니까요. 또한 팀의 우선순위나 업무 중요도, 위급성의 순서는 언제든 바뀔 수 있습니다. 팀원의 변동도 있기 마련이고요. 그럴 때마다 필요에 따라 업무를 조정해야 합니다. 열린 의사소통을 통해 걱정되거나 불합리해 보이는 문제를 해결하고 업무 분배를 공정하게 한다면, 팀원들도 자신의 일이 가치 있다고 느끼고 동기부여가 될 것입니다. 잘 끝낸 일에 대해서는 개인과 팀의 성과를 인정하고 축하하며, 팀원 한 사람 한 사람의 기여가 가치 있다는 생각을 공유합시다.

여기서도 진정성이 중요합니다. 중요하지 않은 일을 중요하다고 과장하지는 말아야 합니다. 한 동료 팀장이 말했습니다. 직원들을 독려하기 위해 자신은 아주 작은 일이라도 그 의미를 설명하고 칭찬을 많이 해주며, 결과가 나오면 성과라고 축하해주고 팀원의 가능성을 높이 사준다고요. 정답 같은 말에 다들 고개를 끄덕였습니다. 하지만 반대 의견도 나왔습니다. 또 다른 팀장은 자기가 신입일 때 누가 봐도 허드렛일인데 팀장이 이게 얼마나 의미 있고 중요한 일인지 강조하면서 줬다고 합니다. 속으로 '누가 봐도 하찮은 일인데 왜 중요하다고 거짓말을 하지? 내가 바보인 줄 아나?'라는 생각이 들어 기분이 좋지 않았다고 합니다. 이 의견에 찬성하는 사람도 많았습니다. 요즘 신입사원들이 얼마나 똑똑한데 겉치레는 통하지 않는다고요. 두 의견 다 맞습니다. 이런 직원들과 균형을 잡으면서 성과를 내야 하는 자리가 요즘의 리더입니다.

　내가 쉽게 가기 위해, 혹은 나 편하자고 모두가 싫어하는 일을 떠안는 것은 아닌가요? 혹시 그들이 어려운 일을 하면서 성장할 기회를 내가 막고 있지는 않은가요? 한번쯤 돌아볼 일입니다. 좋은 리더라고 평가받는 것은 팀의 성과가 잘 나오고 팀 구성원들이 만족한다는 뜻입니다. 좋은 리더가 무엇인지 정해진 답은 없습니다. 좋은 리더가 된다는 건 끊임없이 이런 도전과제에 직면하고, 이것저것 시도해보면서 나만의 답을 찾아가는 과정입니다. 이 과정 자체를 즐기며 스스로 질문하고, 오늘의 판단을 반성하고 돌아보면서 유사한 상황이 닥쳤을 때 다시 도전해보는 노력이 오늘보다 좀 더 나은 리더를 만듭니다.

리 | 더 | 를 | 위 | 한 | 팁

"모두가 꺼리는 일을 어떻게 나눠야 불만이 없을까요?"

- 팀원들의 책임과 역할이 분명하게 구분되어 있는가?
- 업무 성격별로 분배가 잘되어 있는가?
- 업무에 필요한 역량개발을 위한 지원 시스템이 있는가?
- 정기적 미팅을 통해 팀 내 역할과 책임을
  직원들과 함께 점검하고 있는가?

오후 2시에 현지 퇴근해도

되느냐고 묻네요

먼저 팀장이 아닌 팀원 입장에서 생각해볼까요? 외근이 많은 이 대리는 외부에서 업무를 마치면 바로 집에 가고 싶을 때가 종종 있습니다. 특히 집 근처에서 일정이 끝났을 때, 회사로 복귀하기에는 시간이 애매할 때, 그리고 둘 다일 때는 더 그렇습니다. 이런 경우에 이 대리가 크게 망설이지 않고 퇴근하는지, 팀장에게 허락을 받는지, 무조건 회사로 돌아가는지는 팀장 스타일에 따라 달라집니다.

작년까지 팀장이었던 박 팀장은 팀원의 업무를 세세하게 챙기는 스타일이었습니다. 업무 진행을 꼬박꼬박 보고받고 싶어 했지요. 팀원들은 1시간 정도라도 업무 시간이 남으면 회사로 돌아와서 팀장에게 간단히 보고하고 나머지 일을 하는 것을 당연하게 여겼습니다.

올해부터 팀장을 맡은 김 팀장은 박 팀장과는 다른 스타일의 부서장입니다. 김 팀장은 일의 목표가 정해지면 나머지는 팀원들에게 위임합니다. 어떻게 일을 풀어나갈지에 대해 팀원의 생각을 존중하고, 일단 일정을 정하면 진행과정을 잘 물어보지도 않는 스타일입니다. 박 팀장과 다르게 외근 결과를 확인하지도 않았습니다. 이 대리는 김 팀장 부임 초기에 5시에 회사로 복귀했다가 바로 퇴근하지 뭐하러 들어왔느냐는 말을 듣고 '정말 이분은 직원들을 믿고 맡기는구나' 하고 생각했습니다.

오늘은 오후 2시에 업무를 마쳤습니다. 거리도 멀고 길도 막혀서 회사에 가면 4시 반쯤 될 것 같았습니다. 오늘은 특별히 급한 일도 없어서 퇴근해도 되지 않을까 싶었던 그는 김 팀장에게 전화로 허락을 받고 바로 퇴근해야겠다고 마음먹었습니다.

김 팀장은 이 대리의 전화를 받으면서 생각했습니다. 자신은 팀원들이 언제, 어디서, 어떤 방법으로 일을 하든 믿고 맡기는 리더입니다. 소위 근태에도 크게 신경쓰지 않습니다. 연차휴가를 신청하면 사유를 물어보지 않고 결재하고, 심지어 누가 오늘 연차로 출근하지 않아도 잘 모를 때가 있습니다. 그런데 오후 2시에 바로 퇴근한다는 것은 좀 다르다는 생각이 들었습니다. 이 대리가 성실하기는 하지만 이렇게 풀어 놓는 일이 과연 적절하게 조직을 관리하는 것일까, 다른 팀원도 이렇게 하지는 않을까 하는 걱정이 들었습니다.

이런 고민을 하는 리더에게 먼저 어떤 근무 형태의 원칙을 가지고 있는지 묻고 싶습니다. 다음 두 가지 중 어떤 원칙을 갖고 있습니까?

원칙A. 정해진 시간에 회사가 정한 장소에서 근무한다.

원칙B. 합의한 성과를 낸다면 근무 시간 또는 근무 장소는 직원에게 맡긴다.

원칙A는 국내 기업이 전통적으로 가져온 근무 형태입니다. 구성원은 정해진 시간에 회사가 정한 장소에서 업무를 해야 합니다. 근무 장소를 벗어나 일하거나 휴가, 조퇴 등을 사용할 때는 부서장의 허가가 있어야 합니다. 출퇴근 시간 준수, 휴가 사용 등에 관련된 사항을 '근태勤怠'라 부르고 이를 관리하는 일을 '근태관리'라고 합니다. 부서장과 인사부서의 업무 중 하나입니다. 근태관리의 극단적인 모습은 출퇴근 시각을 기록하는 것입니다. 시급으로 급여를 받거나 정해진 시간에 현장을 지켜야 하는 업무는 이렇게 근태관리를 철저히 합니다.

원칙B는 국내보다는 외국 기업들이 주로 적용해온 원칙입니다. 업무 목표와 할 일을 명확하게 정하고 근무 시간 또는 장소는 직원들의 자율에 맡기는 방식입니다. 출장이 많은 영업이나 동료와 협업이 필요 없는 직무에서 이런 근무 형태를 도입합니다. 근무 장소나 시간을 유연하게 운영하면서 회사 또는 상사와 약속한 일을 하면 됩니다.

원칙B도 몇 가지 단계가 있습니다. 첫 단계는 유연근무제입니다. 회사에서 일하면서 출퇴근 시간을 자율에 맡기는 제도입니다. 두 번째 단계인 재택근무는 회사가 아닌 집에서 일하는 방식입니다. 근무 시간은 동료들과 맞추어서 소통에 문제가 없도록 합니다. 세 번째 단계인 WFA^{work from} ^{anywhere}는 근무 시간과 장소 모두 자율에 맡기는 방식입니다. 회의나 정해진 소통만 하면 지구 반대편에서 일해도 괜찮습니다.

A와 B 중에서 어떤 원칙을 따를 것인가는 대개 회사가 정하지만, 때에 따라 부서장이 정하는 경우도 있습니다. 이번 질문은 부서장의 재량에 맡기는 것이 회사의 방침이라고 전제하겠습니다.

이 대리의 상황을 좀 더 변형시켜 보겠습니다. 이 대리는 회사에서 1시간 떨어진 곳에 위치한 고객사에서 오후 2시에 업무가 끝났습니다. 회사로 복귀하면 3시에 도착할 수 있으니 퇴근 시간인 6시까지 3시간을 더 일할 수 있습니다. 원칙 A를 적용하는 회사라면 회사로 돌아와서 퇴근 시간까지 일하는 것이 맞습니다. 원칙B를 적용하는 회사라면 어느 단계에 있느냐에 따라 복귀 여부가 정해질 테고요. 마지막 단계에 있는 회사라면 이 대리가 김 팀장에게 이런 문의를 할 필요도 없겠지요.

그런데 2시가 아니라 4시에 그런 전화를 받았다면 김 팀장은 어떻게 해야 할까요? 5시에 회사로 돌아오면 1시간 일하고 6시에 퇴근하게 됩니다. 이 대리 입장에서는 효율적이지 않습니다.

부서장의 권한 또는 재량권은 이럴 때 발휘되어야 합니다. 이 대리의 출장이 그날 바로 만나서 이야기를 나누어야 할 사안이 아니라면 퇴근, 아니 퇴근이 아니라 회사로 '복귀'하지 않아도 된다고 말해줍니다. 퇴근하라는 것이 아니라 "편한 곳에서 업무를 보라"고 하면 되겠지요. 6시까지는 근무 시간이니까요.

이 대리가 김 팀장에게 이런 질문을 한다는 것은 아직 김 팀장이 부서장으로서 원칙을 세우고 팀원들에게 밝히지 않았다는 방증입니다. 김 팀장은 외근 후 5시에 회사로 복귀하는 것이 비효율적이라는 원칙만 알렸지, 복귀해서 2~3시간 일할 수 있을 때는 들어오라는 등의 세부 기준을 알리지 않았습니다. 어쩌면 '2시에 외부 일이 끝났으면 당연히 회사로 들어오겠지'라고 생각했을지도 모르지만, 이 대리가 김 팀장의 마음속 기대를 알기는 어렵죠. 더 근본적인 엇갈림은 '퇴근'과 '복귀'라는 단어의 헷갈림에서 나온 듯싶습니다.

앞에서 말했듯이 6시까지는 근무 시간이므로 복귀가 번거로우면 외부에서 업무를 보라고 하면 됩니다. 그런데 이 대리와 김 팀장의 대화는 '복귀하지 않는 것=퇴근'이라는 등식 위에서 이루어지고 있습니다. 다양한 근무 형태가 가능한 오늘날에는 더 이상 통용되지 않는데 말이죠.

따라서 김 팀장은 출근근무, 재택근무 등 근무 형태와 근태에 대한 원칙을 스스로 정하고 팀원들에게 알려야 합니다. 김 팀장의 스타일로 보아 앞으로 이 대리는 이런 전화를 할 필요가 없을 것 같네요.

팬데믹을 겪으며 기업과 리더들은 많은 경험과 깨달음을 얻었습니다. 한자리에 모여 얼굴 보지 않아도 일할 수 있다는 것, 리더가 없으면 직원들이 열심히 일하지 않으리라는 의심이 오해라는 것, 결국 리더가 현명하게 관리하기 나름이라는 것입니다. 변화란 만들기도 하지만 주어지기도 합니다. 주어진 변화를 내 것으로 만들 때입니다.

리 | 더 | 를 | 위 | 한 | 팁

"오후 2시에 현지 퇴근해도 되느냐고 묻네요."

- 자신은 근무 형태에 대해 어떤 원칙을 갖고 있는지 생각해본다.
- 근무 시간과 장소보다 근태가 중요하다면
  출퇴근은 알아서 하게 한다.
- 업무상 현장을 지키는 것이 중요하다면 회사에 복귀하게 한다.

재택근무 때문에
일 진행이 답답합니다

코로나 팬데믹 때 겪은 가장 큰 변화 중 하나가 바로 재택근무입니다. 재택근무는 미래에나 가능한 이상적인 근무 형태로 제시되었는데, 코로나19의 영향으로 강제로 우리에게 다가와 뉴노멀이 되어가고 있습니다.

갑자기 바뀐 근무 형태로 리더들은 많은 고민이 생겼습니다. 재택근무를 하면 출근하고 사무실에서 일하는 것보다 생산성이 떨어질까 염려되어서죠. 언론에서 재택근무를 할 때 생산성이 10~20%까지 떨어진다는 조사 결과를 소개하기도 하니, 이런 데이터를 본 리더들은 더 걱정이 됩니다. 몇몇 기업들은 팬데믹이 종료된 이후 재택근무를 없애기도 했지만, 상황 자체를 되돌리기는 어렵습니다. 재택근무의 달콤함을 맛본 직원들이 지속적으로 재택근무를 요구하기 때문입니다.

재택근무 때문에 일 진행이 답답하다고 느끼는 리더들의 마음속에는 아무래도 출근해서 일할 때보다는 직원들이 열심히 하지 않는다는 생각이 있을 겁니다. 그래서 재택근무의 핵심은 '신뢰'입니다. 많은 리더가 직원들이 눈에 보이지 않으면 불안해합니다. 근무 시간인데 집에서 일은 하지 않고 침대에 누워 있진 않은지, TV를 켜놓고 산만하게 일하고 있지는 않은지, 자잘한 집안일을 하느라 시간을 쓰지는 않는지…. 이런 말을 들으면 억울해할 직원들이 적지 않습니다. 리더에게 의심받기 싫어 오히려 사무실에서보다 더 열심히 일한다고, 회사에서는 동료들과 차 한잔 하며 얘기 나눌 짬이라도 있었는데 집에서는 꼼짝 않고 책상 앞에만 앉아 있다고 말이지요.

이런 상황에서 리더는 어떻게 해야 할까요? 직원들을 전적으로 믿고 맡겨야 할까요? 아니면 직원들을 믿느니 아주 작은 것까지 확인하고 통제해야 할까요? 이렇게 이야기하다 보니, 모든 인간은 선하게 태어났다는 성선설과 악하게 태어났다는 성악설이 생각납니다. 성선설을 지지한다면 직원들을 믿는 것이 바람직합니다. 하지만 '일 진행이 답답하다'는 이야기로 보아 성선설에만 의존하기는 어려울 듯하군요. 그렇다면 성악설에서 재택근무를 효과적으로 진행할 아이디어를 찾아보겠습니다.

성악설은 인간의 성품은 본래 악하다고 보는 순자의 학설입니다. 순자는 자연상태에서 인간은 악하고 나쁜 짓을 하게 되어 있기 때문에 올바른 교육이 중요하고 법으로 통치해야 한다고 주장했습니다.

성악설을 재택근무에 적용해보면, 모든 직원은 편한 집에서 일할 경우 게을러지고 태만해지는 습성이 있습니다. 그것이 인간의 본래 모습이라는 것이죠. 그래서 교육과 규칙이 중요합니다. 조직에서 일한다는 의미는 무엇이고, 재택근무를 효과적으로 시행할 방법은 무엇인지 지속적인 교육이 필요합니다. 재택근무는 어떻게 진행할지, 반드시 지킬 사항과 자유롭게 허용되는 사항은 무엇인지 세부적인 규칙을 만들고 서로 지키기로 팀장과 팀원이 합의해야 합니다. 물론 규칙을 만들 때는 팀원들의 의견이 최대한 반영되어야 할 테고요.

모두의 합의하에 규칙을 만들고 약속하면 스스로 지키고자 노력하게 되고, 어기는 사람은 없는지 서로 체크하므로 꽤 효과적으로 작동할 수 있습니다. 재택근무에 대한 기본 규칙을 회사 차원에서 만들고, 그것을 바탕으로 팀에서 자체적인 규칙을 합의하여 만든다면 더 효율적입니다.

규칙을 만들어 최소한의 신뢰를 확보했다면, 이제 효과적인 소통을 위한 규칙도 생각해보겠습니다. 재택근무를 하면서 생산성을 떨어뜨리지 않으려면 무엇보다 소통이 중요합니다. 사무실로 출근하여 일할 때와는 소통방식이 달라져야 하죠.

회의 시간을 생각해볼까요? 오프라인에서 회의를 할 때면 누구라도 의견을 내고, 소극적이거나 의견이 없던 사람도 자연스럽게 회의에 동참하게 됩니다. 하지만 줌ZOOM으로 회의를 할 때는 멀뚱멀뚱 화면만 보며 아무도 말하지 않은 채 시간만 보내는 경우가 많습니다. 그래서 원격회의를 할 때는 "의견에 대해 가나다 순으로 이야기해볼까요?"와 같이 매우 구체적으로 규칙을 정해야 합니다.

또 하나, 한국인의 특징 중 하나가 고맥락의 대화를 하는 것입니다. 그래서 같은 단어가 상황에 따라 다른 의미가 되고, 때로는 굳이 말로 표현하지 않아도 눈치껏 알아듣는 센스가 필요합니다. 하지만 원격회의에서 이런 고맥락의 대화를 했다가는 서로 다른 생각을 하기 쉽습니다. 상대방이 눈치껏 알아듣기가 힘들기 때문이죠. 따라서 원격회의에서는 단순하고 명확한 단어를 사용하는 것이 좋습니다. 한마디로 오프라인 회의와 온라인 회의는 상황이 다르다는 사실을 꼭 기억해야 합니다.

눈에서 멀어지면 애정이 식는다고 하죠. 비슷하게 눈에서 보이지 않으면 서로에 대한 신뢰도 조금씩 약해질 수 있습니다. 그래서 재택근무의 상황에서는 사소한 소통이 더 많이 필요합니다. 이런 소통의 중요성을 서로 인지하고 확인하면서 더 자주 소통해야 합니다. 리더의 사소한 소통을 팀원들이 간섭이라고 느끼지 않도록 교육하듯 공유하는 일도 필요합니다.

앞에서 성악설에 의거해 재택근무의 효과를 높이는 방법을 살펴보았는데요. 리더의 불신으로 이야기를 풀어보았지만 종착지는 신뢰여야 한다고 생각합니다. 재택근무에 관해 리더에게 주는 조언은 대부분 직원을 신뢰하는 문제와 관련이 있습니다. 어떤 리더는 오전에 과제를 제시하고 오후에 결과를 확인하는 방식으로 재택근무를 진행합니다. 자신의 경험상 시간과 업무량의 관계가 예측 가능한 일만 지시하죠. 그것도 몇 시간 단위로요. 그렇게 하지 않으면 직원이 업무 시간에 일을 하는지 노는지 몰라 불안하다고 합니다. 얼마나 신뢰가 약하면 이럴까 싶죠. 재택근무라는 계기가 생겼으니 어느 정도 믿고 맡겨서 팀에 대한 소속감도 높이고 책임감도 키우도록 이끄는 것이 올바른 방향 아닐까요? 재택근무를 하면서 때로는 조금 쉬어도 일만 제대로 하면 된다는 생각으로, 최종 아웃풋에 대해 명확하게 합의하고 재량권을 많이 주는 것도 좋은 전략일 수 있습니다. 물론 무임승차자가 생기지 않도록 팀 단위의 규칙은 정한 상태에서요.

코로나19 때문에 갑자기 시행된 재택근무에 대해 어떤 리더는 직원에게 주는 복지 혜택이라고 생각하더군요. 하지만 이제 재택근무는 뉴노멀이 되고 있음을 받아들여야 합니다. 일주일에 3일은 사무실로 출근하고 2일은 재택근무를 하는 하이브리드형으로 시작해서 점차 확대될 가능성이 높습니다. 회사 입장에서도 사무실 비용을 절감하고 먼 거리에 있는 인재를 쉽게 영입할 수 있다면 재택근무의 장점을 최대한 살리는 법을 고민해야겠죠. 언젠가 올 미래라면 빨리 적응하고 먼저 받아들이는 편이 좋지 않을까요?

리|더|를|위|한|팁

"재택근무 때문에 일 진행이 답답합니다."

- 재택근무는 서로에 대한 신뢰가 중요하다.
- 팀 내에서 서로 합의하여 법을 만들고 지켜보자.
- 재택근무는 사소한 소통이 중요하다. 온라인 소통 규칙을 만들자.

팀 순환제를 실시했더니

성과가 떨어집니다

팀 순환제를 실시하는 조직도 있고 그렇지 않은 조직도 있습니다. 만약 팀 순환제를 하고 있다면 왜 하는지, 목적을 생각해볼 필요가 있습니다. 통상적으로 팀 순환제를 실시하는 가장 큰 이유는 부서 이기주의를 없애기 위해서입니다. 조직이 커지면 팀별로 다른 조직처럼 행동하기 쉽습니다. 그래서 자기 팀의 이익을 위해 다른 팀을 견제하기도 하고, 협력은커녕 이기적인 태도를 취하기도 합니다. 자기 팀은 좋은 성과를 올리겠지만, 조직 전체에는 손해를 끼치는 셈이죠. 직원들을 순환시켜 이런 부서 이기주의를 없애는 것이 팀 순환제를 실시하는 하나의 이유입니다.

또 다른 이유는 부정부패를 미리 차단하기 위해서입니다. '고인물'이라는 표현이 있습니다. 웅덩이에 물이 고여 있으면 결국 썩게 되죠. 같은 업무를 같은 사람들이 오래 하게 되면 아무래도 타성에 젖기 마련입니다. 세상은 변했는데 예전에 했던 방식으로만 일을 하고, 그러면서 변화에 적응하지 못해 어느 순간 도태되기도 합니다. 때로는 매번 같은 업체와 거래하면서 비윤리적인 행위를 할 위험도 있고요. 예컨대 구매과 업무는 회사의 돈을 쓰기 때문에 접대를 많이 받게 됩니다. 오랜 시간 그 일을 몇 사람이 계속하면 회삿돈 쓰는 것을 자기 권력으로 여길 수도 있고, 부정한 상황에 노출되기도 쉽습니다. 이런 비윤리적인 상황을 제거하며, 세상의 변화에 적응하기 위해 부서 교체의 혼란을 감수하고라도 사람을 바꿔줄 결심이 필요합니다.

부정적인 일을 차단하려는 목적만 있는 것은 아닙니다. 팀 순환제는 긍정적인 목적도 있습니다. 다양한 부서의 업무를 경험하고 배우게 함으로써 조직 전반의 일을 파악하고 더 유능한 직원으로 성장시키려는 목적으로 실시합니다. 팀 순환제가 일종의 경영수업과 같은 역할을 하는 것이죠. 업무 역량은 크게 하드 스킬과 소프트 스킬로 나눌 수 있습니다. 하드 스킬은 내 일에 직접적으로 요구되는 역량입니다. 가령 프로그래머라면 코딩 또는 컴퓨터 시스템의 이해와 같이 업무에 실제로 활용하는 능력을 하드 스킬이라고 합니다. 반면 소프트 스킬은 다른 사람과 원활하게 소통하고 협상하고 리더십을 발휘하는 등의 일반적인 능력을 지칭합니다. 하드 스킬이 전문성과 관련된 것이라면, 소프트 스킬은 일반적인 '휴먼 스킬'이라 할 수 있습니다.

대개 직급이 낮은 직원들은 자신의 하드 스킬, 즉 업무 스킬로써 조직에 기여합니다. 사원 및 대리급 직원들은 엑셀이나 영상 편집을 잘하는 역량 등으로 팀 성과에 기여하죠. 그러다 직급이 올라가면서 점차 대인관계가 좋고, 소통 능력이 뛰어나고, 중요한 인맥이 많은 등 인간관계 능력을 발휘해 조직에 기여하게 됩니다. 그리고 의사결정을 하는 임원급에서는 개념적 사고, 전략적 생각 등으로 조직에 기여합니다. 이렇게 올라간 직급에 맞게 역량을 키우는 데 팀 순환제가 도움이 됩니다.

그러나 모든 변화는 스트레스를 동반합니다. 기존의 팀에서 잘하던 일을 놔두고 생소한 팀으로 옮기는 데는 분명 큰 스트레스가 따릅니다. 움직이는 물체가 계속 그 운동상태를 유지하려는 '관성의 법칙'처럼 사회에서도, 개인 생활에서도 관성의 법칙이 작용합니다. 팀에서 별다른 문제 없이 일하고 있었다면 같은 팀에서 계속 비슷한 일을 하고 싶은 것이 사람들의 일반적인 습성이죠. 새로운 팀으로 옮겨 새로운 업무를 맡으면 분명 익숙하지도, 달갑지도 않을 겁니다.

이런 상황에서 팀원들이 받는 스트레스를 최대한 덜어주는 것이 바로 팀장의 역할입니다. 앞에서 이야기한 팀 순환제의 이유와 목적을 충분히 공유하는 게 첫 번째 할 일입니다. 아울러 제도를 효과적으로 운영하기 위한 실천 계획을 세심하게 챙기며 실행해야겠죠. 똑같은 제도라도 그것을 어떻게 운영하느냐에 따라 결과의 차이가 클 수 있습니다.

이를 위해 몇 가지 고려할 점이 있습니다. 무엇보다도 팀을 옮기는 직원에게 충분한 시간을 주어야 합니다. 새로운 팀과 동료 그리고 새로운 업무에 적응할 시간이 필요하죠. 기존의 팀에서 업무를 마무리하고 새로운 팀의 업무를 준비할 시간을 제도적으로 보장해주어야 합니다. 옮기게 될 팀과 미리 만나 소통하는 것도 좋습니다. 팀을 옮긴 다음에 새로운 동료들을 만나기보다는 미리 친분을 쌓는 편이 업무 준비와 적응에도 한결 도움이 되겠죠.

팀을 옮긴 후에는 일정 기간 새로운 업무를 교육받아야 합니다. 공식적인 교육이 없더라도 새로운 멤버가 적응할 수 있도록 팀 차원에서 자리를 마련하는 것이 좋습니다. 다른 팀에 가는 직원이 준비할 수 있도록, 그리고 우리 팀에 오는 직원이 쉽게 적응할 수 있도록 지원하는 게 팀장의 역할입니다. 우리 팀에 오는 사람은 챙기면서 다른 팀으로 가는 사람은 나 몰라라 하는 팀장을 가끔 보는데, 올바른 리더의 자세가 아닙니다.

아울러 팀 순환제를 실시하지 않는 조직의 리더라면, 앞에서 언급한 팀 순환제의 목적을 기억하고 우리 팀에 어떻게 적용할 수 있을지 생각해봅시다. 부서 이기주의를 없애고 구성원들이 부정부패에 빠지지 않도록 윤리경영을 강화하는 등의 노력이 필요하겠죠. 특히 팀 순환제 없이도 다양한 업무를 경험하게 하는 방법을 고민해보면 좋겠습니다. 소프트 스킬을 키워 유능한 인재로 성장시키기 위해서 말이죠.

리│더│를│위│한│팁

"팀 순환제를 실시했더니 성과가 떨어집니다."

- 팀 순환제의 취지를 공유한다 :
  부서 이기주의 타파, 부정부패 차단, 소프트 스킬 연마
- 새 업무를 준비할 시간을 주고 새 동료들과도
  미리 교류할 자리를 마련해준다.

바쁜데 당당히 휴가 가는 직원,

어떻게 이해해야 할까요?

　이 질문을 읽고 제가 다녔던 여러 회사가 생각났습니다. 20대에 제가 다닌 회사의 장점이 아무 때나 휴가를 낼 수 있다는 점이었습니다. 실제로 회사 내에 눈치 보지 않고 휴가를 갈 수 있는 분위기가 있었습니다. 혈기 넘치던 저는 정말로 마음이 생기면 바로 행동으로 실천하는 사람이었습니다. 지인이 이집트 출장을 가는데 방이 넓다고 같이 가자고 해서, 그다음 주 휴가를 내고 12개월 할부로 항공권을 끊어 따라갔습니다. 좀 극단적인 사례이긴 해도 휴가를 언제든 원하는 때 쓰는 것은 분명 큰 장점입니다. 사람에 따라 회사에서 이런 개인적인 선택을 할 수 있는지 여부가 중요한 기준일 수 있습니다. 저는 부서에서 독자적인 업무를 담당했기 때문에 내 일만 잘 끝내면 문제없을 거라 생각했습니다. 실제로 그랬고요.

직원이 휴가를 잘 보내고 와서 생산성을 올릴 수 있다면 휴가는 장기적으로 더 좋은 선택입니다. 최근에 회사의 동료 리더와 이런 이야기를 했습니다. 본인은 원래 휴가를 2~3일씩 쪼개서 썼는데, 최근에 5년 근속하면 나오는 한 달 휴가를 다녀오고 나서 생각이 바뀌었다고 합니다. 일주일 정도 지나니까 비로소 회사 일을 내려놓고 진짜로 쉴 수 있었다고요. 그래서 힘들더라도 팀원들에게 휴가는 쪼개 쓰지 말고 적어도 일주일을 통으로 쓰라고 권한다고 합니다. 휴가 다녀온 직원은 확실히 잘 쉬어서 생산성이 올라간다고 하네요. 그래서 휴가 간 직원의 일까지 본인이 하느라 힘들기는 해도 그렇게 하고 있다고 합니다. 장기적으로 팀에게 좋다는 판단이 들었기 때문입니다.

하지만 리더마다 생각이 다를 수 있습니다. 만약 당장 다음 주에 회사의 큰 행사가 있어서 모두 밤을 새우고 있다고 합시다. 그런데 이 와중에 팀원이 갑자기 연차를 쓰겠다고 합니다. 물론 연차를 쓰는 사정이야 있겠지만, 팀을 이끄는 리더로서 당황스럽습니다. 팀을 생각하라고, 지금 휴가를 쓸 때냐고 묻고 싶습니다.

직장인의 휴가는 근로기준법에서 보장하고 있습니다. 회

사가 날짜를 지정하거나 못 가게 하면 불법입니다. 관련 기준법에 근거하므로 어기면 과태료까지 물 수 있습니다. 다음의 휴가는 직원이 자유롭게 쓸 수 있도록 법으로 보장돼 있고, 나머지 휴가는 회사 취업 규칙에 따라 다릅니다.

- 근로기준법 : 연차유급휴가, 생리휴가, 출산휴가
- 남녀고용평등법 : 배우자 출산휴가, 난임치료휴가, 육아 휴직

어쩌면 당연할 수도 있는 이 질문에 대해 글을 쓰는 이유는 이 또한 원칙의 문제이기 때문입니다. 그리고 리더 역시 머리로는 알지만, 마음의 상처를 입을 수 있는 주제이기 때문입니다. 예전에는 삶보다 일이 우선이었다면, 오늘날에는 일과 삶의 균형이 중요합니다. 리더들은 한창 바쁠 때에도 연차휴가를 쓰는 직원을 지지해야 하는 상황에 놓입니다.

일이 많을 때 휴가 가는 상황을 생각해봅시다. 휴가를 미리 계획했던 직원 입장에서는 '1년에 몇 번이나 휴가를 간다고 하필 내가 휴가 갈 때 이렇게 일들이 겹치나?'라는 마음이 듭니다. 직원은 일과 삶에서 개인의 행복을 우선시하고, 전반적으로 삶을 무너뜨리지 않으면서 일을 하고 싶겠죠. 반대로 상사는 '1년이 365일인데 하필 이렇게 바쁠 때 휴가를 가나?'라는 마음이 들 것입니다. 원칙상은 직원이 개

인 휴가를 원하는 시기에 쓰는 게 맞는데 리더는 불편함을 느낍니다.

여기서 '일이 많은 것'에 대한 정의가 필요합니다. 만약 팀원이 일이 너무 많아서 휴가를 가지 못하고 일만 해야 하는 상황에 놓인다면 그건 그것대로 문제입니다. 그런 분위기가 조성되고, 그 분위기를 조장하는 사람이 리더라면 말이죠.

그게 아니라면 다음의 경우를 생각해봅시다. 일이 많지만 휴가를 갈 수도 있습니다. 다만 직원이 일을 내팽개쳐두고 가는지, 아니면 자신의 분량을 끝내고 가는데도 리더로서 불안한 것인지는 살펴봐야 합니다. 자기 업무에 대해 시간 약속을 해놓고 "제가 연차라서 내일까지가 원래 마감인데 못 할 것 같아요. 휴가 다녀와서 일주일 후에 할게요"라고 갑작스럽게 통보한다면 문제죠. 이는 팀 운영에 분명 마이너스입니다.

만약 그게 아니라 자기 일을 잘 처리하고 휴가를 가는데도 직원이 책임의식 없이 개인적인 일정만 우선순위에 두는 것 같아 불편하다면 여러분의 마음을 돌아볼 필요가 있습니다. 혹시 요즘 MZ세대의 특징이 이렇다더라 하는 선입견을 가지고 있지는 않나요? 개인주의가 강해서 남들이 어떻게 생각하든 자신을 최우선 순위에 둔다고요. 그러나 저는 MZ세대의 또 다른 특성에 주목하라고 말씀드리고 싶습니다. 그들은 예측 가능한 것을 좋아합니다. 따라서 휴가도 상사 눈치 보지 말고 떳떳하게 갈 수 있도록 공유하고 예측 가능하게 해주는 게 중요합니다. 이는 요즘 세대만의 특징이 아닐 수도 있습니다. 여러분도 20대에는 그랬을지 모릅니다. 시간이 흐르고 팀 리더라는 책임이 더해지면서 여러분의 가치관이 바뀐 것일 수도 있지요.

대기업의 사보를 제작하는 광고회사의 C팀장은 업무 성격상 항상 마감에 맞추어 일정을 짭니다. 그런데 청탁한 원고가 늦게 도착하기도 하고 제작 시에 종이 문제가 발생하기도 합니다. 따라서 휴가를 가더라도 돌발상황이 생기면 다시 돌아오거나 휴가지에서도 업무를 처리하는 등 책임을 다하는 것을 중시합니다. 그래서 C팀장은 "언제 휴가를 가도 좋다. 다만 최종 마감일 일주일 전에는 집안의 급한 일이 아니라면 함께 일하는 팀의 성과와 효율을 위해 되도록 휴가를 내지 말아달라"라고 솔직하게 말합니다. 문서로 명시된 회사 규정은 아니지만 팀원들도 이런 팀장의 커뮤니케이션에 동의를 표하고, 휴가 일정에 고려합니다.

회사의 규정을 넘어 팀에서 휴가 사용을 함께 논의하면서 팀만의 약속을 정해도 좋습니다. 사규처럼 꼼꼼하지 않아도 됩니다. 장기휴가는 한 달 전에 미리 알려달라, 팀원 전체의 휴가 사용 일정을 캘린더로 공유하자 등 예측할 수 있는 시스템을 만들면 서로의 불만이 줄어듭니다. 제가 일하는 팀에서도 휴가 시에 전체 팀 달력에 자신의 휴가를 업데이트하고, 휴가기간 동안 자신의 업무를 대리할 팀원을 지정해서 자동으로 메일 알림을 보내게 합니다. 덕분에 팀 내 효율이 더 높아지고 유연하게 일할 수 있습니다.

이렇게 규칙을 만들었는데도 지키지 않고 갑자기 휴가를 내는 직원이 생긴다면 바짓가랑이라도 붙잡고 싶겠지만 그건 어렵습니다. 괜한 속앓이를 하기보다는 일대일 면담을 통해 직원의 이야기를 들어봅시다. 업무량이 많은데도 연차를 낸 이유를 물어봅니다. 그 자리에서 피드백하려는 마음보다는 직원이 휴가를 가는 이유를 공유할 수 있도록 분위기를 만들어야 합니다. 직원의 답변이 마음에 들지 않을 수 있습니다. 이때도 즉각 반박하는 대신 협력하여 해결책을 모색해봅시다. 우선 부재중 업무 우선순위 및 마감에 대한 명확한 기대치를 설정합니다. 미룰 수 있는 사항, 즉각적인 조치가 필요한 사항, 제공할 지원사항을 명확하게 물어야 합니다. 이를 통해 직원은 팀워크 감각을 키우고, 자신의 업무가 인정받고 있으며 관리 가능하다고 확신하게 됩니다.

외국계 은행에서 기업금융을 담당하던 대학 동창은 매년 연말에 20일씩 휴가를 가곤 했습니다. 친구들은 그를 부러워했죠. 그런데 그 친구의 답변이 인상적이었습니다. 외국계 금융회사는 일부러 2주 이상의 휴가를 장려한다는 것입니다. 이 사람이 빠지더라도 업무가 진행될 수 있는지 점검해보고, 나중에 문제가 발생하거나 결원이 생겼을 때의 대비도 한다더군요. 장기휴가는 결과적으로 휴가를 통해 회사 운영 사항을 점검해볼 좋은 기회였습니다. 회사의 휴가는 구성원을 위한 선물 같지만, 아닙니다. 구성원은 휴가를 통해 다시 일할 에너지를 얻고, 리더인 여러분 역시 휴가로 결원이 생길 때 어떻게 팀을 운영해야 하고 어떤 대비책이 있는지 시험해볼 수 있습니다. 이번 기회에 팀원들과 휴가에 대해 허심탄회한 이야기를 나누어보세요.

업무가 바쁜데도 팀원이 휴가를 가는 상황은 리더로서 자신의 관점을 살펴보고 성장할 기회입니다. 언짢을 수도 있는 이 상황을 팀원을 이해하고 협력하는 모습을 보여주는 계기로 만들어봅시다. 리더는 생산성과 팀원들의 웰빙이라는 두 마리 토끼를 잡는 큰 그림을 그릴 수 있습니다. 여러분이 조금만 부드럽고 유연하게 사고한다면 말이죠.

리ㅣ더ㅣ를ㅣ위ㅣ한ㅣ팁

"바쁜데 당당히 휴가 가는 직원, 어떻게 이해해야 할까요?"

- 휴가는 생산성과 팀원들의 웰빙을 균형 있게 이끌 수 있는 좋은 주제다.
- 리더로서 나의 접근방식, 팀이 운영되는 방식은 어떠한지 살펴보자.
- 휴가에 대한 팀 내 합의점을 마련하자.
- 팀원의 관점을 이해하고 존중하되 열린 커뮤니케이션을 하자.

야근하는 직원만 야근하니 신경 쓰입니다

주52시간 근무제가 정착되고 워라밸이 중시되면서 야근을 당연시하는 문화는 사라졌다고 봐도 무방합니다. 야근은 '특별한 상황에서 피치 못해 하는 것'이라는 인식이 자리 잡았죠. 어떤 팀원은 무조건 칼퇴근을 합니다. 일이 남아 있어도 상관하지 않고 퇴근 시간이 되면 바로 일어납니다. 반면 어떤 팀원은 집에 가기 싫은 사람처럼 야근을 자주 합니다. 예전에는 야근 수당을 받으려고 일부러 일을 질질 늘이는 이들도 있었지만, 워라밸을 중시하는 요즘 세대들은 일이 많아서 할 수 없이 늦게까지 일하는 것이겠죠. 퇴근 시간이 지나서까지 더 일하는 열정을 뭐라고 할 수는 없지만, 누

군가가 자꾸 야근을 한다면 리더로서 신경 쓰이는 게 당연합니다.

우선 현재의 업무 분배에 문제가 있는 것은 아닌지 생각해봅시다. 어떤 일을 할 때는 '이 정도의 역량이 있는 사람이 이 정도의 시간을 투입하면 원하는 결과를 얻을 수 있다'라는 생각으로 업무량을 정합니다. 누군가 야근을 자주 한다면 애초에 그의 업무량 계산이 잘못됐겠죠. 일을 분배하는 리더의 잘못입니다.

때로는 돌발상황이 있을 수 있습니다. 갑자기 중요한 입찰공고가 떴는데, 좀처럼 오지 않을 기회여서 반드시 참여해야 한다면 "이번만 힘내서 해보자"라며 밤새워 준비할 수도 있습니다. 이런 일은 일상의 10%를 넘지 말아야 합니다. 특별한 상황이 하루가 멀다고 반복된다면 더 이상 특별한 상황이 아니죠. 업무량에 맞는 인원 충원을 요청하는 등 조치를 마련해야 합니다.

또는 유능한 팀원에게 일이 몰리기 때문일 수도 있습니다. '파킨슨의 법칙'을 아시나요? 영국의 행정학자 노스코트 파킨슨이 '공무원 수는 업무량과 관계없이 늘어난다'라는 사실을 통계적으로 증명하며 업무현장의 비효율을 꼬집은 법칙입니다. 여기서 다양한 파생법칙이 나왔는데, 그중에는 역[逆] 파킨슨의 법칙도 있습니다. 모든 일은 주어진 시간만큼 늘어지니, 급한 일은 바쁜 사람에게 시키라는 것이죠. 일이 많은 사람은 빨리빨리 일을 해치우고, 그럴수록 더 많은 일이 그 사람에게 몰리게 됩니다. 이래서야 야근을 피할 수 없겠군요.

어떤 이유에서든 의도치 않게 야근이 반복된다면 업무를 재분배해야 합니다. 일대일 면담을 통해 현재 상황과 피로도, 개선 의견 등을 듣고 업무를 조정해주세요. 필요하다면 팀의 업무 우선순위를 전체적으로 손봐야 할 수도 있습니다. 그래도 해야죠. 자칫하면 유능한 팀원이 소진될 수 있으니까요.

그런데 리더들과 대화를 하다 보면 일을 넘치게 주는 게 '옳은 리더십'이라고 생각하는 경우도 없지 않습니다. 쉽게 하기 어려운 도전적인 목표를 부여해야 문제해결력이 생기고 한 단계 성장할 수 있다는 생각에 의도적으로 일을 많이 주는 것이죠. 실제로 예전에 같이 일했던 리더는 직원들에게 항상 야근을 해야 처리할 수 있을 만큼 많은 일을 줬습니다. 그 팀의 직원들은 항상 고된 일에 시달려야 했죠. 한번은 제가 그 리더에게 물었습니다. "직원들에게 너무 많은 일을 시키는 것 아닙니까?" 그랬더니 이렇게 말하더군요. "리더는 직원들을 성장시켜야 합니다. 저 친구들의 업무 역량을 키워줘야 이 회사만이 아니라 다른 곳에 가서도 더 성장하고 연봉도 많이 받을 것 아닙니까? 그냥저냥 일하다 보면 도

시빈민만 됩니다." 그는 직원들의 성장을 위해 더 많은 일을 시켜야 한다고 강조했습니다. 하지만 정말 그럴까요? 학교 다닐 때 늦게까지 안 자고 공부한 학생의 성적이 반드시 좋지는 않았던 것처럼, 일을 많이 할수록 더 좋은 성과를 내고 그 사람을 성장시킨다는 것은 옳은 생각이 아닙니다.

한국 프로야구에서 뛰어난 성적을 올리고 미국 메이저리그에 진출한 이정후 선수의 인터뷰를 본 적이 있습니다. 야구 선수들은 배팅 연습을 합니다. 보통 선수들이 하루 평균 300번 정도 배팅 연습을 한다면 뛰어난 선수가 되고 싶은 사람은 어떻게 해야 할까요? '나는 400번 해야지!'라는 생각으로 연습할 겁니다. 그런데 이정후 선수는 다른 선수들이 배팅 연습을 300번 할 때 일부러 200번 정도만 했다더군요. 그는 이렇게 말했습니다.

"배팅 연습을 남들이 300번 할 때 저는 400번 해보기도 했는데, 점점 횟수만 채우게 되더라고요. 집중해서 하나하나 정성껏 배트를 휘두르는 게 아니라, 남들은 300번 할 때 나는 400번 했다고 말하려고 횟수만 채우는 것은 아무 의미가 없다고 생각했습니다. 연습이 되게끔 정확하게 배트를 휘둘러 보니 200번 하는 것이 훨씬 도움이 됐습니다."

야근이란 기본적으로 시간을 더 투입하는 일입니다. 양적인 노력을 늘리는 것인데, 보통의 경우 단지 시간 때우기가 되기 쉽습니다. 에너지 총량의 법칙과 비슷하게 사람들이 이야기하는 법칙이 있습니다. 대표적인 것이 '또라이 총량의 법칙'입니다. 어디를 가나 '또라이'가 일정 비율로 있다는 거죠. 만약 우리 조직에는 또라이가 없다는 생각이 든다면 내가 또라이일 가능성이 높다는 우스개도 있습니다. 이런 총량의 법칙이 업무량에도 적용됩니다. '업무량 총량의 법칙'이라고 하죠. 아무리 야근을 해도 내가 처리하는 업무의 총량은 일정하다는 겁니다. 야근을 하면 그다음 날 업무 효율이 낮아져서 결국 전체 업무량은 일정해집니다.

그렇다면 야근하지 않고도 어떻게 업무 성과를 올릴 수 있을까요? 야근 대신 우리는 시간을 효율적으로 관리하고 몰입도를 높여야 합니다. 단순히 시간만 투입하기보다 직원들이 자신의 에너지를 업무에 쏟게 하는 것이 중요합니다.

에너지를 분산하지 않고 집중하는 일의 중요성을 보여주는 단순한 연구 하나를 소개합니다. 플로리다주립대 로이 바우마이스터 교수가 학생들을 대상으로 한 실험입니다. 첫 번째 그룹에는 어려운 수학문제를 푸는 동안 과자를 먹어도 된다고 했습니다. 학생들은 대략 20분 정도 풀다가 포기했습니다. 두 번째 그룹의 학생들에게는 과자를 먹을 수 없으면서 어려운 수학문제를 풀게 했습니다. 학생들은 8분 정도 문제를 풀다가 포기했습니다. 연구팀은 "쿠키의 유혹을 견디는 데 의지력을 많이 썼기 때문에 수학문제 해결에 쓸 에너지가 그만큼 고갈된 것"이라고 설명하더군요. 이것을 회사에도 적용할 수 있지 않을까요? 단순히 시간을 더 많이 투여하는 게 아니라, 일하는 동안 몰입해 업무에 에너지를 쏟는 것이 더 바람직합니다. 업무 효율을 높일 필요가 있다는 데 팀원들도 공감한다면, 함께 구체적인 방법을 토론해보세요.

양보다는 질, 근면성보다는 창의성이 강조되는 시대입니다. 이런 질문을 해보세요. '야근이 창의성과 어울리는 단어인가?' '야근이 스마트한 인재와 어울리는 단어인가?' 야근을 통해 업무 성과를 높이고 성장한다는 발상은 옳은 접근이 아닙니다. 시대 변화에 걸맞은 마인드 변화가 필요한 때입니다.

리 | 더 | 를 | 위 | 한 | 팁
"야근하는 직원만 야근하니 신경 쓰입니다."
- 야근이 반복된다면 업무 재분배가 반드시 필요하다.
- 양적인 노력보다 질적인 효율성을 꾀하자.

직급과 업무 난이도가 다른데,

어떻게 평가해야 공정할까요?

평가에 대한 구성원의 가장 큰 불만은 객관적이지 않다는 것입니다. 승진할 때가 된 고참이나 주요 업무를 하는 팀원에게 좋은 평가를 주는 일이 종종 벌어지기 때문이죠. 이런 '관행'을 지켜보는 팀원 입장에서는 평가가 객관적이지 않다고 느껴집니다. 그럼 어떻게 해야 객관적으로 평가할 수 있을까요?

상사를 고민하게 만드는 상대평가의 문제는 비교 대상이 적합한가 하는 것입니다. 과거에는 사원은 사원과, 대리는 대리와 비교했습니다. 대리를 차장과 비교하기는 어렵다고 생각했죠. 따라서 한 사업부의 대리 간에 비교해서 A, B, C

를 매겼습니다. 같은 임원 밑에서 근무하는 동일 직급끼리 비교하도록 한 것입니다. 같은 사업부라 해도 부서가 다른 대리 간에 비교하기는 쉽지 않습니다. 사업부장이라고 해도 자기 사업부의 대리들을 속속들이 알고 있는 건 아니니까요. 그래서 사업부의 부서장들이 모여서 일종의 평가위원회를 합니다. 그러면 자기 부서의 대리가 좋은 평가를 받게 하려고 다툼이 일어나기도 했습니다. 그 결과 이런 방식은 사라졌고, 이제는 부서 내에서 평가등급을 배분하는 것이 일반적입니다.

부서 내에서 비교하는 것은 문제가 없을까요? 그렇지 않습니다. 신입사원과 고참 차장의 업무 내용과 역량은 다릅니다. 신입사원은 선배를 돕는 역할을 하는 반면, 차장급은 부서 전체의 성과에 큰 영향을 주는 업무를 합니다. 업무의 경중이 다른데 아무리 차장의 성과가 신통치 않고 신입사원이 일을 잘했다 해도 같이 B를 받게 하는 건 팀장이 보기에 마땅치 않다는 생각이 듭니다. 그렇다면 신입사원은 아무리 일을 잘해도 C를 받아야 하는 걸까요?

물론 신입사원과 차장의 업무는 가치가 다릅니다. 그렇지만 평가의 대상은 업무의 가치가 아니라 어디까지나 업무의 성과입니다. 업무의 성과는 리더와 구성원이 합의한 일을, 합의한 수준으로, 합의한 일정 내에 완료했느냐로 판가름 납니다. 즉 성과는 목표 대비 실적을 의미합니다. 신입사원은 약속한 일을 약속한 수준대로 약속한 일정 내에 완료했는데 차장은 그렇지 못했다면 신입은 A를 받고 차장은 B를 받을 수 있습니다. 평가에 영향을 주는 것은 업무나 직급이 아니라 성과여야 합니다.

업무의 가치와 직급을 따져서 평가하다 보면 승진할 때가 된 구성원에게 평가를 잘 주는 경향이 나타나게 됩니다. 신입사원이 높은 성과를 거두었지만 핵심 업무를 하는 선배에 밀려 B나 C를 받다가, 대리 승진이 다가오면 A를 받게 되는 것이지요. 이렇게 평가는 의미가 없고, 동기부여도 되지 않습니다. 그냥 직급과 연차가 낮을 때는 낮은 평가를 감내하다가 승진이 다가오면 높은 평가를 받겠거니 할 테니까요. 한번 이런 의식이 조직에 뿌리내리면 개선하기도 쉽지 않습니다. 이제부터 승진 여부에 관계없이 엄격하게 성과를 따져 평가하겠다고 하면 그동안 손해 보다가 승진할 때가 되어 좋은 평가를 기대했던 구성원들은 억울해지기 때문입니다.

그렇다면 어떻게 해야 객관적인 평가가 될까요?

첫째, 가능한 한 구체적으로 목표를 세웁니다.

목표에는 무엇을, 어떤 수준으로, 언제까지 달성할 것인지가 담겨 있어야 합니다. 즉 목표는 양과 질이 균형을 이루고, 구체적이고, 정량화되어야 합니다. 정량화가 어렵더라도, 가능하면 정량화해야 한다고 말씀드릴 수밖에 없습니다. 사실

대부분의 목표와 성과는 정량화할 수 있습니다. 정량화가 어렵다고 하는 건 성과가 아니라 노력의 요소를 포함시키려 하기 때문입니다.

영업팀 A과장의 연간 매출 목표가 10억 원이라고 합시다. 연말까지 10억 원의 매출과 함께 입금 7억 원 이상, 악성 매출채권은 없는 것으로 구체적인 목표를 수립해야 합니다. 양적인 목표인 매출액 10억 원을 입금과 매출채권이라는 질적인 목표로 균형을 잡아주어야 합니다. 기획팀 B차장의 업무 목표가 특정 신규사업의 계획을 수립하는 것이라고 해볼까요? 연말까지 사업계획서를 만들어 부서장에게 제출하기만 하면 되는지, 이사회의 승인까지 받는 게 목표인지 명확하게 해야 합니다.

둘째, 목표와 대비해서 평가합니다.

어떤 일을, 어떤 수준으로, 언제까지 하겠다는 목표와 그 실적을 비교해서 평가해야 합니다. 목표 대비 실적은 업무의 난이도나 중요도와 상관이 없습니다. 그리 중요하지 않은 업무라도 목표를 넘어서면 A를 받아야 하고, 엄청나게 중요한 업무라도 기대에 미치지 못하면 C를 받는 것이 공정한 평가입니다.

셋째, 수명受命업무에 대해 인정합니다.

비즈니스 환경은 변화무쌍하여 때때로 돌발적인 업무가 생기기 마련입니다. 이처럼 상부에서 갑작스레 주어지는 업무는 연초에 만드는 업무계획에 당연히 포함되지 않겠죠. 부서에 따라 일상업무 외에 수명업무가 많은 곳이 있습니다. 수명업무를 기록에 남겼다가 평가에 반영한다면 구성원들은 자신이 한 일에서 공정하고 객관적인 평가를 받고 있다고 생각하게 됩니다.

인사제도에 대해 설문조사를 해보면 어느 회사든 평가제도에 불만이 가장 크게 나타납니다. 완벽한 평가제도를 갖고 있는 회사는 없습니다. 가능한 한 합리적인 제도를 만들려고 노력할 뿐이죠. 이 노력을 구성원들이 헤아려주지 않는다고 아쉬워할 이유는 없습니다. 그만큼 평가가 구성원들에게 첨예한 문제이기 때문입니다.

리 | 더 | 를 | 위 | 한 | 팁

**"직급과 업무 난이도가 다른데,
어떻게 평가해야 공정할까요?"**

- 업무 목표를 가능한 한 구체적으로 세운다.
- 반드시 목표와 대비해서 평가한다.
- 수명업무에 대해 인정한다.

먼저 평가 전반에 대해 생각해봅시다.

평가는 대개 성과에 대한 평가와 역량에 대한 평가로 나누어집니다. 성과평가는 구성원의 업무 결과 즉 실적을 평가하는 것이고, 역량평가는 업무를 하는 실력과 태도를 평가하는 것입니다. 요즘은 역량평가를 별도로 하지 않고 성과평가만 하는 회사도 있습니다. 성과에 역량이 반영된다고 보기 때문입니다.

평가하는 방식에는 상대평가와 절대평가가 있습니다. 거의 대부분의 회사가 상대평가를 하지만, 최근 절대평가를 하는 회사도 생기고 있습니다. 절대평가는 다른 구성원과 비교하지 않고 점수나 등급을 부여하는 평가입니다. 부서의 구성원 모두가 잘했다고 생각하면 모두 A를 받을 수도 있고, 90점을 받는 동점자가 나올 수도 있습니다. 학교 때 시험성적이라고 생각하면 됩니다.

상대평가는 평가등급의 구성비를 정해두고 하는 평가를 말합니다. 등급별로 강제적으로 구성비를 배분한다고 해서 강제배분이라고도 합니다. 예를 들어 회사가 구성원의 10%에는 A등급, 20%에는 B등급, 60%에는 C등급, 10%에는 D등급을 주도록 정했다고 합시다. 평가자가 판단하기에 모든 구성원이 우수한 성과를 거두었으므로 A나 B를 주고 싶지만 그렇게 할 수는 없습니다. 누군가에게는 C나 D도 주어야 합니다.

무리한 '줄 세우기'라 생각하는 분도 있을 것입니다. 네, 줄 세우기 맞습니다. 회사는 평가를 통해 구성원의 성과에 상대적인 순위를 매깁니다. 이는 잘하는 구성원과 그렇지 않은 구성원 간의 차이를 드러내는 일입니다. 구성원 간의 차이는 성과급이나 급여 인상 등 보상을 책정하거나 승진을 결정하는 데 반영됩니다. 즉 상대평가를 하는 이유는 차이를 만들기 위해서입니다.

질문하신 회사는 절대평가를 하는 회사로 보입니다. 다른 팀장들은 C를 주지 않는다고 했으니 A나 B를 준다는 뜻이지요. 짐작건대 그중 대부분은 A를 줄 것 같습니다. 팀원들의 차이가 드러나지 않는 이런 평가는 엄밀히 말해 개인평가가 아니라 팀장 자신의 부서평가입니다. 줄 세우기를 비판적으로 바라보는 조직에서는 개인평가 대신 조직의 성과에 보상하는 정책을 채택하기도 합니다. 구성원 개인의 성과가 아니라 회사나 부서의 성과에 따라 모든 구성원이 동일하게 보상받는 것을 선호하는 사람도 있습니다.

개인평가 없이 부서평가만 있다면 어떤 장점과 단점이 있을까요?

부서평가만 있는 회사의 구성원들은 부서의 목표달성을 위해 노력합니다. 개인보다 부서의 성과를 위해 협조하게 됩니다. 반면에 열심히 일하지 않고 소위 묻어가는 구성원이 생깁니다. 프리라이더free rider라고 하지요.

가장 큰 단점은 개인의 성과 차이를 인정하지 않음으로써 구성원이 공평하지 않다고 생각할 여지가 크다는 것입니다. 내가 동료보다 더 열심히 일해서 성과를 더 냈는데 왜 같은 보상을 받아야 하느냐는 불만이 나올 수 있죠. 그 결과 일을 열심히 하지 않거나 자신을 대우해주는 곳을 찾아 떠나게 됩니다. 사람의 본성은 이기심입니다.

저는 이 회사의 평가 철학이 무엇인지 궁금합니다. 왜 평가를 하는 걸까요? 절대평가를 한다고 해서 모든 구성원을 동일하게 평가해도 된다는 뜻은 아닙니다. 그런 평가는 아무 의미가 없기 때문입니다. 그렇게 평가하는 것은 리더의 의무를 저버리는 행위입니다. 그럼에도 그런 평가 관행을 용인하는 이 회사는 평가 결과를 승진이나 보상에 사용하지 않는 것으로 보입니다.

모든 구성원을 동일하게 평가하는 리더를 잘한다고 이야기할 수는 없습니다. 그렇지만 회사의 평가 철학을 고려한다면 질문한 리더가 굳이 C를 줄 필요도 없어 보입니다. 구성원을 평가할 때 그냥 A나 B를 주어도 좋을 듯합니다. 대신 평가면담을 할 때 A를 받은 구성원에게는 A+인지 A-인지, B를 받은 구성원에게는 B+인지 B-인지 이야기해주세요. 즉 공식적으로는 A나 B를 주어도 본인이 상대적으로 어떤 평가를 받고 있는지를 알게 할 필요가 있습니다.

리│더│를│위│한│팁

"다른 팀장과 달리 저만 C를 준다고 불만입니다."
- 회사의 평가에 대한 원칙과 철학이 무엇인지 생각해본다.
- 평가제도의 역할과 의미에 대해 회사에 질문한다.
- 공식 평가 결과를 세분화해서 이야기해준다.

노력은 칭찬했지만

성과평가는 B를 주었더니 항의하네요

평가나 발령 같은 인사 문제에서 중요한 것은 '예측 가능성'입니다. 지방 공장에 근무하는 사원이 인사발령을 보고 자신이 다음 주부터 차로 3시간 떨어진 서울 본사에서 근무한다는 사실을 알게 된다면 묵묵히 받아들일까요? 평가도 마찬가지입니다. 평소에 팀장으로부터 잘하고 있다는 칭찬만 받아서 A등급은 당연하고, 드물다는 S등급도 가능하지 않을까 기대하던 팀원이 B를 받으면 마음이 편할 수 없습니다. 평가 결과가 구성원 자신의 예상과 크게 다르지 않았다면 C가 나왔다 한들 불만은 없었겠지요. 물론 팀원이 기대하는 결과와 실제 평가 결과가 항상 일치할 수는 없습니다. 그러나 그 차이가 현격히 크면 팀원이 불만을 갖게 되고 평가 결과도 받아들이려 하지 않습니다.

따라서 리더는 구성원의 기대 수준과 현실과의 차이를 좁혀야 합니다. 이를 위해 리더는 다음의 두 가지 노력을 해야 합니다.

첫째, 평가기간 중에 즉 평소에 구성원의 성과와 조직 내 위치를 솔직하게 피드백해야 합니다.

정기적 또는 부정기적으로 일대일 면담을 하면서 팀원의 성과에 대해 대화합시다. 이때 칭찬과 격려와 함께 부진한 성과나 개선사항에 솔직한 피드백을 함으로써 성과와 평가에 대한 팀원의 기대를 적절하게 유지시킵니다.

리더는 칭찬과 격려를 아끼지 말아야 한다고 합니다. 맞습니다. 그런데 칭찬과 격려만 강조되다 보니 개선점에 대한 피드백에 소홀해지는 경향이 있습니다. 구성원의 문제나 잘못을 말하는 것은 리더도 불편합니다. 남에게 싫은 말을 하는 게 좋을 리 없죠. 부정적 피드백이 어렵기도 하고, 칭찬과 격려를 듣다 보면 좋은 성과가 나올 거라는 믿음에 많은 리더들이 쓴소리는 놔두고 칭찬만으로 피드백을 마칩니다. 그럴수록 이번에는 좋은 평가를 받을 수 있으리라는 팀원의 기대는 높아지기만 합니다. 면담 시에 칭찬과 격려와 함께 부정적인 면에 대한 피드백도 잊지 않아야 합니다.

둘째, 구성원에게 평가제도를 이해시켜야 합니다.

앞에서 말했듯이 조직 구성원에 대한 평가는 두 가지입니다. 하나는 역량평가, 다른 하나는 성과평가입니다. 성과평가는 약속한 성과에 대한 평가입니다. 물론 구성원은 자신의 노력도 인정받고 싶겠지만, 성과평가는 결과에 대한 평가라는 점을 분명히 해야 합니다.

노력과 성과는 일치하지 않을 수 있습니다. 아무리 노력해도 성과는 나쁠 수 있습니다. 나의 노력 외에도 일의 성과에 영향을 미치는 요소가 있기 때문입니다. 바로 환경이나 운입니다. 예를 들어볼까요. 영업팀 A대리의 목표는 제품 5만 대 판매였습니다. 협력업체의 파업으로 부품 조달이 안 돼 수주는 5만 대를 했는데 5000대를 출고하지 못해서 판매실적은 4만 5000대에 그쳤습니다. A대리는 5만 대를 수주했고 협력업체의 파업은 그의 책임이 아니니 A대리가 목표를 달성하지 못했다고 하는 건 공정하지 않을까요? 한편 B대리의 목표는 3만 대였습니다. 그런데 경쟁사의 화재로 예상치 않게 1만 대의 매출이 추가돼 4만 대의 실적을 올렸습니다. 1만 대 매출은 B대리 자신의 노력 때문이 아니니 그가 목표를 초과 달성한 게 아니라고 해야 공정할까요? 성과평가를 할 때 노력보다 성과를 보는 이유가 바로 이런 것입니다. 노력이나 운을 성과와 구분해서 보기가 어렵기 때문입니다. 또한 노력은 성과에 종합되어 나타납니다.

리더가 평가에 대해 구성원에게 인식시켜야 할 다른 하나는 상대평가입니다. 팀에서 A를 줄 사람의 수는 정해져 있습니다. 내가 A를 받으면 다른 동료가 A를 받지 못합니다. 누가 A를 받을지 정하는 것은 팀장입니다. 내 입장에서는 공정하지 않다고 생각할 수 있습니다. 그렇다면 절대평가를 해서 동료와 내가 같이 A를 받았다고 합시다. 동료는 자신이 더 높은 성과를 냈는데 왜 같은 평가를 받았느냐고 불평할지 모릅니다. 내가 그렇게 생각할 수도 있고요.

상대평가에서 B를 받고 불평하는 구성원에게는 평가의 의미를 이해시킬 필요가 있습니다. 즉 목표 대비 실적에 대한 평가이고, 노력이 아니라 결과에 대한 평가라는 것을 이해시켜야 합니다.

평가는 어렵습니다. 더 나은 제도를 고민하며 꾸준히 설득할 수밖에 없습니다.

리 | 더 | 를 | 위 | 한 | 팁

**"노력은 칭찬했지만 성과평가는
B를 주었더니 항의하네요."**

- 평가기간 중에 구성원의 성과에 대해 지속적으로 피드백한다.
- 긍정적 피드백만이 아니라 개선점도 피드백하여
  기대와 현실과의 차이를 좁힌다.
- 구성원에게 평가제도를 이해시켜야 한다.

평가면담을 어떻게 해야 할까 고민입니다

학생은 시험만 안 보면 할 만하고, 국회의원은 선거만 안 하면 좋은 직업이라고 하지요. 리더들이 가장 힘들어하는 게 평가, 평가면담인 것 같습니다. 높은 평점을 받은 사람보다 낮은 평점을 받은 사람이 더 많을 수밖에 없는 게 조직의 현실입니다. 모두가 만족하는 평가제도는 세상천지에 없을 겁니다. 그렇다고 손을 놓고 울분이 사그라들기만을 눈치 보며 기다릴 수도, 오롯이 팀장에게 피드백의 부담을 지우는 인사팀을 원망할 수도 없습니다.

업종, 규모와 상관없이 구성원들의 불만은 대동소이하더군요. 앞에서 성과평가의 다양한 이슈를 살펴보았지만, 한마디로 공정성의 문제입니다.

첫째, 기회가 평등한가입니다. 빛나는 일, 회사의 주력 업무, 리더의 관심 프로젝트를 맡아서 하는 사람이 유리하겠죠. 또 초기에 실수하는 바람에 일 못하는 사람으로 찍혀서 중요한 일을 맡을 기회가 줄어들어 정말 저성과자가 되는 낙인효과에 대한 불만도 자주 등장합니다.

둘째, 기준과 절차가 투명한가입니다. 우리 팀장과 옆 팀장의 기준이 다르고, 예전 리더와 지금 리더의 기준이 다릅니다. 또 음지에서 묵묵히 일하는 성실한 팀원보다 자기 홍보에 능한 팀원이 평가를 잘 받더라며 도대체 성과 기준이 뭐냐고 불만을 표하기도 합니다.

셋째, 평소 리더의 피드백과 일치하는가입니다. 평소 '잘하고 있다'고 칭찬하고서 왜 정작 고과는 나쁘게 주느냐는 것이지요. 또는 세밀한 평가를 할 만큼 리더가 나를 잘 알고 있는가에 대해서도 문제를 제기합니다.

이 모든 불만의 행간에는 '비교'란 전제가 깔려 있습니다. 나보다 못하는 동료, 내 일보다 중요하지 않은 일… 공정성이 어려운 것은 '남과의 비교'가 작용하기 때문입니다.

요즘 공정성에서 새롭게 부각되는 이슈가 분배, 절차 외에 상호작용의 공정성입니다. 평가는 뛰어난 사람과 덜 뛰어난 사람을 구분합니다. 하지만 피평가자가 요구하는 대로 그들 사이를 가르는 선이 매끈하게 그어지는 것도 아니고, 기준을 명문화하기도 힘듭니다. 객관화할 수 없는 분야를 객관화하려니 버그가 발생할 수밖에요. 그래서 공정성은 사실보다 인식이 중요합니다. 제도를 투명하고 공평하게 운영하는 방향으로 수렴해가지만 늘 허점은 존재합니다. 그 허점을 메워주고 온기를 불어넣는 것이 바로 상호작용, 즉 대화입니다.

공정성 이슈를 제도의 미비나 기계적 형평성 맞추기로만 생각하는 리더들에게 제가 코칭하며 종종 들려드리는 이야기가 아이아스 딜레마입니다. 아이아스 딜레마란 '트로이의 목마'를 생각해낸 전략가 오디세우스와 용감한 장수 아이아스 사이에서 보상을 두고 벌어진 갈등을 말합니다. 전쟁에서 승리 후, 그리스군 총사령관 아가멤논은 전리품인 아킬레우스의 갑옷을 하사하기로 하고 공정함을 기하고자 배심원들의 투표에 부칩니다. 그 결과 오디세우스가 갑옷 주인이 되자 아이아스가 배신감에 반란을 일으키고 결국 자결한다는 비극적인 이야기입니다. 평가 보상에서 형평성이 중요하긴 하지만 온전한 해결책이 될 수는 없습니다. 저성과자란 점이 '객관적으로' 증명되면 과연 마음이 편할까요? 객관적일수록 좌절은 더욱 클 수 있습니다.《아이아스 딜레마》의 저자 폴 우드러프 교수는 이렇게 말합니다. "제도만으로 사람의 마음을 움직이게 할 수는 없다. 진정한 정의는 사회구성원들이 공유하는 지혜다. 사회구성원들이 분노를 사라지게 하거나, 적어도 누그러뜨림으로써 분쟁을 해결하는 것이다."울분을 토하는 것은 낮은 평점이나 보잘것없는 보상 못지않게 자신의 노력이 인정받지 못했다는 섭섭함도 작용하니까요.

그런 점에서 평가면담의 중요성은 아무리 강조해도 지나치지 않습니다. 회사의 평가제도와 인사시스템을 바꾸는 것은 사장도, 심지어 기업의 오너도 쉽지 않습니다. 개별 구성원이 바꿀 수도 없습니다. 팀장으로서 여러분이 할 수 있는 일은 팀원이 볼 수 없는 맹점을 짚어주는 것입니다. 마음에 바위를 얹은 듯한 평가면담이라고 기피하거나 요식절차로 넘기기보다 잘 활용해야 할 이유입니다. 면담에서 반드시 해야 할 일과 피할 일을 함께 살펴보겠습니다.

첫째, 일정을 미리 합의하고 질문을 사전 공유합니다.

평가면담을 하면서 일정을 리더 중심으로 일방 통보하는 것은 절대금물입니다. 가뜩이나 둘 사이에 불편의 강이 흐르는데 징검다리를 치우는 격입니다. 상대에 대한 존중은 모든 소통에서 중요하지만 특히나 평가면담에서는 아무리 강조해도 지나치지 않습니다.

일정을 조정할 때는 인적사항과 개인 면담일지 등을 충분히 파악한 후, 사전질문을 미리 공유해 토의사항을 간단하게라도 정리해오게 합니다. 대략 이런 주제에 대해 다루게 됩니다.

- 연초의 목표와 달성 정도는?
- 이번 성과지표에 대해 느낀 점은? (잘했던 점과 아쉬운 점)
- 내년 계획과 실행방법은?

이를 중심으로 과거, 현재, 미래의 흐름으로 면담을 진행합니다. 물론 리더도 구성원의 장점과 보완사항을 미리 정리해가야 합니다.

둘째, 성과자 수준별로 면담의 초점을 달리합니다.

고성과자는 개인에 대한 인정과 칭찬만 하지 말고 조직과 팀원에 미친 긍정적 영향과 기여에 감사를 표하면 좋습니다. 사실 힘든 것은 저성과자에 대한 면담인데요. '어른처럼 대하라'는 말을 기억하면 좋겠습니다. 진정으로 어른처럼 대하는 행동은 구렁이 담 넘어가듯 대충 회피하거나 우쭈쭈 달래주는 게 아니라, 현실을 직면하게 하고 구체적인 개선사항을 알려주는 것입니다.

저성과 자체를 문제 삼기보다는 저성과의 원인이 무엇인지 질문을 통해 탐색하고, 앞으로 어떻게 개선할지 본인이 결심한 바를 듣고, 리더로서 개선사항을 구체적으로 제안하고, 개선에 대한 기대를 표해야 합니다. 자칫 저성과자에게는 시정할 점만 나열하고 미래에 대한 기대나 목표 실행은 언급하지 않기 쉬운데, 오히려 더 강조해주어야 합니다.

셋째, 면담대화법을 숙지합니다.

BMW 대화라고 들어보셨나요? 비난하고blaming 탄식하고 mourning 칭얼거리는whining 대화를 뜻합니다. 리더든 구성원이든 평가면담에서 이런 식의 대화는 금물입니다. 그보다는 심호흡하고breathe 전향적으로 행동하며move 적극적으로 탐색하는wander 긍정적 BMW 대화법을 사용해보세요. 평가면담에서 피평가자는 불완전한 평가제도, 오류, 평가자의 주관 등을 직간접으로 비난하기 마련입니다. 그런가 하면 평가자는 상대방을 저성과자로 못 박아놓고 무조건 부담스러워하거나, 이번 승진자가 있어서 밀어주느라 어쩔 수 없었다는 식의 핑계를 댑니다. 더러는 '평가는 다 그런 거야'라며 찍어누르기도 하고요. 모두 바람직하지 않습니다. 그 대신 '좋아요' '맞아요' '그래요'라는 키워드로 생산적인 평가면담을 만들어보는 것은 어떨까요?

- 좋아요 : 거기에서 한발만 더 나아갈 방법은 어떤 게 있을까요?
- 맞아요 : 지금까지 해온 실행에 무엇을 하나만 더 보태면 목표달성을 할 수 있을까요?

• 그래요 : ○○님이 말한 상황 때문에 성과를 내기 힘들었
군요. 내년에 그런 상황을 더 잘 헤쳐가려면 어떻게 하면
될까요?

'포상은 몇몇 소수에게 돌아가더라도 존중은 모두에게 줄
수 있다'는 것이야말로 따뜻한 공정이 아닐까요. 평가면담
에 자신감이 좀 붙으셨는지요.

리|더|를|위|한|팁
"평가면담을 어떻게 해야 할까 고민입니다."
- 사전준비가 반이다.
- 고성과자, 중성과자, 저성과자 등 역량별로
  면담의 초점과 방법을 달리하자.
- BMW의 법칙으로 진행하자.

PART 4

팀과 함께 성숙하는 리더

공감하고 배려해도
팀원들이 호응하지 않습니다

요즘 리더십 하위평가를 받는 리더들을 코칭해보면 새로운 현상이 보입니다. 예전에는 카리스마로 밀어붙이며 스스로 전지전능하다는 착각에 빠진 '갓god 콤플렉스' 유형이 많았다면, 요즘은 사람들을 의식하고 사랑받길 원하는 '굿퍼슨good person 콤플렉스'형 리더들이 많습니다. 이들은 구성원을 바람 불면 날아갈까, 툭 치면 쓰러질까 조심조심 대우하며 싫은 소리를 못 하고, 갈등과 마찰을 회피합니다. 웬만하면 자신이 힘든 일을 떠맡기 일쑤고요.

문제는 구성원들은 동상이몽의 해석을 한다는 점입니다. 리더는 구성원을 존중하고 공감하며 최대한 잘해준다고 생각하는데, 그런 리더를 구성원들은 우유부단하고 일을 나눌 줄 모르며, 조직의 규율을 바로 세우지 못한다고 보는 것이지요.

구성원에게 공감하는 일은 중요합니다. 그러나 리더에게 더 중요한 것은 구성원이 성과를 내고 성장하는 데 어떤 도움을 주는가입니다. 그저 시간 내서 만나고, 이야기 들어주고, 리더 혼자 일을 떠맡아 한다고 만사형통이 되는 게 아닙니다. 잘해주는데도 구성원들과 벽이 있고 인재 이탈이 개선되지 않는다면 누구를 위한 공감이고, 무엇을 향한 공감인지 성찰해볼 필요가 있습니다. 본인이 생각하는 공감이 진짜 공감이 맞는지 돌아보는 것이지요. 어쩌면 공감을 가장한 사이비 공감일 수도 있지 않을까요? 친구 같은 리더는 물론 좋지만, 친구와는 엄연히 다릅니다. 바나나맛우유와 바나나 우유가 확실히 다른 것처럼요.

자원과 지원을 등한시한 채 영향력을 발휘하지 않는 리더십은 아무리 따뜻해봐야 바나나맛우유 같은 사이비 공감이라고 생각합니다. 《실리콘밸리의 팀장들》의 저자 킴 스콧은 이를 '파괴적 공감'이라며 강하게 비판합니다. 단지 인기를 얻고 싶어서, 또는 문제를 직면하는 불편함이 싫어서 리더의 책임을 회피한 사이비 공감이기 때문입니다. 미국의 경영칼럼니스트 그렉 맥커운은 "좋은 상사가 당신의 경력을 망가뜨린다"라고까지 말합니다. 그는 애플, 시스코, HP 등

100개가 넘는 기업의 관리자 1000여 명의 데이터를 수집해 연구하여 "과다통제 리더 못지않게 과소통제 리더도 위험하다"라는 결론을 냈습니다.[1] 당초 그는 독단적인 리더가 구성원 성장에 부정적 영향을 미칠 것이라는 가설을 세우고 연구를 시작했습니다. 그런데 막상 진행해보니 친절한 리더들의 폐해도 같은 비율로 크더란 것이죠. 항상 좋은 게 좋다는 식으로 노력할 자극도, 개선할 요구도 하지 않고, '지금 이대로 충분하다'는 말만 함으로써 구성원 개인에겐 커리어 정체, 조직에는 성과 지체 현상을 빚게 하기 때문이지요. "독단적인 리더는 주위에서 경고 사인이라도 들어오지만, 이들은 스스로를 '공감하고 화합하는 좋은 리더'라고 여겨 위험 시그널을 자각하지도 못해 더 폐해가 크다"라고 지적합니다.

과거에는 공감이 희귀재였지만 요즘은 그렇지 않습니다. 카리스마형 리더가 대세인 예전에는 공감을 살짝만 보여주어도 구성원들이 감동해 효과를 볼 수 있었습니다. 그러나 공감형 리더가 보편재가 된 지금은 그것만으로는 부족합니다. 리더십은 영향력인데 자원과 지원이 빠진 공감 리더는 마이너스 통장과 다를 바 없습니다.

제가 여러 상황을 접하며 관찰한 공감 유형은 겉으로는 비슷하지만 들여다보면 그 원인은 다 다르더군요. 유형별로

---

1 그렉 맥커운, "좋은 상사가 당신의 경력을 망가뜨린다", 〈하버드비즈니스리뷰〉 2013년 9월.

다음과 같이 이름 붙일 수 있습니다.

첫째는 허니문 공감입니다. 신임 리더라서 아직 파악이 안 됐다고 생각해 문제점을 발견해도 눈치를 보며 다 수용하는 경우입니다. 아직 신임인데 벌써부터 문제를 지적하면 알지도 못하면서 간섭한다고 할까 봐 허니문 동안 한시적으로 참는 경우지요. 이를테면 관망형 공감을 한다고나 할까요.

둘째는 생계형 공감입니다. 일은 많고 사람은 부족한데 여기서 더 드라이브를 걸거나 지적하면 폭발할지도 모른다고 생각해 문제를 회피하는 것이죠. 실제로 많은 리더들이 가뜩이나 힘든데 자칫하면 오히려 덧난다고 걱정하곤 합니다. 문제인 건 알지만 어쩔 수 없다는 입장이지요.

셋째는 선천적 공감입니다. 마찰이나 갈등상황, 상대의 힘듦을 다른 사람보다 더 직관적으로 느껴 작은 일에도 크게 반응하는 유형입니다.

넷째는 회피형 공감입니다. '입 아프게 말해봐야 달라질 것도 없고, 내 평판만 나빠지는데 굳이…'라며 괜히 맞섰다가 수습도 안 되느니 그냥 참거나 덮는 게 낫다고 생각하는 유형입니다. 어차피 시간이 지나면 구성원들도 성장하고, 조직이란 게 내가 힘주지 않아도 굴러가게 돼 있다고, 마치 여우의 신포도처럼 해보지도 않고 미리 실패비용 견적을 뽑아서 회피하는 것이죠.

다섯째는 만사형통형 공감입니다. '내가 이렇게 공감해주면 알아서 감동받아 변화하고 성과도 낼 것'이라 생각하는데요. 이런 리더일수록 나중에 "이럴 줄 몰랐다, 당신마저!"라며 배신감을 토로하는 경우가 많습니다. 인디언 기우제처럼 기한도, 대책도 없는 리더를 믿고 따를 여유가 구성원에겐 없습니다. 특히나 요즘 젊은 세대에게는요.

이들 유사공감형 리더들이 명심해야 할 사항은 무엇일까요? 성찰하는 질문과 함께 살펴보겠습니다.

첫째, '구성원이 바라는 진짜 공감은 무엇인가?' 역지사지의 질문을 던져보는 것입니다.

이른바 착한 리더, 감성 센서가 발달한 리더일수록 불편한 갈등상황에서 단호하게 말하는 게 힘들다고 고백합니다. 이들 리더들이 던져보아야 할 질문은 '지금 이대로 나아가면 5년 후 우리 조직은 어떤 모습일까? 우리 구성원의 커리어는 어떻게 될까?'입니다. 당장의 공감을 넘어 좀 더 길게, 멀리, 높은 데서 살펴보면 더 큰 공감의 맥락이 보일 것입니다.

구성원들은 자신이 지금 맞게 가는지 알고 싶어 합니다. 잘한다는 칭찬 못지않게 무엇을 보완하고 향상시켜야 하는지 궁금해하고요. 리더들이 뒷담화보다 앞에서 하는 직언을 기대하듯이 구성원들도 두루뭉술한 칭찬보다는 구체적인 피드백을 듣고 싶어 합니다. 역지사지의 질문은 따뜻한 공감뿐 아니라 직면상황에도 유용합니다. 듣기 좋은 공감과 몸에 좋은 공감은 다릅니다.

둘째, '누구의 편에 설 것인가? 다수의 정의와 이익을 위해서는 어떤 행동이 좋은가?' 희생자 모드에서 정의의 수호자 모드로 전환해보세요. 손실 회피보다 유익함을 생각해보는 것입니다.

목소리를 내서 얻을 수 있는 것, 즉 명확한 의사소통을 통해 얻을 수 있는 잠재적 보상에 집중해보세요. 당사자에게 이야기하면 본인의 자기인식이 높아져 문제점이 시정될 수 있고, 일터 환경이 더 생산적으로 개선될 수도 있습니다. 인테리어를 할 때 먼저 청소부터 하고 가구를 들여놓아야 하는 것과 같습니다. 조직의 문제를 해결하지 않은 채 공감을 표해봐야 먹히지 않습니다.

"싫은 소리 하는 것은 정말 내 체질이 아닌데" "내가 조금 참고 말지"라는 희생자 모드에서 "조직 공정성을 지키고 다수 구성원을 보호하기 위해서는 맞서야 해"라고 모드를 바꾸세요. 조직의 불한당 프리라이더를 없애고 예방을 해주는 것만으로도 조직의 사기가 올라간다는 연구결과도 있습니다. 썩은 사과, 문제적 행동을 좌시하는 것은 공감, 포용, 인내가 아니라 리더의 직무와 의무를 유기하는 일입니다. 불편하고 불안하더라도 맞서는 게 리더의 진정한 공감입니다.

셋째, '리더는 무슨 일을 하는 사람인가?' 리더의 역할을 한번 돌아봅시다. 지도자는 지도와 자를 가진 사람이란 우스갯말이 있습니다. 지도가 방향성, 비전이라면 자는 척도와 기준이지요. 'ruler'는 '자'와 '통치자'란 뜻을 동시에 갖고 있습니다. 이것이 시사하는 바는 무엇일까요? 리더의 주임무는 조직의 척도와 기준을 마련하는 것이라는 의미가 내포돼 있습니다. 척도와 기준을 통해 무엇이 권장되고 무엇이 금지돼야 하는지 아는 예측 가능한 조직을 만드는 게 리더의 책무입니다. 지금 리더로서 여러분이 구성원에게 공유하는 지도와 자는 무엇입니까?

리더는 일을 잘하는 사람이 아니라, 일 잘하는 방식을 정립하고 시스템을 만드는 사람입니다. 격무에 시달리는 구성원을 안쓰러워하는 것도 공감이지만, 그건 동료 사이에도 가능한 일입니다. 일을 넘기고, 없애고, 묶고, 나눠야 할 방식은 무엇이고 기대치는 무엇인지를 좀 더 고민하고 소통합시다. 여기에 공감이 더해지면 그야말로 화룡점정이 아닐까요.

리|더|를|위|한|팁

"공감하고 배려해도 팀원들이 호응하지 않습니다."
- 굿퍼슨 콤플렉스에서 벗어나라.
- 듣기 좋은 공감과 몸에 좋은 공감을 구분하라.
- 진정한 지도자는 지도와 자를 제시한다.

내향형이라 팀원들과 친해지는 게 힘듭니다

B팀장은 어려서부터 유독 내향적인 편으로, MBTI도 극단적인 I형입니다. 그래서인지 구성원들과 친해지는 게 어려워서 고민입니다. 진정성 하나는 최고지만 재미가 없는 리더의 전형이지요. 갈수록 구성원들과 어울릴 일이 많아질 텐데, 그들과 격의 없이 친하게 지내는 EQ 높은 리더가 되려면 어떻게 해야 할지 걱정입니다.

리더가 구성원들과 친하게 지내야 한다는 오해부터 말씀드릴까 합니다. 리더와 구성원 간의 공감은 단순한 친밀감보다는 심리적 안전감의 의미에 더 가깝습니다. 즉 조직에 필요하다면 불편한 이야기, 직언도 두려움 없이 말할 수 있는 분위기와 관계를 조성하느냐가 관건이지요. 그저 친구처럼 재미있게 어울리며 농담을 나누는 사이가 되란 의미는 아닙니다. 내향, 외향의 성격을 탓할 필요도 없습니다. 경영학의 구루 피터 드러커는 "리더십을 발휘하기에 적합한 성격이나 재능은 없다. 최고의 리더들은 다양한 성격과 강점을 가졌다"라고 말했습니다. 리더가 소통을 많이 하고 공감 지능이 높아야 한다는 것이 친구처럼 맞먹으란 의미는 아닙니다.

비유하자면 시어머니와 며느리 사이 같다고나 할까요. 시어머니가 아무리 "딸같이 편하게 대하겠다"라고 해도 한계는 있지요. 서로 지켜야 할 것은 지키는 게 오히려 관계 유지에 도움이 됩니다. 리더와 구성원 사이도 마찬가지입니다. 눈앞의 일, 사람들의 호소에 대한 나약한 공감(정확히는 '동감')은 집단 전체의 공정성과 일관성을 유지하는 데 오히려 마이너스가 되기도 합니다. 설령 친밀한 사이가 되더라도 직무수행에서 티끌만큼이라도 장애요소로 작용한다면 더 좋지 않습니다. '친한 줄 알았는데 우리끼리 고과를 왜 이렇게 나쁘게 주느냐'라는 반감을 가질 수도 있지요. 또 발전적 피드백을 주는 게 불편할 수도 있습니다. 이런 거리낌이 있다면 친밀함은 오히려 바람직하지 않습니다. 공정성 면에서도 문제가 되는 경우도 있고요. 변화된 조직문화에서 리더와 구성원은 기본적으로 상하관계보다 유연한 수평적 관계인 것은 맞습니다. 하지만 일은 수직적으로, 문화는 수평적으로란 말처럼 각각의 역할은 다릅니다.

　감성지능이 높다는 것이 유쾌한 외향적 성향의 리더란 의미는 아닙니다. 리더의 공감이란 '이래도 좋고, 저래도 좋다'는 식의 무골호인이나 '타인의 감정을 자신의 것으로 받아들여서 모두를 즐겁게 해주려는 노력' 같은 의미는 아닙니다. 의사결정하는 과정에서 다른 요소들과 함께 구성원들의 감정을 사려 깊게 고려하는 것에 가깝습니다. 동양에서는 역지사지, 서양에서는 '남의 신발을 신어보는' 일에 비유하지요. 감성지능의 대가 대니얼 골먼은 감성지능을 5개 차원으로 구분해 설명합니다.

　표에서 보듯이 감성지능이란 자기관리와 대인관계의 합체이고, 소셜 스킬이란 단순한 화술이 아니라 상대에게 적절히 표현할 줄 아는 소통 스킬을 뜻합니다. 이와 같다면 구성원들은 B팀장을 존경할 만한 리더라고 생각할 겁니다. 신뢰^{trust}는 전문성과 정직함에서 오는 믿음^{credibility}과, 약속과 이행이 연결된 경험의 반복 즉 일관성에 의한 예측 가능성^{reliability}, 그리고 감정적인 믿음 즉 친밀감^{intimacy}을 합한 값을, 자기중심성 즉 이기적 성향$^{self\text{-}interest}$으로 나눈 값으로 산출됩니다. 이것이 신뢰 방정식입니다.

　$T = (C+R+I)/S$

차원		내용	특징
자기 관리	자기인식	– 자신의 상태, 감정, 욕구는 물론 그것이 타인에게 미치는 영향을 알아차리고 이해하는 능력	자신감 현실적인 자기평가 자신을 낮추는 유머 감각
	감정조절	– 파괴적 충동과 기분을 통제하거나 전환시킬 수 있는 능력 – 행동하기 전에 사고하기 위해 판단을 유보하는 경향	신뢰, 진심 모호한 상태에 대한 편안함 변화에 대한 개방성
	자기동기 부여	– 어려운 중에서도 낙관적 태도를 유지할 수 있는 역량 – 돈이나 지위 이상의 이유로 일하려는 열정 – 에너지와 끈기를 가지고 목표를 추구하는 성향	강한 성취욕구 실패에 직면해서도 낙관 조직에 대한 헌신
대인 관계	감정이입, 공감	– 타인의 감정을 이해할 줄 아는 역량 – 타인을 그들의 정서적 반응에 맞추어 대하는 기술	인재를 키우고 유지하는 전문성 다양성과 포용성 고객에 대한 서비스
	사회적 기술	– 타인의 감정에 적절히 반응, 인간관계를 원활히 할 수 있는 역량 – 능숙하게 관계를 관리하고 네트워크를 구축하는 능력 – 공통점을 찾고 친밀한 관계를 형성하는 능력	변화 리딩에 유능 설득력 팀을 만들고 이끄는 리더십

출처 : 대니얼 골먼, 《EQ 감성지능》, 웅진지식하우스

여기서 알 수 있듯이 리더의 공감에서 친밀감은 부분적 요소일 뿐입니다. 특히나 요즘 젊은 세대들은 친밀감보다 전문성과 정직함integrity을 더 중시합니다. 네트워킹보다 워킹네트, 즉 신뢰와 진정성을 느껴야 네트를 맺고 싶다고 말할 정도니까요. "우리 팀장님은 참 잘해주고 재미있어. 그런데

배울 게 없어"와 "우리 팀장님은 정말 재미없어. 그래도 배울 게 있어"의 뉘앙스 차이를 생각해보면 명확해지지 않나요? 리더십에서 EQ는 사교술과는 구별됩니다.

단, 이 말을 직원들의 마음을 얻는 데 무심해도 된다는 뜻으로 오해하면 안 됩니다. 구성원들이 보내는 정서적 신호를 읽어내야 한다는 것은 아무리 강조해도 지나치지 않습니다. 미국의 저명한 경영학자 데이비드 맥클리랜드가 글로벌 기업을 대상으로 한 연구결과에 따르면, 고위관리자들이 일정 수준 이상의 감성지능을 갖췄을 때 담당부서의 연간 수익이 20% 증가한 반면, 공감-감성지능이 없는 리더들은 저조한 실적을 보였습니다. 이는 서구사회뿐 아니라 아시아 지역에서도 공통적이었습니다. 공감이 사교성과 동의어는 아니지만 구성원들의 심리적 안전감을 높이기 위해 의식적으로 노력해야 한다는 뜻이죠. 다음과 같이 작은 발걸음을 떼어보면 좋겠습니다.

첫째, 자신의 강점으로 공감에 접근합니다.

감성지능은 후천적으로 키울 수 있습니다. 스탠퍼드대 심리학과의 자밀 자키 교수는 저서 《공감은 지능이다》에서 "공감은 선천적 본성이 아니라 키울 수 있는 기술"이라고 단언합니다. 그는 여러 실험을 통해 자신에게 필요하거나 유리하다고 인지할 경우 사람들은 얼마든지 공감적 행동을 한다는 사실을 밝혀냈습니다. 일례로 감정적인 대화 영상을 시청한 후 화자가 느낀 감정을 맞혀보는 실험에서 '타고난 대로' 차이가 났던 사람들도, 보상을 걸자 공감지능이 향상되었습니다. 요컨대 뇌는 평생에 걸쳐 변화하고, 습관적으로 훈련하면 근육처럼 후천적으로 강화할 수 있습니다. 공감을 통해 얻어질 개인적, 조직적 성과와 보상을 생각하면 개발이 가능하단 이야기지요. 흔히 공감이라 하면 정서적 공감만 떠올리지만 인지적 공감도 있습니다. 정서적 공감이 기꺼이 공감하는 감정 성향을 가리킨다면, 인지적 공감은 타인의 심리상태를 추론해 공감을 효율적으로 활용하는 이해 능력을 뜻합니다. 공감 부족형도 인지적 공감을 발휘하면 보완할 수 있습니다. 가슴으로 잘 안 되면 머리로 분석해서 접근하면 됩니다.

둘째, 조직의 진행상황을 정기적으로 평가하고 개선해 반영합니다.

우리 조직의 심리적 안전과 공감력을 높이기 위한 진행상황을 정기적으로 평가합니다. 직원 설문조사, 커뮤니케이션 채널 모니터링, 혁신 및 창의성 지표 추적 등 다양한 방법이 가능합니다. 구성원들이 솔직하고 투명하게 소통할 수 있는 여건을 마련하고, 결정된 사항은 수렴해 반영하고, 안 되는 사항은 공개해서 그 이유와 상황에 대해 소통합니다. 그래야 구성원들이 적극적이고 능동적으로 참여하게 됩니다. 조직의 친밀도를 높이기 위해 행사를 기획하고 싶다면 사교성이 강점인 직원에게 역할을 맡기는 것도 방법입니다.

셋째, 평소에 공감의 언어를 습관화합니다.

언어를 흔히 '사고의 집'이라 하지요. 이는 리더십에도 적용됩니다. 예를 들어 전체 조직의 방향 등을 이야기할 때 '나'보다 '우리'란 말을 좀 더 자주 쓰는 것만으로도 공동체 의식이 한결 높아집니다. 개선사항을 이야기할 때는 평가보다 관찰에 바탕해 "내 생각에는" "내가 보기에는" 등으로 내 주관임을 전제로 하면 거부감을 낮추고 공감도를 높일 수 있습니다. 구성원이 고충을 토로할 때는 미러링해 표현해보세요. 가령 팀원 A가 B와 갈등을 빚어 힘들어한다면, 그에게 훈시하며 타이르거나 정답으로 압박하기보다 힘든 감정을 그대로 읽어주는 것으로 충분합니다. "B와 갈등을 빚어 힘들겠구나" 하고 표현해보세요. 이런 작은 표현만으로도 한결 공감력 높은 리더가 될 수 있습니다.

> 리│더│를│위│한│팁
> **"내향형이라 팀원들과 친해지는 게 힘듭니다."**
> - 자신다운 강점으로 승부하라.
> - 조직의 심리적 안전감을 확보하라.
> - 공감의 언어를 습관화하라.

리더가 된 후

시간관리가 안 됩니다

쳐내도 쳐내도 일이 많고 시간관리가 안 되는 것, 모든 리더들의 고민입니다. 퇴근 후에도 남아서 일하면 예전엔 성실하고 책임감 있는 리더로 존경이라도 받았지요. 그러나 요즘은 일은 일대로 하면서 능력 없는 리더로 오히려 폄훼되니 눈치가 보입니다.

가장 근본적인 해결책은 권한위임일 테죠. 일과 사람을 파악해 적절히 위임하는 것입니다. 일의 적체와 바쁨은 시간관리를 넘어 권한위임이 더 근본적 문제이지만, 권한위임에 대해서는 앞서 다루었으니 여기에서는 시간관리에 집중해 보겠습니다.

선한 사마리아인은 성경의 누가복음 10장에 나오는 인물입니다. 강도를 만나 길가에 쓰러진 여행자를 도운 것은 사회지도층인 제사장이나 레위인이 아니라 천대받던 사마리아인이었죠. 심리학자 존 달리와 대니얼 베이트슨은 성경 속 '선한 사마리아인 이야기'를 심리학 연구로 바꾸어 실험했습니다. 프린스턴 신학대학 학생들을 대상으로 절반에게는 선한 사마리아인의 주제를 놓고 설교하라는 과제를, 나머지에게는 이와 관계없는 설교 과제를 주었습니다. 그리고 목적지인 설교장으로 가는 도중에 연기자에게 쓰러진 채 도움을 청하게 했습니다. 연구진이 주목한 것은 설교 주제와 돕는 사람 간의 비율이었습니다. 이때 쓰러진 사람을 돕는 비율에 영향을 미친 결정적 변수는 설교 주제나 신앙심 정도가 아니라 시간 압박감이었습니다. 즉 시간 여유가 넉넉할수록 돕는 비율이 높았고, 쫓길 경우 도울 여유가 없던 것이지요. '이웃을 사랑하라'는 설교를 하러 가면서요. 이 실험의 시사점은 '시간 압박감은 도덕적 둔감성을 가져온다'입니다.

　이 실험을 리더십에 적용해보면, 바쁨이란 단지 시간관리의 비효율성을 넘어 목표달성, 조직관리에 문제를 일으킬 수 있습니다. 일의 전체를 보지 못하고, 구성원들에게 공감력을 발휘할 여유를 빼앗기기 때문입니다. 한자로 바쁠 망忙은 마음心이 도망간亡 상태를 말합니다. 리더들이 바쁨 중독을 경계해야 하는 이유입니다.

　단지 바쁘기만 한 리더가 아니라 일을 하는 리더가 되기 위해서는 다음 두 가지를 해야 합니다.

　첫째, 일과 일정을 구분합니다. '바쁘기만 한' 것이 뚜렷한 목적 없이 그저 분주하게 움직이는 상태라면, '일을 한다'는 것은 분명한 목적의식을 가지고 사전에 치밀하게 계획해 행동함을 뜻합니다. 캐나다 맥길대학 경영학과의 헨리 민츠버그 교수가 CEO를 대상으로 메일과 업무대화를 분석해본 결과는 의외였습니다. 업무를 수행할 때 체계적인 계획에 따라 심사숙고할 것이란 예상과 달리 CEO의 업무 중 50%는 9분 미만을 할애하는 일이었고, 10% 정도만이 1시간 넘게 할애하는 업무였습니다. 즉 심사숙고해서 결정한다기보다는 자극에 실시간 반응하며, 즉흥적으로 판단하고 행동 지향적인 경향을 보였습니다.

　둘째, 혼자만의 생각 시간을 확보합니다. 많은 리더들이 일정을 꽉 채운 것으로 열심히 일했다고 착각하곤 합니다. 진짜 시간관리는 채움이 아니라 비움에 있습니다. 빌 게이츠는 혼자만의 구상 시간을 1년에 두 번 1주일씩 마련해 책만 읽고 거기에서 영감을 얻는다고 하죠. 그는 마이크로소프트를 경영하며 가장 바쁘던 시절에도 예외 없이 이 주간을 지켜서 실천했습니다. 옳은 의사결정을 하려면 '생각하는 시간'은 필수입니다. 성공하는 리더들의 공통점은 일정 채움보다 비움을 중시하고 '생각하는 시간'을 갖는다는 데 있습니다. 아예 일정표에 '생각하는 시간'을 따로 정해놓습니다. 해야 할 리스트에서 생각하고 싶은 항목을 뽑아 그 시간을 반드시 비워두고 다른 약속과 똑같은 비중으로 다룰 만큼, 아니 우선시할 만큼 중요하게 여깁니다. 여러분은 장기목적, 목표달성을 위한 혼자만의 전략 시간을 얼마나 가지십니까? 시간이 나면 갖는 것이 아니라, 먼저 계획표에 넣어야 시간이 생깁니다.

이번에는 시간관리의 구체적 방법을 알아보겠습니다.

첫째, 시간일지를 점검합니다. 스케줄러에서 현재의 시간 사용 내용을 평가해보세요. 우선 1주일 동안의 일정에서 무슨 일을 했고, 어떤 일에 가장 시간을 많이 썼는지 시간가계부를 작성해봅니다. 내 가치와 시간 사용이 같은 방향으로 정렬되고 있는지 살펴봅시다. 내가 지향하는 시간의 쓰임새와 현실 간의 차이를 진단했다면 개선방향도 처방해봅시다. 늘려야 할 일과 줄여야 할 일은 무엇입니까?

둘째, 업무 우선순위를 정합니다. 모두 중요하다는 것은 아무것도 중요하지 않다는 말과 같다고 합니다. 중요한 것에 집중하려면 우선순위가 반드시 필요합니다. 중요함과 긴급함의 두 요소로 매트릭스를 만들어 각 칸에 현재의 업무

Ⓐ 중요하고 급한 것 Do it now	Ⓑ 중요한데 긴급하지 않은 것 Decide
Ⓒ 중요하지 않으나 긴급한 것 Delegate	Ⓓ 중요하지 않고, 긴급하지도 않은 것 Delete

를 채워보세요.

A영역은 즉시 처리하고, D영역은 가능한 한 줄이거나 없애야 함은 잘 아실 겁니다. 의도적으로 신경써야 할 부분은 B영역입니다. 자칫 A영역에 몰두하다 보면 B가 후순위로 밀리기 쉽습니다. "부지런한 자는 풍요에 이를 것이나 조급한 자는 궁핍함에 이를 따름이다"란 성경 잠언이 있는데요. B영역에 신경써야 조급하지 않고 성실하게 나아갈 수 있습니다. 아울러 B영역을 위한 시간은 최대한 컨디션이 좋은 프라임 시간대에 마련하는 게 좋습니다.

셋째, 시간 방해요소를 없앱니다. 해야 할 일을 목록화하고, 우선순위를 정하세요. 그리고 어려운 일이나 하기 싫은 일에는 별도 표시를 해서 놓치거나 미루지 않도록 합니다. 하기 싫은 일일수록 먼저 해치우는 게 방법이기도 합니다. 또, 가짓수보다 일의 목적과 연관해 가중치를 부여합니다. 처리한 일의 가짓수에 연연해 자잘한 일에만 매달리다가 큰 일을 미루는 거짓 성취감에 빠지지 않도록 합시다. 시간을 묶어서 관리하는 것도 좋습니다. 가령 직원 일대일 면담은 금요일 오전 10~12시 등, 시작하는 시간과 끝나는 시간을 정해 블록화해서 운영하는 식이죠.

리더의 시간관리가 안 되어 나타나는 대표적인 증상이 회의 시간에 늦는 것입니다. 리더들은 회의가 많습니다. 내부 회의에 외부 미팅까지 줄줄이 있어 점심을 편의점 음식으로 때우는 경우도 많죠. 그러고도 다음 회의에 늦어 미안해하기 일쑤입니다. 회의 시간 엄수는 리더의 시간관리를 넘어 자기관리입니다. 회의나 미팅에 자주 늦는 것은 두 가지 이유가 있습니다. 첫째는 너무 빡빡하게 짠 일정, 둘째는 직원을 존중하지 않는 마음입니다.

첫째부터 살펴볼까요. 지각하는 이유를 흔히 시간관념이 부족해서라고 보기 쉬운데요. 오히려 반대인 경우가 더 많습니다. 시간을 철저히 활용하려고 일정을 빡빡하게 짜기 때문에 변수 관리가 안 되는 것이지요. 앞 일정이 지연돼 늦는 경우가 잦다면 일정을 너무 많이 넣은 게 근본 이유입니다. 일정을 줄이실 것을 권합니다.

둘째는 존중하지 않는 마음입니다. 시간관리에서 상호존중은 예측 가능성의 실행으로 증명됩니다. 예측할 수 없게 리더 마음 내키는 대로 아무 때나 보고를 요구하지 않도록 루틴을 정립합니다. 리더의 시간관리에서 중요한 것은 '나

의 시간만큼 상대의 시간도 존중한다'라는 태도입니다. 적
시성이란 명분하에 그들의 시간을 낭비하게 되면 전체적인
생산성이 떨어집니다.

마지막으로, 리더의 야근을 생각해보겠습니다. 언제나 늦
게까지 남아 일해야 하고, 업무 컴퓨터를 끄기가 힘들다는
리더들이 많습니다. 일을 일단 시작하면 끝내야 후련하다는
분들이 특히 이런 고백을 합니다. 일을 끝내지 않고 중도에
그만둔 채 다음 날로 미루려면 불편함을 넘어 자책감까지 든
다는 유형입니다. 마치지 못하거나 완성하지 못한 일을 마음
속에서 쉽게 지우지 못하는 현상으로, 미완성 효과 혹은 자
이가르닉 효과라고 부릅니다. 일을 끊는 노력을 의도적으로
시도해볼 것을 권합니다. 예를 들어 업무 종료 시간이 되면
책상을 정리하며 5분간 오늘 한 일을 반추하는 리추얼을 가
져봅니다.《딥 워크》의 저자 칼 뉴포트는 "휴식기가 통찰력
과 집중력을 높인다"라고 강조합니다. 일에 온 시간을 쏟는
것이 능사는 아니라는 뜻이죠.

리 | 더 | 를 | 위 | 한 | 팁
"리더가 된 후 시간관리가 안 됩니다."
- 일과 일정을 구분하고, 착각에서 벗어나자.
- 혼자만의 성찰 시간을 정기적으로 확보하자.
- 시간일지로 자신의 시간관리를 점검해보자.

신임 리더라 현업을 잘 모르는데 어떻게 이끌어야 하죠?

김 팀장은 A기업에서 상품기획을 오래 했습니다. 그곳에서 김 팀장은 온 국민에게 알려진 상품을 여러 개 기획해 스타 기획자로 불렸습니다. 좀 더 나은 근무조건과 연봉을 받으며 식품회사인 H기업으로 옮긴 김 팀장. 새 회사로 옮기니 분야만 다른 것이 아니라 팀 규모도 커졌습니다. 김 팀장은 슬슬 업무를 파악하면서 팀원들의 특성도 살폈습니다. 그런데 오랫동안 자기 제품을 담당하고 있던 팀원들에게서 묘한 텃세가 느껴집니다. "팀장님은 잘 모르시겠지만 밀키트는요…" "여기서는 얘기가 좀 다른데요"라는 피드백이 나오면서 김 팀장은 자꾸 주춤하게 됩니다. 신임 리더라서 팀원들보다 현업을 잘 모른다는 생각이 들자 피드백에 대한 부담감이 몰려오기도 합니다. 이전 회사에서는 소비자의 의도를 잘 파악해서 성과를 빵빵 터뜨렸는데, 그게 이 회사에서도 설득력이 있을지 괜히 고민됩니다. 자신이 주는 피드백을 팀원들이 제대로 받을지도 걱정이고요.

회사의 입장에서 생각해봅시다. 회사에서는 김 팀장을 왜 리더로 뽑았을까요? 식품업계 전문가도 아니고 다른 제품을 잘 기획했던 것뿐인데 말이죠. 회사가 김 팀장을 뽑은 것은 그의 전문성 때문입니다. 그 전문성은 뭘까요? 식품분야의 전문가는 아니지만 트렌드를 잘 관찰해서 팔릴 만한 상품을 기획하는 상품기획 능력을 높이 산 것입니다. 여기에 더해 팀장으로서 팀을 리드할 리더십이 있다고 인정했을 수도 있고요.

물론 팀장으로서 제품과 업무에 대한 지식을 아는 것은 중요합니다. 한번은 회사를 많이 옮긴 친구에게 물었습니다. 그렇게 다양한 회사를 다녔는데 적응을 잘하는 이유는 무어냐고요. 그는 의외로 담담하게 어떤 회사든 업무는 70% 이상 동일하며, 다뤄야 하는 이슈가 바뀌고 사람이 바뀔 뿐이라고 했습니다. 새로운 회사에서 인정받으면서 일을 잘할 수 있는 비결은 (그 회사의 전문분야를 알지 못해도) 사람을 움직이고 일이 되게 만드는 주인의식과 리더십이라고 했습니다. 다른 분야에서도 통할 수 있는 리더십을 적용하고 익히는 것이지요. 반면 김 팀장은 팀장이라면 모든 것을 다 알고 일일이 지시해야 한다고 여기는 듯합니다. 정답을 제시해야 한다고 생각하니 두려울 테고요.

여러분께 묻겠습니다. 리더십을 무엇이라고 생각해왔습니까? 조직을 이끄는 한 사람의 역량에 기대는 것이 리더십이라고 생각하지는 않았나요? 맞습니다. 국어사전에도 리더십은 '무리를 이끌어나가는 지도자의 능력'이라고 정의합니다. 하지만 경영환경이 복잡하고 불확실해지면서 리더 한 명이 모든 것을 꿰차고 팀을 관리하기란 매우 어려워졌습니다. 리더의 역할은 팀의 모든 것을 알아야 하기보다 팀이 당면한 과제와 이슈를 최선의 방식으로 접근하고 풀어가는 것이 되었습니다. 리더는 모든 디테일을 아는 사람이라기보다는 명확한 목표를 제시하고 팀원들이 목표를 달성할 수 있도록 독려하며 길을 만들어주는 사람이라고 생각합니다. 여러분은 리더의 역할을 무엇으로 정의하나요?

김 팀장을 돕기 위해 여기에서 소개하고 싶은 기술은 첫째, '취약성 드러내기'입니다. 물어보는 것이죠. 모를 때는 모른다고 취약성을 드러내는 용기가 필요합니다. 내가 모를 때 아는 척하지 말고 솔직하게 인정하고 물어보세요. 예를 들어 상품기획 시즌이 왔다고 생각해봅시다. 팀원들보다 식품업계에 대한 지식수준이 낮다면 우선 물어봅시다. "설연휴 시즌 제품을 기획할 때 가장 중요한 게 뭔가요? 저는 식품업계가 처음이라 여러분의 의견을 듣고 싶습니다." 우선 팀원들의 의견을 들어봅시다. 팀원의 말을 경청하며 우리의 리소스가 무엇인지 정리하다 보면 그 팀원의 성공경험에서 공식을 뽑아낼 수 있습니다.

여기서 팀장이 답을 줄 수도 있지만, 팀원에게 한 번 더 물어봅시다. "올해는 어떻게 하고 싶습니까? 지난해와 어떻게 다르게 하고 싶은가요?" 팀원의 생각을 들어보고 팀원의 성공경험에 나의 관점을 더하는 것이 리더의 역할입니다. 모르는 팀원들에게는 리소스를 제공해줄 수 있고, 잘하는 팀원들은 독려해 성과를 내게 하면서 나만의 관점을 들어 팀원들이 다른 방법으로 생각해볼 수 있게 합시다. 상사의 방향을 반영하든 회사 전체의 기조를 반영하든, 팀원이 자신의 틀에만 갇히지 않도록 생각의 지평을 열어주는 겁니다.

팀원 입장에서도 생각이 달라지겠죠. 리더가 현업을 모르는 상황에서도 필요한 리소스를 구해서 해결책을 찾는 모습을 보면 리더에 대한 존경심이 생길 수도 있습니다. 그러니 일단 최대한 잘 듣고, 그들에게 질문하세요. 새롭게 하고 싶은 것은 무엇인지 물어봅시다. 처음에는 다들 모르겠다고 할 수도 있습니다. 하지만 포기하면 안 됩니다. 생각나지 않는다면 다시 고민해오라고 해서 그 사람의 생각을 촉진하고 도와야 합니다. 거기에 나의 생각을 얹어서 그 사람이 다르게 일하며 성과를 내도록 돕는 것이 리더의 역할입니다.

둘째, 전문지식을 빠른 시일 내에 파악해야 합니다. 새로운 업계에 대한 지식은 필수죠. 처음에는 모를 수 있지만 시간이 지나도 팀장이 계속 현업을 모른다면 곤란합니다. 나름의 타임라인을 가지고 공부를 시작하세요. 마음속으로 적응기간을 3개월로 잡았다면, 그 기간 동안 가르쳐달라고 부탁하거나 도움받을 수 있는 사람들을 최대한 활용해서 지식을 축적해야 합니다. 리더로서 배우려는 의지가 있고 성장하는 사람이라는 점을 알려주는 게 좋습니다.

예전 직장에서 저를 채용한 분은 인사부 총괄 임원이셨습니다. 인사 전문가이기에 제가 담당한 홍보업무는 경험이 없었지만, 리더로서의 경륜은 풍부한 분이었습니다. 그래서 중요한 미디어를 만나거나 결정을 내릴 때 외에, 제가 기자들을 상대할 때는 믿고 맡겨주셨습니다. 대신 제가 처한 이슈를 잘 들으시고 꼭 필요할 때 인사이트를 주셨습니다. 저는 그분이 홍보를 잘 몰라서 일에 불편을 겪은 적은 한 번도 없었습니다. 충분히 제 이슈를 들어주고 공감해주셨고, 저역시 리더인 그분의 판단과 결정을 존중했기 때문입니다.

리더가 특정 이슈에 대해 전문가처럼 아주 잘 알 필요는 없습니다(물론 잘 알면 좋겠지요). 다만 올바른 결정을 내릴 수 있을 만큼의 정보를 수집해서 판단하고, 방향과 목표를 제시하는 능력은 중요합니다. 한편으로, 잘 안다는 것이 때로는 독이 되어 창의성이나 자율성을 막을 수도 있다는 점을 기억하세요. 팀장이 현업을 잘 모른다는 것은 실무는 팀원들에게 위임하고 리더의 핵심 역할에 집중하는 좋은 계기가 될 수도 있습니다. 한번 시도해보시기 바랍니다.

리 | 더 | 를 | 위 | 한 | 팁

"신임 리더라 현업을 잘 모르는데
어떻게 이끌어야 하죠?"

– 모르는 것은 모른다고 인정하고 리더의 역할에 집중하라.
– 의사결정을 내리기 위한 전문지식을 습득하고 파악하라.
– 리더는 정보를 수집해 방향과 목표를 제시하는
 사람임을 잊지 말자.

팀과 함께 성숙하는 리더

내 전문성을 쌓지 못해 불안합니다

한 스타트업 리더가 고민을 전했습니다. 그는 3년 만에 승진을 두 번이나 하며 빠르게 성장했습니다. 30대 후반의 나이에 50명이 넘는 직원들과 함께 일하는 조직의 장이 되었습니다. 그는 자신을 인정해주고 성장을 돕는 회사에 만족하고 감사했습니다. 그는 일과의 절반 이상을 새로운 사람을 뽑고 회사의 제도를 개선하는 등 리더로서의 업무에 투자하고 있습니다. 어떨 때는 이 업무가 80% 이상이 되기도 합니다. 어느 날 그는 고민에 빠졌습니다. 동년배 친구들을 보면 지금은 일의 전문성을 쌓아야 하는 나이가 아닌가 하는 생각이 들었기 때문입니다. 마음속 한 켠에는 내가 빠르게 성장하면서 오히려 전문성을 잃어버리는 게 아닌가 하는 고민이 듭니다. 자, 여러분이 이 리더라면 어떠시겠습니까?

어떻게 보면 배부른 고민으로 느껴질 수도 있습니다. 하지만 저에게 이 질문을 던진 분은 진심이었습니다. 그는 꼼꼼하게 모든 것을 알고 싶은 사람이거나, 자기 분야의 전문가가 되기 위한 기준이 매우 높을 수도 있습니다. 동시에 전문성과 리더십을 동일하게 발전시키기는 어렵다는 사실도 알았을 겁니다. 알면서도 불안하기에 이런 질문을 하신 것 같습니다.

대개 리더십 이슈는 반대의 경우에 발생합니다. 자신의 전문분야에서 성과를 잘 내던 사람이 리더가 되면 새로운 도전을 만납니다. 회사가 원하는 리더는 조직의 성과를 내는 사람입니다. 개인적인 성과는 내가 담당하는 부분만 잘 알면 되지만, 리더의 성과는 함께 일하는 사람들이 성과를 낼수 있도록 분위기와 상황을 만들고 일을 분배하고 격려하면서 개인의 성과를 팀의 성과로 이끌어내야 합니다. 일 잘하는 많은 사람들이 좋은 리더가 되지 못하는 것은 자신만의 전문성에서 한발 더 나아가 다른 사람과 협력하며 그들을 더 잘하는 사람으로 키워내지 못하기 때문입니다.

이는 제너럴리스트와 스페셜리스트의 문제이기도 합니다. 신입으로 회사에 들어와서 가장 먼저 할 일은 전문성을 키우는 것입니다. 커리어 초반에 우리는 모두 스페셜리스트가 되고자 노력합니다. 이후의 트랙은 2개로 갈라집니다. 전문기술을 갈고닦아 스페셜리스트로 남을 것인가, 아니면 그 전문기술 위에 매니저로서의 리더십과 각종 커뮤니케이션 기술을 연마하여 제너럴리스트가 될 것인가의 문제입니다. 선택은 물론 각자에게 달렸습니다.

하지만 이미 매니저의 삶에 들어섰다면 그것대로 정말 좋은 기회라고 생각합니다. 회사에서 연차가 적은데도 성과를 인정받아 리더로서의 역할을 맡기란 결코 쉽지 않은 일입니다. 이미 업무 역량과 매니저로서의 역량을 모두 갖춘 사람일 가능성이 높습니다. 한 가지 더 말하고 싶은 것은 제너럴리스트라고 해서 전문분야를 전혀 몰라도 된다는 뜻은 아닙니다. 또한 스페셜리스트라고 해서 제너럴리스트의 역량이 전혀 필요하지 않은 것도 아닙니다. 각자가 처한 상황에서의 큰 그림은 그리되, 우선순위 방향을 정하고 역량개발을 조정해야 합니다.

장기적으로 인생 목표, 커리어 목표를 점검해보시기 바랍니다. 그리고 내가 가고자 하는 방향에 맞추어 다시 점검해봅시다. 내 고민이 장기적으로 제너럴리스트와 스페셜리스트 사이의 선택에서 오는 것인지 아니면 일시적인 불안감인지 생각해보세요. 또 하나, 내 불안이 어디서 오는가를 살펴보아야 합니다. 내가 불안해하는 부분을 피하지 말고 '나는 이런 것들이 불안하구나' 하고 인정하고 포용해봅시다. 마음 한구석의 불안을 숨기지 말고 알아주고 인정해주면 내 마음이 한결 편안해질 것입니다.

관점 전환이 필요한 타이밍입니다. 지금 내가 전문역량 대신 개발하고 있는 리더십 스킬은 무엇인지 찾아보는 것도 도움이 됩니다. 매니저가 되기 위한 시간 분배, 구성원들의 개성을 알아보는 관찰력, 설득 기술, 중요한 순간 의사결정을 할 수 있는 판단력, 구성원들이 성장할 수 있도록 코칭하는 기술, 내 위의 리더와 아래 직원들 혹은 함께 일하는 동료들과의 효율적인 커뮤니케이션 기술 등 내가 지금 리더로서 개발해야 할 기술은 매우 많습니다. 이런 역량을 개발하기 위한 시간이 다른 사람보다 훨씬 빨리, 많이 주어진 것입니다.

한 스타트업 리더들을 코칭할 때의 일입니다. 제가 코칭한 어떤 리더는 자신의 목표가 '노는 것'이라고 했습니다. 적절하게 일을 위임하고 자신은 진짜 리더로서 필요한 일에만 집중하고 싶다는 뜻이었죠. 지금은 여러 팀을 맡고 있어서 쉬지 못하는데, 팀들이 알아서 자기 역할을 잘하게 되면 본인은 리더로서 팀의 미래를 구상하는 등 기초 업무를 벗어나 큰 그림을 그릴 수 있다는 말을 '노는 것'으로 표현한 겁니다. 이 말도 맞습니다. 리더는 팀원들이 자신의 위치에서 신나게 일하면서 성과를 낼 수 있도록 전체 그림을 보고 판을 움직이는 사람일 수도 있습니다. 인원이 많아질수록 위임하고, 내가 할 일을 정하며, 우선순위를 정리해야 합니다. 나의 리소스를 관리하는 방법을 점검해야 합니다. 나의 에너지를 적절하게 분배하기 위한 구조와 시스템을 마련하는 일이 필요합니다.

이렇게 나누어보면 어떨까요? 장기와 단기적인 업무 목표를 설정하고, 거기에 필요한 역량에 따라 내가 할 일인지 아니면 구성원에게 위임해도 될 일인지를 정합니다. 물론 이는 구성원별 업무 파악이 되어야 가능합니다. 모르면 질문하면서 구성원별로 업무를 분배하고 성과를 측정 가능하게 세팅해야 합니다. 이 정도 역량도 갖추지 않는다면 매니저로서의 문제가 있습니다. 혹시 내 업무가 기초적이지는 않은지, 일하는 구조는 어떻게 짤지(작은 팀을 여러 개 만들지, 아니면 태스크별로 리더들을 둘지 등)를 고민해보는 것도 좋습니다. 이렇게 숙고한 후에 나의 에너지를 어떻게 분배할지 정리하고 우선순위를 정합니다.

질문하신 분은 자신의 성취와 성장에 관심이 많습니다. 가장 나답게 이 문제를 해결할 방안을 정리해봅시다. 일단 리더로서 본인이 하고 있는 일들을 종이에 씁니다. 또한 전문가로서 내게 부족한 역량이 무엇인지 떠올려봅니다. 떠올리기만 하지 말고 종이에 반드시 적어야 합니다. 그중 진짜 나의 시간과 에너지를 할애해서 해야 할 것들에 동그라미를 칩니다. 10개를 뽑아보고 또 그중에 반드시 필요한 5개를 고릅니다.

이때의 기준은 '지금 당장의 나'가 아니라 '5년 후, 10년 후의 나'입니다. 5년 후의 내가 되어 그 기준으로 나를 볼 때 우선순위를 정하기가 한결 쉽습니다. 전문가로서 부족한 부분이 우선순위에 들어왔다면 그걸 포함해서 역량을 키우는 노력을 시작합시다. 리더로서 개발해야 하는 역량이 있다면 함께 정리해봅시다. 어떤 부분에 우선순위를 두어야 할까요? 치열하게 고민해봅시다. 리더로서 여러분의 미래는 여러분이 만드는 것이니까요.

리|더|를|위|한|팁

"매니저 업무를 하느라 내 전문성을 쌓지 못해 불안합니다."

- 내 커리어 목표와 방향을 점검하자. 원하는 방향이 제너럴리스트인가, 스페셜리스트인가?
- 나의 불안을 인정하고 불안의 원인을 헤아려보자.
- 에너지를 분배하기 위한 구조와 시스템을 마련하자.
- 장기적, 단기적 업무 목표를 설정한 뒤 위임이 가능한지 정리하고 우선순위를 정하자.

팀과 함께 성숙하는 리더

승진 후
자신감이 떨어졌습니다

실무에서 승승장구하다 승진한 뒤로 무능해지는 리더들이 있습니다. 제가 아는 S상무는 해당 분야 전문가로서 실력을 인정받아 임원으로 조기 승진했습니다. 그때부터 문제가 생겼습니다. 그가 지나치게 간섭하고 개입한다며 직원들의 불만의 소리가 높은 겁니다. 회의나 보고 때 S상무의 질문을 받으면 숨이 턱턱 막힌다는군요. 기존 부서는 더 잘하라고 밀어붙이다가, 새로 맡은 부서는 업무 파악을 위해 일일이 점검하다 보니 빚어진 상황입니다. 그 와중에 어떤 이들은 상무가 관심을 갖지 않는다며 정반대 불만을 토로합니다. S상무는 임원이 된 후 처음으로 자신이 무능하다는 느낌을 받았다며 괴로워했습니다.

경영학에 '피터의 원리'란 용어가 있습니다. 과거의 업무 성과를 바탕으로 인사를 할 때 발생하는데, 승진 후에 과거보다 성과가 떨어지는 현상을 말합니다. '모든 조직 구성원은 무능해질 때까지 승진한다'라는 역설적인 진실을 담고 있죠.

승진 후 무능해지는 현상은 실무능력 부족보다 관리능력 부족에서 빚어지는 게 대부분입니다. 실무능력과 관리능력이 다르다는 건 누구나 알고 있죠. 그럼에도 현실에서는 실무능력으로 승진이 결정되고, 직급에 비례해 리더십도 저절로 갖춰진다고 기대하는 경향이 있습니다. 그래서 관리역량을 개발할 학습도, 노력도 하지 않은 채 리더십을 행사하려 들다가 문제가 생깁니다. 자신의 눈높이에 맞춘 지나치게 높은 기대, 완벽주의 강박증과 구성원 역량에 대한 불신, 성과에 대한 불안으로 발생하는 과다통제와 마이크로 매니지먼트 등, 수많은 문제가 사실상 관리역량의 부재에서 발생합니다. 때로는 이 모든 문제가 한 명의 리더에게서 복합적으로 나타나기도 합니다. S상무가 바로 그런 경우죠. 기존 부서, 새로 편입된 부서에서 모두 불만을 표하고, 또 일각에선 관심이 없다며 정반대의 불만이 나와 갈피를 못 잡겠다고 했습니다. 기존 업무에선 완벽주의, 새로 맡은 일에선 마이크로 매니지먼트가 문제로 보입니다. 이처럼 과다통제를 하다 보니 일부 구성원들은 방치돼 소외감을 느끼는 것이고요.

시중에선 멍부(멍청하고 부지런), 똑부(똑똑하고 부지런), 똑게(똑똑하고 게으름), 멍게(멍청하고 게으름) 리더십을 각각 별개의 유형으로 구분하는데 실제로는 동일 리더가 상황별로 다른 양상을 보이는 경우도 많습니다. 완벽주의는 이른바 똑부 리더십, 마이크로 매니지먼트는 멍부 리더십, 방임은 멍게 리더십과 관련되지요. 이 중에서 똑부형과 멍부형을 중심으로 무능해지는 원인과 대처법을 알아보겠습니다.

똑부형 : 높은 기준과 완벽주의를 구분합니다.

먼저 기존 부서와의 문제부터 살펴보겠습니다. 아마 S상무는 본인이 잘하고 자신 있는 일이기에 손바닥처럼 파악하고 있을 겁니다. 이럴 때 완벽주의 성향이 과도한 간섭으로 이어질 수 있습니다. 성과를 내기 위해 높은 기준을 세워 추진하는 것은 물론 중요하고 필요합니다. 단, 높은 기준과 과도한 완벽주의는 구별해야 합니다.

완벽주의자 유형, 이른바 똑부 리더들은 억울함을 느끼기 딱 좋은(?) 유형입니다. 자신의 높은 기준에 맞추려다 보니 일은 일대로, 고생은 고생대로 하면서 좋은 소리를 못 듣는 경우가 많아서입니다. "수준 있게 일하자"라는 좋은 의도와 달리 실수를 용납하지 않는 완벽주의 때문에 일이 지체되고, 팀원들의 의견이나 역량을 무시하는 등 팀워크에도 악

영향을 미칩니다. 게다가 스스로 일을 해치우려다 정작 본인도 번아웃돼 나가떨어지게 됩니다. 완벽주의가 업무 성과에 정말 보탬이 되나 돌아보아야 합니다.

자신이 이 유형에 속한다면 리더 본인의 기준과 목표에 도달하지 않을 때, 다음 단계로 넘어가지 못하고 질책하며 멈추는 경우가 빈번하지는 않은지 살펴봅시다. 가령 회의에서 앞으로 할 일과 과거 잘못된 사항의 지적 비중은 어떻게 되나요? 만일 과거 실수를 추궁하는 시간이 더 길다면 완벽주의 문제적 리더일 가능성이 높습니다. 완벽주의 리더는 처음부터 올림픽 내지 국가대표 선수처럼 달리길 요구한다면, 고성과 지향 리더는 목적달성에 부합되게 시간과 에너지를 잘 배분합니다. 즉 높은 성과를 요구할수록 기준과 과정을 현실적이고 합리적으로 바라볼 필요가 있습니다.

과도한 완벽주의와 높은 기준을 구분하는 가장 좋은 방법은 '완벽을 기하기 위해 내가 요구하는 추가 노력이 과연 성과창출에 도움이 되는지'를 분석하고 확인하는 겁니다. 일을 완벽하게 처리하려다가 오히려 병목현상을 빚고 지체하는 경우가 많다면 고성과를 지향한다고 할 수 없겠죠. 리더라면 중요한 일을 우선순위에 두고 효율적으로 시간을 관리하는 능력이 필요합니다. 의사결정이 느리고 늘 시간에 쫓기는 현상이 반복된다면 신중함이나 바쁜 것을 넘어 완벽주의가 원인인 경우가 많습니다.

지금 구성원들에게 요구하는 사항이 꼭 필요하고 실현 가능한 일인지 체크해보세요. 또 높은 기준을 달성하기 위해 현재 바꾸어야 할 것은 무엇인지 구성원들과 협의해봅시다. 육상선수가 기록을 단축하기 위해 필요한 것은 고함이나 골goal 라인보다 타임워치라고 합니다. 구성원 스스로 자신의 기록을 보고 성장할 수 있도록, 성공 노하우를 같이 이야기하고 협의하는 피드백 시스템을 마련해놓았는지 점검합시다.

명부형 : 디테일과 마이크로 매니징을 구분합니다.

S상무는 잘하는 일에선 더 몰아붙이는 완벽주의 스타일이었지만, 반대로 새로 맡은 일에선 과다통제를 보였습니다. 완벽주의가 구성원 역량에 대한 불신이 원인이라면, 과다통제의 마이크로 매니지먼트는 성과에 대한 불안이 주원인입니다. 똑부형이 높은 목표를 완수하지 못한 불만으로 완벽 강박증을 겪는다면, 명부형은 실패에 대한 불안으로 관리 히스테리를 부립니다. 완벽주의 리더가 똑부라면, 마이크로 매니저는 명부지요.

팀원들의 몰입도가 떨어졌으니 리더가 체크(사실은 감시)해서 긴장감을 높여야 한다고 생각하는 게 마이크로 매니저의 특징입니다. 그렇다고 팀원들이 세부사항 챙기기 그 자체를 문제 삼는 것은 아닙니다. 그보다는 중요한 것과 그렇지 않은 것에 대한 인식 차이, 소통방식의 문제로 불협화음이 생기는 경우가 더 많습니다. 흔히 디테일한 리더는 좋은 리더지만, 과잉간섭의 마이크로 매니저는 나쁜 리더라고 하지요. 얼핏 비슷한데 둘 사이의 한 끗 차이는 무엇일까요?

마이크로 매니저가 일상에서 자주 쓰는 용어는 "어제 내가 하라고 준 것, 어떻게 됐나?" "아직 안 됐으면 이리 가져와 봐" "아니, 폰트가 이게 뭔가?" 하는 등인데요. 공통점을 발견하셨나요? 네, 예측하기 힘들고, 기준 없이 본인 중심으로 체크한다는 것입니다. 디테일형 리더는 어떻게 하면 일이 되는지를 고민하고 자신이 해야 할 역할을 찾는 데 반해, 마이크로 매니저는 자신이 할 일보다는 팀원이 무엇을 하고 있는지 감시하고 판단하죠. 방향이 아닌 방법까지 알려주고 자신의 시야 안에서 통제합니다.

오늘날처럼 변동성 높은 경영환경에서 성과에 공헌하는 요소는 열정 35%, 창의력 25%, 추진력 20%, 지성 15%, 근면 6%라고 합니다. 순응이나 복종 같은 요소가 기여하는 바는 0%에 수렴하고요. 모든 과정에 개입하고 리더의 방식을 강요하는 통제형 리더십 아래서는 순응하고 복종하는 구성원이 많아지고, 결국은 세세히 간섭하고 대답해주어야 할 관리 요소가 점점 늘어나는 악순환이 반복됩니다. 구성원이 자잘한 것까지 확인과 결재를 요청해온다면 리더의 마이크로 매니징 결과일 가능성이 높습니다.

스스로 마이크로 매니저란 의구심이 들 때 실천할 사항은 크게 3가지입니다.

첫째, 일정 관리에서 선을 그을 필요가 있습니다. 리더의 역할과 요구할 시간과 횟수 등 작업의 경계선을 미리 만들어놓아야 합니다. 예를 들어 본인도 퇴근 이후에는 회사 네트워크에 접속하지 않는다든지, 업무 목표와 중간보고 시점 및 횟수를 구성원과 사전 협의해놓는 것이지요. 개인 업무에도 오늘은 회의를 2건만 진행한다, 구글독스의 문서 중 3개만 보고 문서를 닫겠다는 등 업무 목표를 수치화하는 습관이 필요합니다.

둘째, 일상적인 일은 구성원에게 위임하되, 특별히 세부사안까지 관리해야 하는 중요한 일은 따로 분류합니다. 담당자에게도 "이 업무는 중요하니 직접 챙기고자 한다"라고 명확히 밝히고 종료 시점에도 끝났다는 것을 분명히 하세요. 일반적으로 리더가 디테일하게 챙겨야 할 본연의 임무는 회사나 부서에서 처음 시도하는 일, 부서의 성과에 크게 영향을 미치는 일, 고객만족도와 직결되는 일 등입니다.

셋째, 간섭은 줄이되 모니터링은 꾸준히 합니다. 위임 시 목표와 기대치, 보고 시점 등을 정확히 공유하세요. 각 팀원의 역할과 책임을 정확히 설명하고, 그들이 프로젝트를 어떻게 이해하고 있는지 확인하세요. 직원 스스로 일하게 두지 않고 리더의 지식이나 경험을 강요할 때 직원들은 이를 간섭이라고 받아들이지만, 어떤 활동이 기대에 부응하여 진행되는지를 확인하는 모니터링은 필수입니다. 주목할 것은 이런 초세밀 관리형 멍부가 멍게의 불성실한 리더십을 동시에 나타낼 확률도 높다는 점입니다. 눈에 거슬리는 문제 팀원을 과잉통제하는 데 시간과 노력을 쏟느라 나머지 팀원들에 소홀해지기 쉽기 때문입니다.

넷째, 취약성을 드러내세요. 리더가 도움을 요청할 줄 아는 것도 능력입니다. "내가 몰라서 물어보는데"라고 질문을 하는 것이야말로 리더의 자신감 표출입니다.

똑게, 똑부, 멍게, 멍부 어떤 문제적 리더든 이를 해결하는 데 필요한 것은 결국 신뢰와 예측 가능한 소통방식입니다. 무엇을 알고, 무엇을 모르며, 그것을 알기 위해 어떻게 할 것인가. 이 3가지만 확실히 공유해도 조직의 신뢰와 실력은 향상될 수 있습니다.

리|더|를|위|한|팁
"승진 후 자신감이 떨어졌습니다."
- 높은 기준과 완벽주의를 구분하자.
- 디테일과 마이크로 매니징을 구분하자.
- 무엇을 알고, 무엇을 모르며, 그것을 알기 위해
  어떻게 할 것인지 생각하자.

팀과 함께 성숙하는 리더

리더십 다면평가 결과가 나빠 의욕이 나지 않습니다

평가는 받는 사람이나 하는 사람이나 힘들지요. 그런 점에서 리더십 평가란 말보다 리더십 진단이란 말이 더 좋지 않을까 싶습니다. 우리가 건강진단을 통해 몸을 체크하는 것처럼 말이죠. 그 맥락으로 보면 리더십 진단은 성적표라기보다 데이터입니다. 구성원, 동료, 상사 등 주변인의 객관적인 평가를 통해 나의 리더십을 다각도로 살펴보고, 그 수준을 성찰해 자기인식을 높이는 자료로 활용하는 것이죠.

시간과 노력을 들여 건강진단을 하고 결과를 꼼꼼히 보지 않으면 소용이 없습니다. 리더십 진단도 마찬가지입니다. 진단을 했으면 관리를 해야 하고, 그를 위해선 꼼꼼히 살피는 게 중요합니다. 리더의 자기과신이나 막연한 불안에 잠식되지 않고, 자신의 강점을 강화하고 조직변화를 위한 성장계획을 수립하는 객관적 자료로 삼는 것이죠. 리더십은 의도보다 인식입니다. 나의 의도와 상대의 인식은 차이가 날 수밖에 없습니다. 나의 의도와 달리 사람들이 어떻게 반응하고 인식하는지 이해하는 데서 유능한 리더의 첫걸음이 시작됩니다.

인간이 상실을 받아들이는 데는 5단계가 있다고 합니다. 1단계 부정, 2단계 분노, 3단계 타협, 4단계 좌절, 5단계 수용이 그것입니다. 다면진단에서 낮은 점수를 받은 리더들의 반응도 대체로 이와 같습니다. 처음엔 진단도구의 객관성, 즉 조사에 참여한 평가자 샘플 수가 적고 편향돼 있다며 조사결과를 신뢰하지 않습니다. 그다음으론 누가 그렇게 평점 테러를 했는지 색출하려 하거나 추리하며 배신감을 느낍니다.

그 단계를 지나면 평소 하지 않던 유화적 제스처를 의도적으로 취합니다. 4단계는 좌절로, 자신이 약간의 변화를 시도했는데도 계속 오리무중인 것 같으면 '나도 어쩔 수 없어, 도대체 더 이상 어쩌란 말이야'라고 푸념합니다. 그러다 마지막 5단계 수용에 이릅니다. '내 성격이 이런데 어떻게 바꾸겠어. 그냥 생긴 대로 살아야지' 하며 그나마 하던 노력도 포기하고 원점으로 돌아갑니다. 이렇게 진단의 폭풍이 지나간 후 시간이 흐르면 덤덤해져 일상화되고, 결과를 잊을 만

하면 또다시 진단으로 상처를 입는 악순환이 반복됩니다.

이것이 상실에 처한 인간의 일반적인 반응이라면, 어떻게 해야 진단을 잘 활용할 수 있을까요?

첫째, 신호와 잡음을 구분해야 합니다. 리더십 다면진단을 타인의 피드백을 겸손하게 받아들여 개선하는 데이터로 삼는 것은 중요합니다. 단, 참고는 하되 100% 의존해 애면글면할 필요는 없습니다. '신호signal'와 '잡음noise'을 구분해 유의미하게 해석할 항목을 선별해야 합니다. 판단을 내리는 데 도움을 주는 중요한 정보는 신호로 받아들여 반영하고, 비방이나 악의적 의도가 담긴 명확하지 않은 정보는 잡음으로 보고 폐기합니다.

둘째, 행간의 뜻을 읽어야 합니다. 간혹 진단의 신뢰도를 비판하면서 "같은 항목에서도 평이 오락가락해 믿을 수 없다"라고 말하는 경우가 있습니다. 가령 주관식에서 "소통을 잘하고 구성원 육성에 관심이 많다"라는 평이 있는데, 바로 다음에 "소통이 꽉 막히고 후배 육성에 소홀하다"란 평이 나란히 존재합니다. 이때는 구성원과 리더에게서 각각 원인을 찾아볼 수 있습니다. 우선 구성원마다 성향과 기대치가 달라서 똑같은 행위에도 만족하거나 불만족할 수 있습니다. 한편 리더의 성찰 측면에서는 특정인을 편애하지 않는지 돌아봐야 합니다. 모든 구성원을 골고루 대하지 않고 어떤 특정 집단과 소통을 더 많이 하고, 다른 집단엔 소홀히 하지 않았는지 살펴볼 지표입니다.

셋째, 개선점을 분석하고 도움을 요청합니다. '누가 이렇게 나쁜 점수를 줬을까' 골몰하기보다 이런 차이가 벌어진 이유는 무엇일지, 어떻게 하면 상황을 개선할지 대책을 마련하는 일이 더 생산적입니다. 5단계에서 수용과 포기의 갈림길은 '그냥 나는 이런 사람이야'라고 손을 놓는 것과 '그러면 무엇부터 고쳐볼까'의 차이라 생각합니다. 리더들은 진단을 받고 나면 의기소침하기 쉽습니다. 이는 기업도 마찬가지지만, 리더십도 턴어라운드한 경우를 보면 진정성이 열쇠더군요. 자신의 취약성을 드러내고 도움을 청하는 것이죠. "내가 ○○영역이 낮게 나왔는데 어떤 점을 개선하면 좋을까?" 하고 질문해 구성원들의 의견을 반영하고, 다음 해에 또 피드백을 받고… 그런 식의 선순환을 만드는 리더를 보았습니다. 그렇게 피드백 받는 과정 자체로 구성원들의 존경을 얻고, 다른 부서원들이 부러워하는 롤모델이 되더군요.

특히 같은 단어인데도 해석을 달리해서 진단이 나빠졌을 때는 혼자 머리 싸매며 백날 고민하기보다 도움을 요청하는 것이 더 효과적입니다. 가령 '인재 육성'이라 할 때 리더는 바쁜데도 교육 기회를 많이 준 것으로 충분히 역할을 다했다고 생각한 반면, 구성원들은 일대일 면담으로 커리어패스를 제시하는 등 개인적 관심을 보여주길 기대했다면 동상이몽의 상황입니다. 이럴 경우 내 마음을 몰라준다고 답답해하지 말고 기대사항을 구체적으로 파악하는 것만으로도 많은 문제가 해소될 수 있습니다. 단, 여론수렴을 하면서 '취조'의 뉘앙스를 풍기지 않도록 조심 또 조심해야 합니다. "내가 잘못한 게 뭐가 있다고 이 점수를 준 거야? 옆 팀장은 나보다 훨씬 못한데도 점수만 잘 받던데" 하는 뉘앙스가 느껴진다면 여론수렴은 취약성 공유가 아니라 '독 안에 쥐'를 모아놓고 취조하는 형국이 될 위험이 있습니다. 인터뷰 같은 질적 조사보다는 익명의 양적 설문을 돌려서 솔직한 답을 구하는 편이 더 효과적일 수 있습니다.

넷째, 도장깨기를 합니다. 가령 회사별로 리더십 다면진단 영역과 하위 영역의 개별 문항이 있습니다. 그 질문을 10개면 10개, 20개면 20개를 뽑아 우선순위를 정하고 1개월이나 1주를 목표로 하나씩 도장깨기 하는 것입니다. 한 달에 한 개씩 한다고 해도 12개월이면 12개, 말 그대로 개과천선이 되는 셈이죠. 컴퓨터나 사무실 문, 책상 등 어디든 잘 보이는 데 붙여놓고 늘 지켜 몸에 익었다 싶으면 다음 실천 문항으로 옮겨갑니다. 실행효과를 높이려면 모든 것을 한 번에 향상시키기보다, 한 가지가 몸에 익으면 그다음으로 넘어가는 편이 좋습니다.

진단결과가 나오면 개인이나 회사 차원에서 많은 리더들

이 숙제처럼 리더십 개발계획을 세웁니다. 돌아보시면 어떤가요? 얼마나 실행하셨습니까? 소통 부족이란 진단에 갑자기 썰렁한 유머 몇 가지 준비했다가 먹히지 않아 "에잇, 생긴 대로 살아야지" 하며 원점회귀하시진 않았나요? LDP leadership development plan를 세울 때 많은 리더가 '나다움'과 '나를 개선'하는 경계에서 고민합니다. 나다움을 살리는 리더십 개발계획을 이렇게 세워보면 어떨까요?

첫째, 강점은 강화하고 약점은 관리합니다. 강점과 약점은 대부분 빛과 그림자인 경우가 많습니다. 가령 '현장의 문제를 꼼꼼하게 다 파악하고 있으며 전문가로서 역량이 뛰어나다'와 '권한위임을 못한다'라는 평가가 같이 나타나는 식으로요. 꼼꼼한 파악이 나쁜 게 아니라, 지나치거나 상황 적합성이 문제일 수 있습니다. 이럴 때는 할 일과 하지 말아야 할 일의 기준과 멈출 시점을 정하는 것만으로도 개선효과가 있습니다.

둘째, 콜라보 파트너를 구합니다. 내향적인 리더가 갑자기 소통하겠다고 일대일 면담에서 보드게임을 하거나 유머를 시도하면 오래 지속하기가 힘들 수밖에 없습니다. 차라리 자신의 부족한 성향을 고치는 대신 보완할 파트너를 구해 대행토록 하고, 이를 지원하는 시스템을 마련하는 것이 더 효과적입니다.

셋째, 나의 리더십 목표와 원칙을 점검하고 성찰합니다.

방법을 찾느라 방향을 잃어선 안 됩니다. 전술과 전략은 함께 세워야 충만한 성취감을 느낄 수 있습니다. 방향 설정에 도움이 되는 질문을 소개합니다.

- 나는 어떤 리더가 되고 싶은가?
- 나의 이해관계자들은 누구이며 그들이 내게 기대하는 사항은 무엇인가?
- 나의 올해 리더십 키워드 목표와 행동원칙 3가지는 무엇인가?
- 내가 잘하고 있는 것을 연말에 무엇으로 확인할 것인가?

리 | 더 | 를 | 위 | 한 | 팁
"리더십 다면평가 결과가 나빠 의욕이 나지 않습니다."
- 리더십 평가보다는 리더십 현황을 진단하는 데이터로 바라본다.
- 리더십 진단에서 유의미한 신호를 골라내 개선점을 분석하고, 도움을 요청한다.
- 나의 리더십 목표를 성찰해서 강점은 살리고, 약점은 도움을 받아 보완한다.

리더들의 번아웃은
어떻게 해야 하나요?

번아웃을 겪는 중간관리자들이 적지 않습니다. 한번 스트레스를 느끼면 헤어나기 힘들다고 하죠. 그러다 보니 팀원들을 대하는 데도 영향을 미치고, 다른 리더들과 괜히 비교하면서 더 의기소침해지고, 회복탄력성이 부족하다고 느끼게 됩니다.

번아웃에 힘들어하는 분들께 먼저 시 한 구절 소개해드리고 싶습니다.

"지금의 네 모습처럼

떨어져도 튀어 오르는 공

쓰러지는 법이 없는 공이 되어"

정현종 시인의 시 〈떨어져도 튀는 공처럼〉의 한 구절입니다. 이 시의 글귀처럼 눈앞의 역경과 어려움을 오히려 도약의 발판으로 삼아 공처럼 튀어 오르며 쓰러지지 않는 힘이 바로 회복탄력성입니다. 역경이나 위기를 도전의 스프링보드로 삼는 능력입니다.

회복탄력성이 높은 리더는 변화와 도전의 상황에서도 조직에 긍정적 영향을 미치고 지속적인 에너지와 동기부여를 합니다. 그만큼 회복탄력성은 리더십의 중요한 요소이지요. 이순신 장군이 왜군과 불리한 전투를 벌이는 상황에서도 "신에겐 아직 12척의 배가 있사옵니다"라며 두려움을 용기로 바꾼 것이 이에 해당합니다. 특히나 요즘처럼 변화무쌍하고 불확실한 시대에 리더의 회복탄력성은 더욱 필요합니다.

살면서 부딪히는 모든 문제는 팩트 그 자체보다 인식이 더 크게 작용합니다. 긍정심리학의 대가 마틴 셀리그먼은 이를 ABC공식으로 설명합니다. 우리에게 일어나는 어떠한 사건 accident이 곧바로 특정 결과consequence를 가져오는 게 아니라 우리의 믿음belief, 즉 해석이란 필터가 더 크게 작용한다는 것이죠. 이 공식에 대입해보면, 회복탄력성은 고난과 역경뿐 아니라 일상의 문제나 비난, 일이 안 풀리는 상황에서 긍정적 스토리텔링을 하는 힘이 됩니다.

많은 팀장을 코칭하면서 공통으로 드리는 말이 있습니다.

단기실적이 나쁘더라도 그것에 풀이 죽기보다 '이번 부진한 성과에서 배운 교훈'을 정리해보는 게 회복탄력성에 도움이 됩니다. 부진하거나 불리한 상황에 대처하는 올바른 자세는 그 상황에 빠져 있기보다 내가 할 수 있는 일, 배울 점 등을 돌아보는 것입니다. 부정적 피드백을 들었을 때는 선택의 권리를 행사하고요. 그 말을 새겨듣고 고치든, 틀리다고 생각해서 버리든 본인의 선택입니다.

연세대학교의 김주환 교수는 회복탄력성이 자기조절능력과 대인관계력으로 구성된다고 말합니다.

자기조절 능력	감정조절력	부정적 상황에서도 감정을 통제해 평온을 유지할 수 있는 능력
	충동통제력	장기적 목표달성을 위해 일시적 충동이나 욕구를 통제하는 능력
	원인분석력	문제를 정확하게 인식, 올바르게 의미부여해 긍정적으로 바라볼 수 있는 능력
대인 관계력	자아확장력	상대방을 자아개념에 포함, 다른 사람 역시 나의 일부분으로 생각하는 능력
	소통력	인간관계를 맺고, 이를 장기적으로 유지할 수 있게 해주는 능력. 전달하고자 하는 메시지뿐 아니라 상대와의 관계도 잘 유지하는 능력
	공감	다른 사람의 감정이나 생각을 감지하고 상대 입장에서 대신 경험하는 인지적 과정
긍정성		자기조절능력과 대인관계력의 원천

출처 : 김주환, 《회복탄력성》, 위즈덤하우스

미국 일리노이 대학의 에드 디에너 교수는 '입학 당시 성격의 긍정도와 졸업 19년 후 수입 간의 상관관계'라는 연구를 진행했습니다. 이에 따르면 긍정적인 성격의 학생과 부정적인 성격의 학생 간에 훗날 연봉 차이는 평균 1만 5000달러였습니다. 긍정적 성격은 연봉뿐 아니라 수명과도 밀접한 관련이 있습니다. 미국 켄터키 대학교의 데이비드 스노든 교수 연구팀은 60년간의 종단연구인 '초기 인생에서의 긍정적 정서와 장수: 수녀 연구를 통한 발견'에서 이 같은 사실을 밝혀냈습니다. 연구팀은 22세가량의 젊은 수녀들에게 자기소개 글을 요청해 긍정적 감정 상태를 파악한 후, 다시 60년이 지나 이들의 수명을 추적했습니다. 초기 제출한 자기소개 글에서 긍정적 정서가 나타난 문장의 수가 1% 증가할 때마다 사망 확률은 1.4%씩 감소했고, 가장 긍정적이었던 수녀는 가장 그렇지 못한 수녀보다 12년을 더 생존했습니다. 요컨대 긍정적 마인드를 유지하려는 회복탄력성은 경제적 수입, 물리적 수명 등 삶 전반에 절대적 영향을 미친다는 것이지요.

번아웃의 영어 'burn'은 공교롭게도 한자의 번뇌할 번煩과 발음이 비슷합니다. 정수리 혈頂이 불처럼 뜨거운 게 바로 번아웃 아닐까요. 리더의 머리는 차갑게 식힐 필요가 있습니다. 회복탄력성은 이처럼 뇌를 시원하게 하려는 의식적 노력입니다. 회복탄력성의 공식은 'STOP'으로 정리해볼 수 있습니다.

먼저 멈춤stop입니다. 멈추면 비로소 보인다는 말이 있지요. 지금 하고 있는 일을 멈추고 일시정지, 스톱 버튼을 누릅니다.

그런 다음 크게 심호흡하세요take a breath. 호흡을 크게 하며 일단 몸을 이완시킵니다.

그리고 자기 자신과 현재 상황을 좀 더 큰 관점에서 관찰해봅니다observe. 타임머신을 타고 1년 후로 가서 지금 이 시점을 돌아본다면, 혹은 제삼자 입장에서 관찰한다면 어떨지 상상해보세요. 시점을 이동하면 무엇이 보이나요?

마지막으로 칭찬praise을 잊지 맙시다. 이만하면 잘한 거라고 스스로 격려해주세요. 자신의 강점을 일깨워주는 것이지요. 상황이 더 악화되지 않도록 한 일, 최선을 다한 자신을 칭찬하며 격려해주세요.

현재 나를 힘들게 하는 상황을 조금은 다른 시선으로 보고 해석하게 되었나요? 그저 말이나 생각만으로는 안 됩니다. 유비무환, 즉 평상시 연습을 해야 진짜 큰 번아웃을 피할 수 있습니다. 체력훈련, 강점칭찬, 감사와 자기칭찬을 습관화해 보세요. '곳간에서 인심 난다'라고, 리더의 감정과 아이디어가 고갈돼 번아웃된 상태에서 조직이 번성할 순 없으니까요.

리 | 더 | 를 | 위 | 한 | 팁

"리더들의 번아웃은 어떻게 해야 하나요?"

- Stop : 일단 멈추자.
- Take a breath : 크게 심호흡을 하며 몸을 이완시키자.
- Observe : 내가 처한 상황을 다른 관점에서 바라보자.
- Praise : 나의 강점과 노력을 칭찬해주자.

승진에서
누락됐습니다

　이번에는 승진할 줄 알았는데 탈락해 마음에 큰 상처를 입는 사람들이 많습니다. 승진에서 누락되면 조직에 대한 애정이 떨어지고 회사를 다니고 싶은 마음도 없어지죠. 기분 나빠서 바로 사표를 던지고 싶지만, 목구멍이 포도청이라 참을 뿐입니다. 출근을 해도 열의가 사라져 활력을 잃고 그저 고단한 일상의 연속이 되곤 합니다.

　일단 승진이 안 돼 기분이 나쁘다면 몇 가지를 확인해야 합니다. 가장 먼저 확인할 사항은 '내가 승진을 원하는가?' 입니다. 승진을 원하지 않는 사람도 많습니다. 그러면서도 승진에서 누락됐다는 사실에 자존심을 다쳐 기분이 나빠지는 것이죠. 자신의 상황을 냉철하게 판단하려면 '내가 승진을 원하는가?'라는 질문을 먼저 해보고, 원하지 않는다면 승진에 연연하는 마음을 다스려야 합니다.

반대로 '나는 승진을 원한다'라는 결론을 냈다면 승진을 위한 전략을 마련해야겠죠. 열심히 일했으니 알아서 승진시켜달라는 식의 태도가 아니라, 어떻게 하면 승진할 수 있을지 구체적으로 질문하고 그 답을 찾아야 합니다. 승진을 원하는 사람이 해야 할 첫 번째 질문은 '무엇을 어떻게 해야 승진할 수 있는가?'입니다. 어떤 사람이 승진하는지 묻고 그 답을 찾는 것이죠. 물론 이 질문에 정해진 답은 없습니다. 그렇더라도 생각해야 합니다. 답이 모호하고 애매하다는 이유로 전략을 세우지 않는 것은 좋은 접근이 아닙니다. 불확실하고 애매모호하며, 변동성이 크다는 것을 받아들이면서도 예상할 수 있는 길을 찾아야 합니다.

사실 가장 가까운 답은 나의 승진을 결정하는 결정권자들에게 있습니다. 그러므로 가장 좋은 방법은 그들에게 묻는 것입니다.

"내년에는 승진하고 싶은데, 무엇을 해야 승진할 수 있습니까?"

상사에게 이렇게 질문하는 것은 자신의 의지를 드러내고, 상사와 같은 목표를 설정하여 긴밀한 협력관계를 구축하고 싶다는 의사표시가 됩니다. 이런 의사표시는 그 자체로 매우 긍정적인 효과가 있습니다. 상사의 목표를 구체적으로 확인하는 것만으로도 그 목표에 한발 더 가까이 다가갈 수 있으니까요.

만약 상사가 과도한 업무를 요구하거나 지나친 희생을 강요한다면 그때에는 '그런 희생을 감수하면서까지 승진하고 싶은가?'라는 질문을 해야겠죠. 세상에는 비합리적인 일도 많고 예상치 못한 일도 자주 발생하지만, 우리의 생각은 언제나 합리적인 기준에 맞춰야 합니다. 나의 승진을 결정하는 사람과 승진 문제를 함께 해결하는 것이 가장 합리적입니다.

2007년에 개봉한 〈행복을 찾아서〉라는 영화가 있습니다. 의료기기 영업사원인 주인공이 돈을 벌지 못해 아내가 떠나가고 어린 아들과 노숙하며 어려움에 빠집니다. 절망의 상황에서 주인공은 스포츠카에서 내리는 사람에게 다가가 다짜고짜 물었습니다.

"당신에게 두 가지 질문이 있습니다. 어떤 일을 하십니까? 그 일은 어떻게 할 수 있습니까?"

절망에 빠진 주인공의 눈에 스포츠카를 타고 멋진 양복을 입은 사람은 선망의 대상이었을 겁니다. 그 사람처럼 살고 싶었을 테지요. 돈도 많이 벌고 여유 있는 삶을 살면서 아들에게도 좋은 환경을 만들어주고 싶었을 겁니다. 그래서 "어떻게 하면 당신처럼 살 수 있습니까?"라는 질문을 던졌죠. 이 영화는 주식 중개인으로 대성공을 거둔 미국의 크리스 가드너라는 사람의 실제 이야기라고 합니다. 스포츠카에서 내린 사람이 "나는 주식 중개인이오"라고 대답하자, 주인공 은 주식 중개인이 되기 위해 열정적으로 노력합니다. 그리 고 인턴을 거쳐 마침내 정식 직원이 됩니다.

원하는 것이 있다면 "어떻게 하면 그것을 얻을 수 있는 가?"라고 질문해야 합니다. 방법을 잘 모른다면 알고 있을 법한 사람에게 물어도 좋습니다. 확실한 답이 없다 하더라 도 그것에 접근하기 위한 질문은 꼭 필요합니다.

최근 비슷한 질문을 유튜브에서 본 적이 있습니다. 유명 유튜버가 미국 LA의 부촌인 베벌리힐스의 명품 거리에서 쇼 핑하는 부자에게 다음과 같은 질문을 던졌습니다.

"직업이 무엇입니까?"

"1년에 얼마를 버나요?"

"그 정도의 돈을 벌려면 어떻게 해야 하죠?"

우리는 부자가 되고 싶다고 막연하게 생각하면서도 실제 부자를 찾아가서 묻지는 않습니다. 그런 우리를 대신해 유 튜버가 직접 부자를 찾아가서 물은 것이죠. 우리에게도 이 런 태도가 필요합니다. 내가 원하는 것을 얻기 위해 '무엇을 어떻게 해야 하나?'와 같은 질문을 하고, 합당한 답을 찾았 다면 그것을 실천해야 합니다.

우리는 보통 자신의 감정을 솔직하게 표현하지 않습니다. 민망하기도 하고 때로는 내 약점이 될까 봐 두려워하기도 합니다. 성향적으로 싫어하는 사람도 많습니다. 그래서 원하는 바가 있어도 잘 표현하지 않고, 그것을 얻는 방법은 더욱더 묻지 않습니다. 가령 승진하려면 어떻게 해야 하는지 상사에게 질문하고 방법을 공유했는데, 중간에 마음이 바뀌어 승진이 아닌 이직을 하게 될 수도 있겠죠. 그러면 마치 상사를 배신하는 것처럼 보이고, 여러모로 곤란한 처지가 될 수 있습니다.

이런저런 이유로 우리는 솔직해지지 못하고 원하는 것을 표현하지 않게 됩니다. 하지만 역으로 말하면 내가 어떤 생각을 하는지, 무슨 이유에서 그렇게 했는지 솔직하게 공유할수록 오해의 여지가 줄어들지 않을까요?

승진에는 너무나 많은 변수가 있습니다. 직급이 올라갈수록 더더욱 그렇습니다. 대리에서 과장이 되는 것보다 부장에서 상무가 되는 것에 더 다양한 변수가 존재합니다. 따라서 '이렇게 하면 된다'는 정답은 존재할 수 없습니다. 그래도 확률적인 가능성을 높이는 것이 우리가 할 수 있는 최선의 노력이 아닐까요? 함께 일하는 사람과 같은 편이 되는 게 리더십의 기본입니다. 나의 승진을 결정하는 상사에게 "무엇을 어떻게 해야 승진할 수 있습니까?"라고 질문하는 것은 그 답을 알아내는 데 그치지 않고, 상사와 공감대를 형성하는 효과가 있습니다. 같은 편이 되는 질문을 활용해보세요.

"승진에서 누락됐습니다."
- 승진을 원한다면 승진할 의사를 밝히자.
- 내 승진을 결정하는 상사에게 방법을 물어보자.

해고당할까 봐

걱정입니다

해고당할까 봐 걱정이라고요? 해고는 비단 지금 질문하신 분만의 이야기가 아닙니다. 현재 회사에서 바로 구조조정이 일어날 계획이 없더라도 이런 걱정은 누구나 마음에 품고 있습니다. 내 걱정은 어디서 오는 걸까요? 바로 불안에서 옵니다. 자격증을 따고 부업을 하면서, 회사를 나와도 살아갈 방도를 마련하는 친구들도 있을 겁니다. 그 친구들은 이런 불안이 없을까요? 아닙니다. 그들도 동일한 불안을 가지고 있습니다. 다만 그 불안에 어떻게 대처하는가가 차이를 부릅니다.

걱정하기 전에 먼저 내가 가진 게 무엇인지 생각해보면 좋습니다. 일단 질문을 해볼까요? 회사에서 나의 미래는 어떠한가, 나는 이 회사에 언제까지 다니고 어떤 일을 할 수 있는가 질문해보세요. 내가 불안한 이유를 살펴보세요. 지금 내상사가 정말 일을 잘하고 회사에서 인정받고 있기 때문에 내가 아무리 일을 잘해도 승진하기가 힘든가요? 아니면 나는 노력하고 있는데 상사의 기준이 너무 높아서 열심히 해도 티가 나지 않나요? 만약 이대로 회사를 다닌다면 나는 언제까지 다닐 수 있고 어느 직급까지 갈 수 있을까요? 회사와 함께 나의 인생 그래프를 한번 그려보세요.

제 지인은 중견기업에서 대기업으로 회사를 옮겼습니다. 그는 지금처럼 하면 부장까지는 갈 수 있겠고, 그때가 되면 아이가 대학에 입학할 테니 입학금까지는 댈 수 있으리라 생각하고 있습니다. 그러나 부장 이후에는 승진해서 임원이 될 것인가 아니면 그만두고 다른 일을 할 것인가 고민이라 더군요. 그렇다면 부장이 될 때까지 10년의 시간이 있으니, 부장 이후의 삶의 방향에 대해 서로 다른 옵션을 생각해볼 수 있습니다. 그리고 이 회사를 중간에 그만둘 가능성도 분석해야 합니다. 회사를 언제까지 다닐 수 있을까요? 불안을 상상으로 바꿔보는 일이 필요합니다.

'자주 그만두는 사람들은 어떻게 성공하는가'라는 부제를 가진 책《퀏Quit》의 저자 애니 듀크는 원래 인지심리학을 공부하고 학자의 길을 걷고 있었습니다. 꿈에 그리던 교수가 될 수 있는 일자리도 제안받았죠. 그런데 갑자기 병이 생겨서 학업을 지속할 수 없게 됩니다. 대신 그녀는 오빠를 따라서 포커 대회에 출전했고, 역사상 최고 누적상금을 탄 플레이어가 됐습니다. 그녀가 평생의 꿈인 학자의 길을 가지 못하게 되었을 때의 막막함을 생각해보세요. 하지만 그 불안과 걱정이 기회가 되어 자신의 또 다른 재능을 발견했죠.

그러나 이렇게 해고가 닥친 다음에 새로운 옵션을 생각하면 너무 막막합니다. 지금 회사에서 해고된다면 어떤 일들을 할 수 있을까요? 대안은 잘리고 나서 정하는 것이 아니라 잘리기 전에 마련해야 합니다.

많은 이들이 끈기 있게 버티는 것을 최고의 가치로 칩니다. 하지만 회사와 나는 월급과 계약의 관계입니다. 필요가 없어진다면 계약이 종료되는 것은 당연합니다. 많은 리더들이 별다른 대책 없이 퇴사 이후를 막연히 걱정합니다. 그러나 대책이 걱정만 한다고 나오지는 않습니다. 그런 점에서 불안감은 좋은 징후입니다. 회사에서 해고당할 수 있다는 가능성을 생각하고 대비하게 하는 좋은 사인입니다. 하지만 이 불안감이 실체가 없을 때는 실행을 붙잡는 걸림돌이 됩니다. 불안감이 걸림돌에서 디딤돌이 될 수 있도록 해봅시다. 어떻게 하면 될까요?

저는 걱정을 잠시 접고 옵션을 여러 개 만들기를 권합니다. 내가 회사 외에 믿을 구석을 따로 마련해놓는 것이죠.

걱정은 걱정으로 남아 있을 때 가장 두렵고 크기도 큽니다. 걱정을 쪼개봅시다. A4용지를 반으로 접고 회사를 다니는 미래와 당장 회사를 그만두는 미래를 각각 적어보세요. 걱정에 사용하는 에너지를 떼어서 나와 회사의 계약이 종료될 경우 내가 회사에서 가져가는 것은 무엇이며, 배운 것은 무엇이고, 나의 강점은 무엇인지 한번 써보세요. 내가 불안한 이유는 회사는 내가 아니라도 여러 옵션이 있는데, 내가 가진 옵션은 회사 하나이기 때문입니다.

어느 외국계 회사에 다닐 때의 일입니다. 이 회사는 5년 근속한 직원들에게 1개월의 유급휴가를 줍니다. 그동안 애썼다는 보상의 표시입니다. 사람들은 대부분 이 시간을 가족 여행에 씁니다. 그간 열심히 일한 자신에게 주는 선물이겠죠? 그런데 동료 한 분의 계획은 달랐습니다. 그는 가족에게 말하지 않고 한 달을 자격증을 따는 데 썼습니다. 평소에는 일에 집중하느라 다른 자격증을 딸 시간이 부족하다면서요. 그는 바리스타, 소믈리에 등 혹시 모를 미래에 대비해 여러 가지 자격증을 땄습니다. 지금 당장 자격증을 쓰지 않더라도 마음이 든든해진다고 했습니다. 회사와의 계약관계가 언제 끝날지 모르기 때문에 자기 나름의 옵션을 만들었던 것이죠.

또 다른 분의 얘기입니다. 상사와 합이 잘 맞지 않았던 그녀는 스트레스가 심했습니다. 어느 날 본인이 회사에 너무 올인한다는 생각이 들었습니다. 에너지와 우선순위가 모두 회사였습니다. 하지만 주중에는 무언가 다른 일을 생각할 에너지도 시간도 나지 않았습니다. 그녀는 굳게 결심하고 토요일 오전 3시간을 자신을 위해 쓰기로 했습니다. 처음에는 3시간을 카페에서 책을 읽거나 밀린 OTT를 보는 데 썼습니다. 하지만 이렇게 시간을 쓰는 것 역시 아깝다는 생각이 들어, 친구와 한 달에 한 번 만나기로 했습니다. 둘은 카페에서 만나 1시간은 서로를 위해 썼습니다. 책을 읽거나 수첩을 꺼내 자신에 대해서 써보기도 하고, 무얼 하고 싶은지 자유롭게 브레인스토밍을 하기도 했습니다. 이런 나만을 위한 시간이 쌓여서 그녀는 자기가 하고 싶은 일이 회사에서 쌓은 브랜딩 마케팅 경력을 바탕으로 내 브랜드 만들기라는 걸 알아냈습니다. 이제 그녀는 한 달에 한 번 친구와 만나 진척사항을 점검하고, 일주일에 1시간은 브랜드 시장조사나 네이밍 등 하고 싶은 일을 위해 쓰고 있습니다. 지금 당장 회사를 그만두고 브랜드를 만들지는 않지만, 이렇게 준비하고 한 걸음씩 나아가다 하고 싶은 일의 무게가 커진다면 결국 그녀도 선택을 내리겠죠. 하지만 회사 일에만 빠져서 나를 돌보지 못한다면 나를 알아가는 이런 시간은 오지 않습니다.

해고당할까 봐 걱정하는 것은 자연스러운 일입니다. 하지만 이 걱정을 걱정으로만 두지 말고 쪼개어서 나의 미래를 대비하는 연료로 씁시다. 현재 나의 상황, 미래에 내가 원하는 바 등을 자신에게 물어보세요. 회사를 다닐 때와 해고당했을 때 나의 미래를 그려보는 것도 도움이 됩니다. 그렇게 해서 나의 옵션을 만들어보세요.

리 ㅣ 더 ㅣ 를 ㅣ 위 ㅣ 한 ㅣ 팁

"해고당할까 봐 걱정입니다."

- 불안의 원인이 심리적인 것인지 아니면 타당한 근거가 있는지, 현재 나의 상황을 객관적으로 살펴보자.
- 여러 선택지를 고민하고, 회사와 함께일 때와 따로일 때 미래의 옵션을 여러 개 만들어보자.
- 걱정은 미래를 대비하는 연료로 사용하자.

회사와 언제까지

같이 갈 수 있을까요?

　대기업에 다니는 김 부장은 현재 회사에서 20년 이상 근무하며 많은 성과를 이뤄왔습니다. 승진에서도 동기들보다 빠르지는 않아도 뒤처진 적은 한 번도 없습니다. 그런데 최근에 은퇴에 대한 고민이 생겼습니다. 갑자기 필생의 꿈인 요리사가 되겠다며 회사를 그만두고 1년간 쉬겠다는 친구가 나왔습니다. 어떤 친구는 간이 안 좋아져서 큰 수술을 하고 이미 은퇴했다고 합니다. 또 자기 회사와 비슷한 모 그룹에 다니는 친구는 회사에 비전이 없다며 이직을 알아보고 있습니다. 다른 친구들과 만난 자리에서도 대다수가 언제까지 회사를 다닐 수 있을까 하는 고민을 나눕니다. 김 부장도

팀과 함께 성숙하는 리더

대기업의 꽃이라는 임원 승진을 바라보고 달려왔지만, 그건 정말 소수입니다. 부서장인 상무님처럼 집안이 부유하지도 않고, 몇 년 후 아이들의 대학 등록금을 생각하면 어떻게든 납작 엎드려서 회사에 붙어 있을 생각이었습니다. 그러나 요즘은 회사와 언제까지 같이 갈 수 있을까 걱정스럽기만 합니다.

과장 시절에 저는 여성 리더들의 모임에 참석했습니다. 다양한 분야에 정말 멋진 선배님들이 많았습니다. 몇 년이 흘러 그 모임에 다시 참석했습니다. 계속 계시는 분들도 있고, 안 보이는 분들도 있었습니다. 45~55세 사이에 자의 반 타의 반으로 회사를 그만두는 분들이 많다는 것을 느꼈습니다. 물론 10년 전의 이야기이니 지금은 훨씬 더 많은 여성 리더들이 현업에 있을 것입니다. 당시에는 그 나이가 아득해 보였지만, 저도 같은 나이가 되고 보니 이런 고민은 일찍 시작할수록 좋다는 생각이 듭니다.

이것은 지금 내가 회사에서 성과를 내고 인정받고 있느냐 아니냐의 문제는 아닙니다. 능력을 인정받는 사람도 그렇지 않은 사람도 모두 가지고 있는 고민입니다. 은퇴가 두려운 이유는 시기를 예측하기 어렵기 때문입니다. 회사마다 은퇴 연령이 정해져 있긴 하지만, 누구나 다 60세까지 일할 수는 없습니다. 명예퇴직, 건강상의 이유, 회사나 부서 상황 등의 변수가 있는 터라 아무리 잘 준비했다 해도 내 은퇴는 내가 회사를 선택했을 때보다 더 예측하기 어렵습니다. 바라는 대로 이루어지지 않는 경우가 훨씬 많죠.

지금 회사에 열심히 다니는 내가 있습니다. 그 모습을 드론을 타고 멀리서 본다고 상상해보세요. 어떤 모습이 보이나요? 나만 회사에 구애하고 매달리고 있나요? 아니면 함께 하이파이브를 하고 있나요? 물론 회사를 좋아하는 것은 상관이 없습니다. 저도 회사를 사랑하고 좋아합니다. 서로 좋아해서 만났으니 헤어지지 않기를 바라지만, 회사와 나는 계약을 바탕으로 한 관계입니다. 서로에게 필요가 없어지거나 적어진다면 언제든지 끝날 수 있는 관계입니다. 만남과 헤어짐을 잘 준비해야 하는 이유입니다.

〈하버드비즈니스리뷰〉의 연구자들은 "차세대 은퇴공식"[1] 이라는 글에 은퇴를 앞두고 있거나 은퇴한 100명의 임원 및 매니저들을 심층 인터뷰한 결과를 공유했습니다. 은퇴 방식은 다양하지만 대부분 예측하기 어렵기 때문에 연구자들은 다음과 같은 4가지 제안을 합니다. 첫째, 대본에 없는 길을 준비하라. 둘째, 자신만의 언어로 은퇴를 정의하라. 셋째, 새로운 기회를 만들어라. 넷째, 다르게 하라. 이 중에서도 저는 은퇴가 자신에게 어떤 의미인지 정의하라는 조언이 크게 다

---

[1] 헤더 보어, 크리스틴 바타유, 리사 사전트, 메리 딘 리, "차세대 은퇴공식", 〈하버드비즈니스리뷰〉 2016년 6월.

가왔습니다. '명퇴'에는 명예로운 퇴직이지만 내가 원하지 않았다는 의미가 들어 있습니다. 이제는 내가 정의하는 '은퇴'가 무엇인지 정리해야 합니다.

회사와 헤어지는 시점을 회사가 아니라 내가 정한다는 자세로 임하는 게 중요합니다. 회사가 나를 언제 해고할지 모른다고 생각할 때 나의 불안감은 높아집니다. 회사와 나는 언제든 계약관계를 종료할 수 있다고 생각하는 것이 중요합니다. 이 계약관계는 일방이 아닌 쌍방 합의입니다. 일방적인 해고는 없습니다. 회사만 준비하고 나는 준비하지 않았기 때문에 일방적으로 느껴지는 것입니다. 전직 대기업 임원이 자신의 명퇴에 대해 쓴 책을 읽은 적이 있습니다. 그분은 자신이 임원에서 하루아침에 실업자가 될지 몰라 너무 힘들었다고 했습니다. 그러나 인정하기 쉽지 않아서 그렇지, 진짜 본인이 은퇴할 줄을 몰랐을까요? 아닐 겁니다. 다만 그 시기가 이렇게 빨리 올 줄 몰랐겠죠.

회사와 언제까지 같이 갈 수 있을까에 대한 답변은 내가 만들어야 합니다. 여기서 선택권을 내가 가지고 가는 것이 중요합니다. 그러기 위해 심리적, 사회적, 경제적 관계를 준비해야 합니다.

외국계 기업 리더들을 코칭하다 보니 그들이 중요하게 생각하는 일을 알게 됐습니다. 바로 계승자successor를 잘 키우고 있는가입니다. 리더가 후임을 키운다는 것은 회사로서는 대비책을 마련하는 일입니다. 또한 리더에게도 자신이 언제든 회사를 떠나거나 승진할 가능성을 열어두고 변화에 미리 대비하는 일입니다. 심리적 대비인 것이죠.

어떤 대비를 해야 할까요? 은퇴하면 무엇을 할지 묻는 질문에 "치킨이나 튀겨야지" 하는 대답이 가장 나쁩니다. 치킨 전문가도 아닐뿐더러 나도 성공한다는 법이 없기 때문입니다. 예전에 인도네시아에 쓰나미가 왔을 때 안타까운 마음이 들어 구호단체에 전화를 했습니다. 뭐라도 돕고 싶다고 했더니 상담하는 분이 "어떤 것을 할 수 있으신가요?"라고 묻더군요. "네? 어떤 것이라뇨?" 제 질문에 그분은 친절하게도 "의사나 간호사, 긴급구조에 대한 경험이나 기술이 있나요?"라고 다시 물었습니다. 물론 저는 그런 경험이 전혀 없었습니다. 그분은 그렇다면 구호지원금을 내면 좋겠다고 말했습니다. 남을 돕고자 하는 마음만 있지 기술이 없다면 내 마음만 전달됩니다. 또한 내가 회사에서 배운 기술은 회사 내에서만 쓸모 있지 회사 밖에서는 무용할지도 모릅니다. 그러니 여러분이 회사에서 리더이자 전문가로서 갈고닦은 기술을 바깥세상에도 쓸모 있는 기술로 만들 준비를 해야 합니다. '회사와 언제까지 갈 수 있을까?'라는 의문을 품은 이때야말로 그러기 좋은 타이밍입니다. 내가 진정으로 원하는 것이 무엇인지를 생각할 때입니다.

은퇴를 금전적으로만 생각하지 마시기 바랍니다. 은퇴의 큰 부분이 재정이지만, 재정뿐 아니라 사회적으로 의미 있는 일은 무엇일지, 은퇴를 위해 어떤 일을 준비할지, 내가 무엇을 좋아하는지도 생각해보시기 바랍니다. 회사에 남거나 떠나는 것 외에도 다양한 방식이 있습니다. 최근에 회사를 그만둔 한 외국계 회사의 대표님은 은퇴 후 다른 나라에 여행을 갔습니다. 그러다가 그곳 한인들에게 도움을 줄 수 있는 부분을 발견하고 용감하게 그 나라에 법인을 세워서 컨설팅을 하고 있습니다. 자신은 사람들을 돕는 게 기쁘다며, 의미 있고 돈도 벌 수 있는 일을 찾았다고 했습니다.

일단 회사 업무에는 최선을 다하되 자신을 위한 시간을 일주일에 몇 시간이라도 갖기를 권합니다. 앞으로 하고 싶은 일을 꾸준히 학습해 직업적 전문성을 발휘할 수 있도록 준비해야 합니다. 내가 지금 리더로서 잘하는 분야를 살펴봅시다. 같이 일하는 사람들의 특성을 잘 파악하고, 설득하고, 움직이는 걸 좋아한다면 나의 이런 강점을 회사 밖에서도 펼칠 수 있는 길을 찾아봅시다. 예를 들어 비즈니스 코치가 되고자 한다면, 리더로서의 경험이 큰 도움이 될 것입니다. 관련 자격증을 찾아보고 공부하는 일도 물론 필요합니다. 아울러 내 코칭 스킬을 어떻게 사용할 수 있는지 다양한 코칭 분야와 역할을 탐색해봅시다. 코칭 커뮤니티와의 네트워크를 만들고 회사에서 내가 지원할 수 있는 직원들을 찾아 멘토링하는 것도 훗날 회사와 이별했을 때 여러분을 도울 포트폴리오가 됩니다.

재무 준비도 필요합니다. 퇴직 계좌는 잘 관리되고 있는지, 투자는 잘하고 있는지 살피고 투자 포트폴리오를 운용해야 합니다. 재무 전문가의 조언도 받을 수 있으면 받는 것이 좋습니다. 내가 잘하는 부분, 부족한 부분이 어떤 것인지 확인하는 일도 매우 중요합니다.

은퇴와 관련해서는 남들이 간 길이 나에게는 정답이 아닐 수 있습니다. 내가 좋아하는 것, 새롭게 알게 된 것, 영감을 받거나 느끼는 것들을 잘 정리해봅시다. 이때야말로 나에 대해 알아볼 기회입니다. 나는 무엇을 좋아하는 사람인가? 어떤 가치를 가지고 있는가? 어떤 것을 중요하게 생각하는가? 회사라는 틀에 나를 맞춰왔다면 이제는 그 틀을 벗어나 내 본래의 모습을 되살릴 때일지도 모릅니다.

"회사와 언제까지 같이 갈 수 있을까요?"라는 질문을 "내가 주도권과 선택권을 가지고 회사와 계약을 종료하는 주체가 되기 위해서는 어떻게 해야 할까요?"라는 질문으로 바꾸어봅시다. 회사가 붙잡을 때 쿨하게 떠날 수 있도록 나를 준비해봅시다. 잘 모르겠다고요? 답답하고 혼란스럽다면 많은 사람을 만나보세요. 은퇴한 선배들, 스승들에게 많이 묻고 그들의 답변을 간접경험 삼아 나의 은퇴를 설계해봅시다. 그래서 회사가 등을 떠밀기 전에 내가 먼저 즐겁게 인사하고 헤어지는 이별을 준비합시다.

은퇴는 끝이 아니라 새로운 시작입니다. 수명이 길어진 오늘날에 은퇴는 재도약을 위한 좋은 계기가 됩니다. 자아실현과 경제적 목표를 달성하고 회사와 함께하는 삶이 인생 1막이라면, 인생 2막은 내가 쌓아온 것들을 바탕으로 좋아하는 일에 집중해보세요. 은퇴를 끝이라고 생각하면 두렵고 떠올리기도 싫어집니다. 하지만 '은퇴'라는 단어를 '인생 2막'으로 바꾸어 새로운 변화이자 앞으로의 삶을 디자인하는 계기로 생각해보면 어떨까요? 아직 삶은 끝나지 않았으니까요.

리 | 더 | 를 | 위 | 한 | 팁

"회사와 언제까지 같이 갈 수 있을까요?"
– 나만의 은퇴를 상상하고 정의해보라.
– 회사와의 관계에서 내가 선택권을 가지도록
  경제적, 사회적, 심리적 관계들을 준비하자.
– '은퇴'를 인생 2막의 관점에서 바라보자.

팀이 일하게 하라

: 최고의 팀 리더를 만드는 50가지 질문

2024년 4월 17일 초판 1쇄 발행
2024년 4월 25일 초판 2쇄 발행

지은이 김성회, 박종하, 박찬구, 정다정

펴낸이 김은경
편집 권정희, 장보연
마케팅 박선영, 김하나
디자인 황주미
경영지원 이연정

펴낸곳 ㈜북스톤
주소 서울시 성동구 성수이로7길 30 빌딩8, 2층
대표전화 02-6463-7000
팩스 02-6499-1706
이메일 info@book-stone.co.kr
출판등록 2015년 1월 2일 제2018-000078호
ⓒ 김성회, 박종하, 박찬구, 정다정
(저작권자와 맺은 특약에 따라 검인을 생략합니다)
ISBN 979-11-93063-40-8 (03320)

북스톤은 세상에 오래 남는 책을 만들고자 합니다. 이에 동참을 원하는 독자 여러분의 아이디어와 원고를 기다리고 있습니다. 책으로 엮기를 원하는 기획이나 원고가 있으신 분은 연락처와 함께 이메일 info@book-stone.co.kr로 보내주세요. 돌에 새기듯, 오래 남는 지혜를 전하는 데 힘쓰겠습니다.